MEDITACIONES PARA MUJERES QUE HACEN DEMASIADO

ANNE WILSON SCHAEF

MEDITACIONES PARA MUJERES QUE HACEN DEMASIADO

MADRID - MÉXICO - BUENOS AIRES - SAN JUAN - SANTIAGO
2014

Título del original inglés: MEDITATIONS FOR WOMEN WHO DO TOO MUCH

Traducido por: Alfonso Colodrón

© 1990. Anne Wilson Schaef
© 1996. De la traducción, Editorial EDAF, S. L. U.
© 2014. De esta edición, Editorial EDAF, S. L. U., por acuerdo con Lennart Sane Agency AB.

Diseño de la cubierta: Marta Elzaurdía López

Editorial Edaf, S. L. U.
Jorge Juan, 68. 28009 Madrid, España
Tel. (34) 91 435 82 60 - Fax (34) 91 431 52 81
http://www.edaf.net
edaf@edaf.net

Algaba Ediciones, S.A. de C.V.
Calle 21, Poniente 3223, entre la 33 Sur y la 35 Sur, Colonia Belisario Dominguez
Puebla 72180, Mexico
Telefono: 52 22 22 11 13 87
edafmexicoclien@yahoo.com.mx

Edaf del Plata, S. A.
Chile, 2222
1227 Buenos Aires (Argentina)
edafdelplata@edaf.net

Edaf Antillas / Forsa
Local 30 A-2, Zona Portuaria Puerto Nuevo
San Juan PR00920
(787) 707-1792

Edaf Chile, S. A.
Coyancura, 2270, oficina 914. Providencia
Santiago, Chile
edafchile@edaf.net

3.ª edición, julio de 2014

ISBN: 978-84-414-2802-7
Depósito legal: M-8792-2014

PRINTED IN SPAIN   IMPRESO EN ESPAÑA
Impreso por Cofas, S. A. Pol. Ind. Prado de Regordoño - Móstoles - Madrid

Agradecimientos

QUIERO agradecer a muchas personas que han colaborado para que este libro salga a la luz. Permítaseme ante todo dar las gracias a mi agente, Jonathon Lazear, que me llamó un día y me dijo: «Acabo de vender un libro que usted no sabía que estaba escribiendo». «Oh, no, no es verdad», le respondí. Entonces empezamos a hablar del asunto. Jan Johnson, de Harper and Row, fue muy convincente, y entonces recordé que desde hacía muchos años, en lo más profundo de mí, había querido escribir un libro de meditación. También había llegado a creer por fin que era una escritora y que podía desplegar mis alas aceptando algunos desafíos. Así que dije que sí. Me encantó el proceso de llegar hasta aquí, y agradecí a Jan y a Jonathon haberme planteado este desafío.

Hay otras personas que me apoyaron después. Diane Fassel y John Reed me respaldaron continuamente en casa, me dieron sus opiniones y me ayudaron a reunir las citas. Linda Lewis trabajó muy duro para conseguir excelentes citas. Mary Ann Wells, Linda Crowder y Gwen DeCino pasaron todo al ordenador y lo ensamblaron. Ann Sprague realizó la aburrida tarea, que llevó mucho tiempo, y absolutamente esencial, de verificar las citas y transcribirlas mecanográficamente, y también hizo cambios de contenido y editoriales (así como comentarios personales estupendos y adaptaciones coloquiales), logrando dar forma al libro. Mis hijas, mis hijos mayores y mi yerno añadieron la pimienta de los ánimos.

Llegamos a formar un gran equipo, y cada vez estoy más convencida de que ningún libro sale a la luz con los esfuerzos de una sola persona. Lo he pasado estupendamente trabajando en este libro. Me ha desarrollado como escritora, organizadora y pensadora. Tal vez hagamos una serie para mujeres que se están *recuperando* de hacer demasiado. Quién sabe.

Pero, sobre todo, quiero dar las gracias a las maravillosas mujeres cuyas citas y vidas constituyen la sustancia de este libro y al Programa de Doce Pasos de Alcohólicos Anónimos, sin cuya claridad este libro nunca hubiera sido posible.

Introducción

ESTE ES UN LIBRO DE MEDITACIÓN para mujeres que hacemos demasiado. Al principio, cuando mis editores me sugirieron hacerlo, hablamos de la necesidad de un libro para mujeres adictas al trabajo. Pero cuando discutimos la necesidad de un libro así, empezamos a explorar la enorme diversidad de clases de mujeres que trabajamos de más y hacemos demasiado, y llegamos a la conclusión de que muchas de nosotras, en principio, no nos definiríamos como adictas al trabajo. Sin embargo, hacemos demasiado, estamos demasiado ocupadas, pasamos todo nuestro tiempo cuidando a los demás y, en general, no nos cuidamos nosotras mismas. Muchas hemos cruzado la línea del comportamiento compulsivo, adictivo y autodestructivo, y necesitamos hacer algunos cambios fundamentales en nuestras vidas. Por eso, decidí escribir un libro para las mujeres que hacemos demasiado, con independencia de dónde o de cómo lo hacemos.

Este es un libro para mujeres adictas al trabajo, a la ocupación, a las prisas y a cuidar de los demás. Espero que resulte interesante, presente desafíos y sea de utilidad para muchas mujeres.

He decidido emplear únicamente citas de mujeres. Esto no quiere decir que no existan citas tentadoras, estimulantes y útiles de hombres, que sí las hay. Sin embargo, he encontrado tantas citas maravillosas de mujeres que he decidido utilizar exclusivamente esas. He empleado una gran variedad de ellas. He intentado servirme de citas de mujeres de diferentes edades, culturas, disciplinas y perspectivas. He utilizado citas de mujeres famosas, mujeres que han profundizado, y mujeres que simplemente dijeron algo importante de paso. Esta compilación de citas de mujeres ha resultado ser una experiencia enriquecedora para mí.

Para preparar este libro, volví a varias novelas sobre mujeres que había leído en los años sesenta y setenta del pasado siglo. ¡Qué maravilloso redescubrimiento! Encontré a viejas amigas (las heroínas) que habían permanecido durmientes en mi alma y que revivieron otra vez cuando volví a ellas. Algunas vuelven a emerger en estas páginas. Espero que disfrutéis con ellas tanto como yo.

Este libro de meditaciones no es solo para mujeres, aunque haya sido escrito desde una perspectiva de mujer, en lenguaje femenino, y está contemplado a través de ojos de mujer. Algunos hombres han leído el manuscrito y lo han encontrado muy útil. Soy feliz de compartir estas meditaciones con cualquier persona que las encuentre útiles.

Sé que existen muchas personas que no estamos trabajando exhaustivamente y que todavía no hemos hecho nuestra contribución. Pero esto no se quedará en este punto.

En algunos aspectos este libro sigue la forma habitual de las meditaciones, y en otros no. Hay una meditación para cada día del año. Cada día comienza con una cita, seguida de una meditación, y termina con unas palabras para el mismo. Como he supuesto que las mujeres que hacen demasiado no tendrían mucho tiempo para meditaciones (¡y normalmente no se toman ninguno!), he intentado hacer que cada meditación sea breve. Además, he añadido algunas meditaciones «extras» al final del libro. Si no te vale alguna de algún día concreto, mira las «extras».

Estas meditaciones no te dicen qué hacer, no te dicen cómo deberías ser, y no son respuestas. Pretenden avivar ciertos sentimientos, hacerte pensar, y acelerar las posibilidades de cambio que añadan cualidad y vitalidad a tu vida. Estas meditaciones pueden vivirse como una puerta abierta o como un golpe directo al plexo solar. Sírvete de ellas como mejor te venga.

1 enero
PRISAS / FRENESÍ

Cualquier cosa que vale la pena merece ser hecha frenéticamente.

NUEVO PROVERBIO

Las mujeres que hacemos demasiado nos encontramos con que el final de un año y el principio de otro es un periodo difícil. Siempre existe la tentación de intentar «atar todos los cabos» de las cosas pendientes cuando se acerca el fin de año. Caemos en la trampa de creer que es posible «poner al día» toda nuestra vida antes de que empiece el nuevo año, y estamos determinadas a hacerlo.

También existe la tentación de preparar una elaborada serie de resoluciones o propósitos para el año entrante, de manera que, por fin, podamos vivirlo *como tiene que ser*. Como adictas al trabajo, tendemos a ser muy duras con nosotras mismas: solo la perfección es suficiente. Esperemos que en este primer día del año podamos recordar que somos perfectas tal como somos.

Espero la complacencia de vivir este año de una manera que sea agradable para mí misma... un solo día por día.

2 enero

IMPOTENCIA

> Somos impotentes respecto a nuestra adicción al trabajo y a
> nuestro estado de ocupación permanente, y nuestras vidas se han
> vuelto ingobernables.
>
> PASO PRIMERO MODIFICADO DE LOS ALCOHÓLICOS ANÓNIMOS

¿Yo, impotente? ¡No, nunca! La misma palabra me hace fruncir los labios y sospechar gravemente de cualquiera que la pronuncie. Como mujer, nunca seré otra vez impotente. Tal vez se suponga que lo sea, ¡pero no lo seré!

¡Un momento! Este paso no dice que sea impotente como ser humano. Afirma claramente que soy impotente respecto a mi adicción al trabajo y a mi estado de ocupación permanente. Y esto ya es otra cosa. Ciertamente me he sentido a veces al límite de la rabia, y me preocupa que mi vida personal haya sido derrotada últimamente.

Incluso cuando trato de detenerme, realmente no puedo. Tal vez tenga que estar dispuesta a considerar esta idea de la «impotencia sobre algo concreto». Mi vida necesita algo.

Simplemente estar dispuesta a considerar el asunto es un primer paso. Soy capaz de darlo.

3 enero
EXCUSAS / OPORTUNIDAD DE ELEGIR

Así pues, siendo joven fui testigo del hecho de que el trabajo era
fundamental, y que más bien servía para justificar un comportamiento
inhumano.

MAY SARTON

La adicción al trabajo, como otras adicciones, es intergeneracional. Muchas de nosotras la aprendimos de nuestros padres y madres en casa, y no podemos siquiera imaginar otra manera de ser en el mundo. El trabajo era lo fundamental antes que ninguna otra cosa en nuestros hogares y para nuestras familias. Solo podíamos divertirnos cuando se había acabado el trabajo. Solo podíamos relajarnos y atender nuestras necesidades personales cuando habíamos acabado las tareas domésticas y la casa estaba en orden. Y cuando todo esto estaba hecho, ya estábamos demasiado cansadas para cualquier otra cosa. La limpieza estaba cercana a la bienaventuranza, y esta parecía a veces estar muy lejos.

El trabajo siempre estaba vinculado a las necesidades de la vida, a salir adelante y al sueño americano, y estos ideales justificaban cualquier cosa, incluso la conducta inhumana y cruel en la familia.

Aprendimos nuestras lecciones muy bien, y ahora tenemos la oportunidad de romper la cadena intergeneracional de adicción al trabajo. Tenemos la oportunidad de ser diferentes. Tenemos otras oportunidades de elegir.

Me permitiré observar hoy cuántas veces utilizo el trabajo como una excusa para mi comportamiento inhumano.

4 enero
HUMOR

> El tiempo cura todas las heridas.
>
> JANE ACE

El humor es tan curativo... y también tan divertido Descubrimos que el humor es uno de los primeros dones humanos que desaparecen cuando se instalan las enfermedades adictivas.

Perdemos la capacidad de reírnos de nosotras mismas y con los demás. Nos sentimos insultadas si alguien se burla de nosotras, y lo personalizamos todo, considerándolo como una desvalorización. Cuanto más progresa nuestra enfermedad, más nos parecemos a Scrooge[1]. Entonces, en vez de convertirnos en sanadoras, nos convertimos en talones[2]... sin alma.

El buen humor es muy barato. Es uno de los placeres de la vida que es relativamente gratuito. Estoy segura de que si lo intentamos con ahínco, podemos recordar una parte de nosotras que solía reír y ser juguetona.

El humor no muere, gracias a Dios, sino que simplemente se oculta bajo tierra a veces y excava cavernas para que nuestros «yoes» serios se derrumben.

---

[1] Personaje de Charles Dickens, en *Cuento de Navidad,* que representa al avariento típico. *(N. del T.)*

[2] Juego de palabras de la autora con *healers* (sanador/a) y *heel* (talón). *(N. del T.)*

5 enero
CRISIS / AGOTAMIENTO / CONTROL

¡El cielo se está cayendo! ¡El cielo se está cayendo!

POLLITO

Vivir nuestras vidas como Pollito puede ser muy agotador. ¡Aunque muchas de nosotras vivimos de crisis en crisis! Estamos tan acostumbradas a las crisis y a los plazos límite que casi nos sentimos perdidas si no apagamos alguna especie de fuego. De hecho, si fuésemos realmente auténticas, tendríamos que reconocer que encontramos alguna excitación y algo de dramatismo en manejar las crisis. Nos hace sentir como si tuviéramos un mínimo control de nuestras vidas.

Sin embargo, a veces nos hemos preguntado si todas estas crisis son normales y si hay alguna otra manera de vivir la vida que pudiera ser un poco menos fatigante. Pero, aun así, todavía encontramos estimulante manejar estas crisis, nos dejan drenadas. ¿Podría ser que este tipo de cosas no nos *ocurren* por sí solas, y que tenemos alguna participación en su creación?

Cuando empezamos a trabajar en nuestra recuperación, vemos a otras personas a nuestro alrededor que no viven de crisis en crisis, y parece que están bien... que están siempre serenas.

Las crisis y mi ilusión de poder controlarlo todo no son dos cosas aisladas. Espero permitirme a mí misma estar abierta a darme cuenta hoy en mi vida de estos dos hechos.

6 enero

AUTOENGAÑO / ESPEJISMOS

> Vivimos en un sistema construido sobre espejismos y, cuando expresamos nuestras propias percepciones, nos dicen que no entendemos la realidad. Cuando la realidad es un espejismo y el espejismo es realidad, no es extraño que nos sintamos locas.
>
> ANNE WILSON SCHAEF

Todas las adicciones están basadas en espejismos. El espejismo del control, el espejismo del perfeccionismo, el espejismo de la objetividad. La inautenticidad y la negación son los ladrillos de la adicción. Cuando participamos en cualquiera de estos espejismos, nos estamos engañando a nosotras mismas, y cuando nos engañamos a nosotras mismas, nos perdemos. ¿Por qué, entonces, encontramos el autoengaño y los espejismos mucho más atractivos que la autenticidad? Podría ser porque estamos rodeadas por una sociedad en la que el espejismo es la norma general. La negación está a la orden del día en todos los niveles de nuestra sociedad y no se apoya mucho a las «personas que dicen la verdad».

Sin embargo, somos nosotras mismas las únicas que nos podemos engañar. Somos las únicas personas que podemos negarnos a reconocer nuestras percepciones y que podemos mentirnos a nosotras mismas. La elección de engañarnos es nuestra propia responsabilidad.

Existe un viejo dicho según el cual: «La conciencia es algo que puede dejarse pasar de largo, pero a la que no se puede impedir que siga ladrando». A veces, nuestra conciencia hace ruidos muy divertidos para captar nuestra atención.

7 enero
RIGIDEZ

Los cambios [en la vida] son no solo posibles y predecibles, sino que negarlos es ser cómplice de un proceso innecesario de auto-convertirse en vegetales.

GAIL SHEEHY

Parte del modo irracional de pensar de las adicciones es creer que podemos sentirnos seguros si conseguimos que todo esté en orden, que todo esté en su sitio, y que se mantenga así. Gran parte de nuestra energía la gastamos en intentar contribuir a la calcificación de nuestras vidas. Desafortunadamente, los seres calcificados son frágiles y se rompen con facilidad.

Cuando nos volvemos rígidas sobre cualquier asunto, perdemos el contacto con el proceso de nuestra vida y nos salimos de la corriente de la vida; morimos. Como dice Lillian Smith, «cuando dejas de aprender, de escuchar, de mirar y de plantear cuestiones, siempre cuestiones nuevas, es el momento de morir».

¿Acaso me he muerto ya? ¿Soy una de las muertas vivientes? Lo rígido no es estable, simplemente es algo que se quiebra.

8 enero

LA NECESIDAD DE ALCANZAR OBJETIVOS

> Algunas de nosotras nos estamos convirtiendo en los hombres
> con los que nos hubiera gustado casarnos.
>
> GLORIA STEINEM

Conseguir una posición importante en una buena compañía es una ardua hazaña. Muchas de nosotras hemos trabajado duro para llegar a donde estamos y estamos orgullosas de nuestros logros.

El éxito exige sacrificios y concentración, y hemos aprendido ambas cosas. Hemos situado el trabajo por delante de cualquier otra cuestión en nuestra vida. Hemos aprendido a competir y a transigir. Hemos aprendido a vestirnos como los hombres y a comportarnos en los círculos masculinos. Hemos aprendido a ser rudas y a «hacernos las fuertes» cuando es necesario. Queríamos obtener una posición en un mundo de hombres y la hemos conseguido. Hemos aprendido a jugar el juego.

Ya es tiempo de detenernos y considerar qué es lo que nos ha ocurrido en este proceso. ¿Somos las *mujeres* que queremos ser?

Me pregunto si no me habré convertido realmente en el hombre con el que me hubiera gustado casarme. ¿Le gustaría a esta mujer tan clara y tan sana casarse conmigo?

9 enero
ENFADO

El enfado se muere en cuanto se alimenta. Dejarlo morir lo engorda.

EMILY DICKINSON

El enfado no ha sido una emoción fácil para nosotras. Nos enfadamos cuando no se cuenta con nosotras para una promoción. Nos enfadamos cuando nadie escucha. Nos enfadamos cuando no se atienden nuestras ideas, y mucho más cuando esas mismas ideas son declaradas «fantásticas» cuando las presenta uno de nuestros colegas masculinos. Nos enfadamos cuando estamos tan agotadas y tensas que nos vemos de repente gritando a las personas que más queremos. Entonces nos enfadamos por habernos enfadado, e intentamos «controlarnos».

Es importante recordar que los sentimientos no son más que eso...: sentimientos. Es normal que tengamos sentimientos, y es normal que nos enfademos. El enfado solo es dañino cuando se reprime dentro y «muere», como dice Emily Dickinson Cuando lo mantenemos dentro, crece y lo hacemos explotar sobre personas inocentes en las circunstancias más sorprendentes. Entonces, acabamos sintiéndonos mal con nosotras mismas y consiguiendo ser el blanco del enfado de otras personas. Tenemos que encontrar situaciones seguras en las que podamos dejar salir nuestro enfado. Podemos respetarlo. Es nuestro amigo. Nos permite conocer cuándo algo no va bien.

El enfado no es el problema. Es lo que hago con él.

10 enero
PROYECTOS PENDIENTES / NEGATIVIDAD

> No valoro lo que hago porque tengo demasiados proyectos
> pendientes que todavía no he realizado.
>
> CHRIS

Las adictas al trabajo somos la clase de personas que vemos el vaso medio vacío en vez de verlo medio lleno. Es mucho más fácil ver lo que no hemos hecho que lo que ya hemos realizado.

Con frecuencia, si nos detenemos simplemente a hacer el balance, nos damos cuenta de haber hecho bastante. De hecho, probablemente estemos muy cerca de los límites del trabajo estupendamente realizado.

Por desgracia, perdemos la oportunidad de asombrarnos de nuestros logros, porque nos hemos puesto tantas tareas por hacer que todo lo hecho parece insignificante en relación con lo que (¡siempre!) queda por hacer. Nuestro propio espectador siempre ve el lado negativo.

Hoy es el día de toma de conciencia de todo lo que he hecho. Festejarlo puede ser una buena idea.

11 enero
CAMBIO / SEGURIDAD

Las personas cambian y olvidan comunicárselo entre sí.

LILLIAN HELLMAN

¡Con qué tenacidad nos aferramos al espejismo de que nuestras vidas están en orden y seguirán estándolo! ¡Qué resistentes somos al proceso normal de cambio! Con frecuencia, nos sentimos personalmente atacadas si alguna persona cercana y querida cambia sin clarificar esos cambios antes con nosotras. De algún modo hemos llegado a creer que la seguridad y el estancamiento son sinónimos.

El cambio es la manifestación de nuestra capacidad de crecer y de devenir. Cuando sucede en las personas más cercanas y queridas, es una oportunidad de celebración. Cuando ocurre dentro de nosotras, nos permite compartirnos a nosotras mismas en un nuevo nivel. Cuando intentamos proteger a los demás de la toma de conciencia de nuestros cambios, estamos siendo inauténticas. Nadie puede cuidar de quienes somos a menos que *sepa* quiénes somos.

La única constante es el cambio.

12 enero

ELECCIONES

> Para obtener lo que vale la pena tener, puede que sea necesario
> perder todo lo demás.
>
> BERNARDETTE DEVLIN

A veces dramatizamos excesivamente nuestras vidas y creemos que si queremos obtener lo que deseamos, tenemos que sacrificar todo lo que nos es cercano y querido. Los libros «para llegar a ser los mejores» nos dicen que si pretendemos llegar a la cumbre, tenemos que estar dispuestas a sacrificar marido, hijos (el tener hijos), aficiones y cualquier cosa en nuestra vida que no esté relacionada con el trabajo para alcanzarla. Algunas de nosotras lo hemos intentado. Nos hemos vuelto adictas al trabajo y, mientras tanto, nos hemos perdido a nosotras mismas. Sin tenernos a nosotras mismas, tenemos en última instancia muy poco que ofrecer. Hemos intentado desechar nuestra necesidad de cercanía, amistad, reposo y ocio, creyendo en lo justo y noble de nuestra decisión.

Nos hemos sacrificado por nuestro trabajo. Hemos realizado el sueño romántico de darnos por completo. Hemos llegado a ser las mejores.

Nunca es demasiado tarde para volver a examinar lo que hemos elegido. Replantearse las cosas es algo inteligente. Siempre tenemos elección.

13 enero
COMPASIÓN / CRUELDAD

Y más allá de la propia duda, ningún escritor puede justificar la crueldad en aras de su trabajo, porque ser humano hasta el límite de lo posible es lo que su tarea pide de el.

MAY SARTON

Lo que May Sarton ha escrito no es solo verdad para un escritor. ¡Nadie puede justificar la crueldad!

Se nos dice que hay que ser despiadado para hacerse con el mundo de los negocios. Como mujeres, hemos creído que teníamos que ser más despiadadas todavía que los hombres solo por ser mujeres. Muchas de nosotras hemos conseguido el éxito, pero ¿a qué precio? No nos gusta la persona que vemos en el espejo.

Una de las características del proceso de adicción es que perdemos contacto progresivamente con nuestra propia moralidad y nuestra propia espiritualidad. Perdemos contacto progresivamente con nuestra humanidad. La recuperación nos permite la posibilidad de volver a conectar con nuestro yo compasivo.

Mi capacidad para ser compasiva y experimentar la belleza de mi humanidad no me ha abandonado. Solo fue enterrada bajo capas de basura adictiva.

14 enero
CREENCIA

> ¿Por qué tiene que ser «Dios» una monja? ¿Por qué no una palabra…, la más activa y dinámica de todas?
>
> MARY DALY

Algunas de nosotras tienen dificultad con el concepto de Dios porque hemos visto a Dios evolucionar como alguien o algo estático, un megacontrolador, y francamente como a alguien nada agradable de tener cerca. Tradicionalmente hemos intentado hacer que Dios sea estático para sentirnos seguras. Pero este es nuestro problema, no el suyo.

¿Qué tal si consideramos a Dios como un proceso, como el proceso del universo? ¿Qué tal si empezamos a entender que formamos parte del proceso del universo? ¿Qué pasaría si nos damos cuenta de que solo cuando vivimos lo que realmente somos es cuando tenemos la opción de ser uno con este proceso? Intentar ser cualquier otra persona, quienes *pensamos* que deberíamos ser, o quienes *los demás* piensan que deberíamos ser, rompe nuestra unidad con ese proceso.

Si Dios es un proceso y yo soy un proceso, tenemos algo en común para empezar.

15 enero
REGALOS

Haz buen uso de la mala basura.

ELIZABETH BARESFORD

Realmente depende de nosotras lo que hacemos con nuestras vidas. Tal vez hayamos sido maltratadas, golpeadas, acosadas, hayan cometido incesto con nosotras, o nos hayan mimado o consentido. Todas nosotras tenemos sentimientos y recuerdos que debemos trabajar. Ninguna de nosotras tuvo la familia perfecta. De hecho, las familias disfuncionales son la norma de esta sociedad.

La cuestión ahora es saber cómo nos han afectado nuestras experiencias y qué es lo que necesitamos aprender de ellas, trabajar a través de esas lecciones, integrar en nuestro ser, darles la vuelta y continuar.

Cuando nos quedamos bloqueadas en nuestra afrenta, miedo, herida, o rechazo, somos las únicas que sufrimos. Depende de nosotras «hacer buen uso de la mala basura».

Si mi vida se parece a un cubo de basura, depende de mí aprovecharla, mezclarla con la tierra, y plantar flores para utilizar ese abono natural.

16 enero
LIBERTAD

> Aprendiendo momento a momento a ser libres en nuestra
> mente y en nuestro corazón, hacemos que la libertad sea posible
> para todos en todo el mundo.
>
> SONIA JOHNSON

La libertad empieza dentro. Las adicciones son la antítesis de la libertad. Por definición, adicción es cualquier cosa que mantenga el control de nuestras vidas y es progresiva y mortal. Ser adicta a hacer demasiado no es diferente a ser adicta al alcohol o a las drogas. Estamos enganchadas, y podemos morir a causa de estas conductas de adicción al trabajo.

La liberación de las adicciones es un primer paso importante hacia la libertad personal. En los «círculos de los doce pasos» solemos oír que «estas enfermedades adictivas son las únicas enfermedades fatales cuya recuperación está garantizada si trabajamos». Cuando somos adictas, hemos perdido nuestra mente y nuestro corazón en aras de la enfermedad. En cuanto empezamos a cumplir el programa de recuperación, empezamos a tener una nueva apreciación de la palabra *libertad*.

Mi trabajo de recuperación afecta a los demás, tanto si soy consciente de ello como si no. La libertad es un sueño posible.

17 enero
PENSAR

Para lograr algo, tienes que pensar... Tienes que saber lo que estás haciendo, y eso es poder real.

AYN RAND

A veces, pensar es algo infrecuente en algunos círculos, mientras que en otros se exagera. En tanto que sociedad, nos hemos vuelto tan unilaterales respecto al pensamiento racional, lineal y lógico, que muchas de nosotras estamos confundidas en lo que concierne a pensar. Somos muy dualistas en nuestra manera de pensar sobre el pensar mismo.

Hemos llegado a creer que debemos ser mujeres frías, calculadoras, lógicas y racionales, o que debemos arrojar todos los pensamientos por la ventana y apostar por los aspectos sentimentales e intuitivos de nuestra sociedad. Cualquiera de estas dos soluciones tiene como consecuencia el desequilibrio que nos deja insatisfechas.

No hay nada malo en pensar, sino en la *manera* como pensamos. Con frecuencia, nos guiamos por nuestra mente lógica y racional, sin permitir que sea informada por nuestro ser y por otros procesos de pensamiento como la intuición, la atención y el darse cuenta. Es en la sinergia entre todos estos aspectos de nuestra mente donde comienza el verdadero pensar.

Mi cerebro es un gran don. Utilizarlo totalmente acrecienta su valor.

18 enero
VIVIR EL MOMENTO

> Ama el momento, y su energía se expandirá más allá de cualquier frontera.
>
> CORITA KENT

Las mujeres que hacemos demasiado tenemos dificultades en amar el momento. Siempre estamos haciendo listas de cosas por hacer y previendo las tareas que vienen a continuación, cuando tendríamos que estar ocupadas con la tarea que tenemos entre manos. Por ello, rara vez algo obtiene nuestra atención total y no dividida. Nos perdemos un montón de cosas a causa de este estado de distracción sutil y de la falta de presencia.

Cuando podemos estar realmente en el momento presente, el mismo proceso de estar en el momento irradia por las grietas de nuestra vida y empieza a airear sus esquinas polvorientas.

La presencia es un don extraordinario... para mí misma y para los demás.

19 enero
CONTROL

Las personas que quieren dirigirse a sí mismas, siempre quieren
(aunque sea amablemente) dirigir a los demás. Siempre creen que
ellas saben más, y son tan obstinadas y resueltas que no están muy
abiertas a ideas nuevas y mejores.

BRENDA UELAND

Las personas que somos adictas al trabajo somos difíciles de con-
llevar. Es difícil trabajar con nosotras y para nosotras. Nuestro núcleo
de funcionamiento es el control. Con frecuencia no distinguimos entre
que el trabajo se haga y que el trabajo se haga bien. Creemos que si
podemos controlarlo *todo*, estamos haciendo nuestro trabajo y lo estamos haciendo bien. Nuestro espejismo de control nos mata. Al final
nos encontramos cansadas y quemadas.

Desgraciadamente, el control tiene su precio. Al intentar realizar
este espejismo de control, somos destructivas con nosotras mismas y
con los demás. Además, al intentar mantener este control ilusorio, descubrimos que nuestro campo de visión se vuelve cada vez más reducido
(¡lo mismo que se contraen nuestros vasos sanguíneos!) y ya no estamos
abiertas a ideas nuevas y mejores. De hecho, no estamos abiertas en absoluto a ninguna idea.

**Cuando con mi conducta controladora hago a los demás lo
que me hago a mí misma, todos perdemos.**

20 enero
Control

Ella era una persona del tipo «y si...» y por eso ella nunca sucedió.

ANNE WILSON SCHAEF

Nosotras, las adictas, somos personas «y si...». Usamos nuestro «si... condicional» para controlar nuestro pasado, nuestro presente y nuestro futuro.

Si simplemente hubiéramos sido más decididas, hubiéramos ganado aquel ascenso. *Si simplemente* hubiéramos sido más inteligentes, hubiéramos conseguido un mejor trabajo.

Nuestro «si condicional» intenta hacer frente al presente. Actuamos *como* si supiéramos lo que estamos haciendo. Actuamos *como* si estuviésemos tranquilas y relajadas. Al fin y al cabo, ¡hemos desarrollado algunas habilidades!

Sin embargo, es nuestro «si condicional» lo que nos mantiene realmente paralizadas y alimenta nuestro espejismo de que tenemos todo controlado. Intentamos imaginar cada posible eventualidad y prepararnos para ella antes de que suceda. Si cubro todos los huecos, nunca me veré pillada deseando algo. Mi «si condicional» ha originado que nunca esté presente en mi vida.

Cuando deje mi «si condicional», tal vez empiece simplemente a vivir.

21 enero
MIEDO / INAUTENTICIDAD / RECHAZO

La mentirosa, en su terror, quiere llenar el vacío con cualquier cosa. Sus mentiras son la negación de su miedo: una manera de mantener el control.

ADRIENNE RICH

Nuestro miedo es como la primera ficha en una fila de dominó. Nuestra negación del miedo nos empuja a mentir, a engañar y a convertirnos en personas que no respetamos para mantener la ilusión del control. Mentimos porque tenemos miedo, y tenemos miedo porque mentimos. Es un círculo vicioso y nos sentimos atrapadas en medio de estos sentimientos devastadores.

¡Qué alivio supone admitir nuestros miedos! ¡Qué alivio es admitir que somos impotentes ante nuestros miedos y que estos están haciendo que nuestra vida sea ingobernable! Este reconocimiento abre la puerta a admitir que si regresamos a nuestro proceso interno, a un poder más grande que nosotras mismas, podemos sentirnos saludables de nuevo.

Todo el mundo se siente asustado a veces; eso es humano. Cuando nuestra vida está gobernada por el miedo, eso es adicción.

22 enero
OBSTÁCULOS

> En los escalones superiores de las empresas ayuda el tener buena
> presencia… pero solo si eres un hombre. Si eres una mujer, ser atrac-
> tiva puede ser un obstáculo.

DIANE CRENSHAW

A veces es difícil aceptar que los obstáculos en nuestra vida están ahí por alguna razón y que tenemos algo que aprender de ellos. Algunos parecen tan injustos… ¡lo son! Todavía existen muchas discriminaciones que funcionan en el mundo de los negocios (¡y en todas partes!). Lo que funciona para los hombres no funciona para las mujeres en las mismas circunstancias. Y no es justo…, auténtico… y nos daña… Es verdad… y deberían tratarnos igual… Y, mientras intentamos que cambie la situación, es importante qué tenemos que aprender de estos obstáculos inmerecidos y movernos. No nos gustan, y depende de nosotras lo que hagamos con ellos.

Los obstáculos no son normalmente ataques personales; son herramientas para hacer músculos.

23 enero
AUTENTICIDAD

Cuando una mujer dice la verdad, está creando la posibilidad de más verdad a su alrededor.

ADRIENNE RICH

La autenticidad es contagiosa, lo mismo que lo es el ser auténtica. Necesitamos más autenticidad en el mundo.

Muchas de nosotras nos hemos enorgullecido de ser auténticas. Hemos intentado serlo siempre y hemos creído que lo éramos. Ha sido aterrorizador cuando se nos ha dicho que éramos «demasiado auténticas», o cuando se nos ha dicho que no saldríamos adelante si continuábamos siendo tan «descaradamente auténticas». Poco a poco hemos aprendido a «transigir». Hemos aprendido a decir lo que se espera que digamos y a no ofender. Hemos perdido el contacto con la toma de conciencia de que no somos auténticas, cuando seguimos adelante haciendo algo que realmente no sentimos como correcto. Hemos llegado a no esperar autenticidad de nosotras mismas ni de las personas que nos rodean. Estamos incluso sorprendidas cuando la encontramos.

Si queremos sanar, tenemos que empezar a ser auténticas con nosotras mismas y con los demás. Crear la posibilidad de más verdad depende de cada una de nosotras.

24 enero

INTIMIDAD

> ... solo una tierna sensación de mi propio proceso interior, que mantiene algo de mi conexión con lo divino.
>
> MARY SHELLEY

La intimidad, como la caridad, empieza con una misma. Si no podemos tener intimidad con nosotras mismas, no tenemos a nadie que pueda tener intimidad con otra persona.

La intimidad con nosotras mismas lleva tiempo. Necesitamos tiempo para descansar, tiempo para pasear, para estar tranquilas y para conectarnos con nosotras mismas. No podemos llenar nuestra vida de cosas y tener intimidad con nosotras mismas. Ni podemos simplemente sentarnos tranquilamente por tiempo indefinido y llegar a intimar con nosotras mismas. Debemos tener el tiempo y la energía para ser nuestras vidas y para *hacer* nuestras vidas si queremos llegar a tener una relación íntima con nosotras mismas.

Sorprendentemente, cuando hemos logrado esta intimidad, descubrimos nuestra conexión con los demás y con lo divino. Ninguna de estas dos cosas es posible sin la intimidad con nosotras mismas.

Intimidad... Véase dentro de, y hacia mí. No me hará daño el intentarlo.

25 enero
DEJARLO ESTAR

Cuando estoy demasiado preocupada con algo, siempre me detengo y me pregunto en qué afectará el asunto de que se trate a la evolución de la especie humana en los próximos diez millones de años, y esta pregunta siempre me ayuda a recobrar la perspectiva.

ANNE WILSON SCHAEF

«Las pequeñas cosas importan mucho», especialmente cuando concentramos nuestra atención en ellas, nos obsesionamos y las rumiamos, sin ser capaces de dejarlas estar. A veces, en nuestra enfermedad, continuamos dando vueltas a pensamientos perturbadores en nuestra mente, creyendo que seguramente descubriremos alguna solución si pensamos suficientemente y comprobamos todos los puntos de la cuestión.

Cuando tenemos esta actitud, es seguro que hemos empezado el proceso adictivo y de que nos obsesionaremos hasta morir. Yo he descubierto que siempre que estoy en medio de mi proceso de adicción he perdido perspectiva. De repente, me he convertido en el centro del universo y mis problemas son los únicos del mundo.

Siempre me ayuda retroceder para darme cuenta de que, sea cual sea el problema que tenga, probablemente no tiene proporciones universales. Esta toma de perspectiva me ayuda a ver que soy impotente sobre mi obsesión, y de que está haciendo que mi vida esté enajenada. En este punto puedo volver a tomar contacto con mi conocimiento de que un poder más grande que yo puede restablecer mi cordura, y puedo plantear el problema a este poder superior.

Una de las cosas que perdemos en el proceso de la enfermedad de la adicción es la perspectiva.

26 enero
SEGURIDAD ECONÓMICA

Los humanos tienen que respirar, pero las empresas tienen que hacer dinero.

ALICE EMBEE

Es correcto ganar dinero. Incluso es correcto para las empresas hacer dinero. Desafortunadamente, la adicción al dinero es tan desenfrenada en esta sociedad que hemos perdido toda perspectiva sobre el ganar dinero. Nos hemos convertido en adictos al *proceso* de ganar dinero. El dinero en sí mismo se ha vuelto irrelevante. Es el proceso de acumulación el que nos ha enganchado. Por mucho que tengamos, nunca es suficiente. Esto también es verdad a nivel empresarial. Más dinero nunca es suficiente. Hemos desarrollado una obsesión frenética por la acumulación de dinero. Lo juntamos, lo gastamos y lo acaparamos. Hemos olvidado que el dinero no es real. Es simbólico. Es moneda de curso legal. Es una forma de intercambio. Pero se ha convertido en algo tan real para todo el mundo que es más real que nuestra salud, nuestras relaciones o nuestras vidas. La adicción al dinero y al trabajo con frecuencia van de la mano.

La seguridad económica es un concepto estático ilusorio y se expande de manera exponencial a medida que alcanzamos cada objetivo.

27 enero
EL PERDÓN

Es muy fácil perdonar los errores ajenos. Requiere más seso y
agallas perdonar a los demás por haber sido testigos de los nuestros.

JESSAMYN WEST

¡Cuánto odiamos ser vistas en nuestro yo más desnudo! Nos sentimos nobles cuando perdonamos los errores horribles de los demás, pero nos paralizamos de culpabilidad y vergüenza cuando nos damos cuenta de que hemos sido descubiertas en nuestros peores momentos. Es tan tentador intentar encontrar algún error en los demás para distraer la atención de lo que hayamos hecho mal… Se nos ha dicho que la mejor defensa es una ofensa. ¡Qué difícil es reconocer nuestros propios errores! Y, sin embargo, ¡qué liberador!

Tenemos la posibilidad no solo de olvidar a las personas que han sido testigos de nuestros errores, sino también de abrazarlas como un regalo que nos mantiene honestas.

A veces, mis cualidades están tan bien embaladas que tengo dificultad en reconocerlas como tales. A medida que me desembalo a mí misma, puedo desenvolver cada don.

28 enero
SER PRESCINDIBLE / CONTROL / MIEDO

> Cuando tenía dieciséis años, mi madre me dijo que yo era prescindible y que, si no trabajaba duro, las empresas podrían deshacerse de mí. Trabajo de sesenta a setenta horas por semana, nunca me tomo un día libre, y mi marido y yo no hemos tomado vacaciones en doce años. Soy adicta al trabajo y me encanta serlo.
>
> MUJER ANÓNIMA

¡Vaya! ¿Tengo algo más que añadir? Esta mujer ha comprado todo el paquete.

Como ella, muchas de nosotras creemos que podemos controlar lo que percibimos como *ser prescindibles* haciéndonos indispensables. ¡Qué sofisticada ilusión de control! El trabajo obsesivo es algo diferente de tener pasión por nuestro trabajo.

Normalmente, las personas que están verdaderamente apasionadas con su trabajo también están apasionadas con sus pasatiempos y el tiempo dedicado a ellas mismas. Las personas adictas al trabajo no lo estamos. Trabajamos por miedo e intentamos convencernos de que lo adoramos. El miedo y el autoengaño van de la mano.

¿Soy prescindible para mí? Esa es la cuestión.

29 enero

Ante un obstáculo que es imposible de superar, la testarudez
es algo estúpido.

SIMONE DE BEAUVOIR

A algunas de nosotras no nos gusta oír esto, pero existen ciertas cosas en nuestras vidas ante las que somos impotentes. De hecho, cuando llegamos a este punto, nos damos cuenta de que existen unas pocas cosas que no podemos *controlar* realmente.

Ciertamente, las zonas de nuestras vidas ante las que somos realmente más impotentes son nuestros hábitos adictivos y compulsivos de trabajar, apresurarnos y estar siempre ocupadas. De hecho, esta es una de las definiciones de la adicción. Una adicción es cualquier cosa que controla nuestras vidas, sobre la que no podemos hacer nada, y que hace que nuestra existencia sea ingobernable. Nuestra incapacidad para dejar de matarnos a nosotras mismas haciendo demasiado se ajusta ciertamente en esta categoría.

Saber cuándo abandonar puede ser mi mayor victoria.

30 enero
PRISAS / FRENESÍ

> Los seres humanos son una especie despistada. Perderían sus brazos y sus piernas si no estuvieran unidos al cuerpo adecuadamente.
>
> ELIZABETH BERESFORD

Nuestro funcionamiento adictivo requiere de nosotras que conectemos con nuestros cuerpos. De hecho, el objetivo de nuestras adicciones es quitarnos el contacto con lo que sentimos, lo que pensamos, nuestra atención y nuestra intuición. El trabajo adictivo y andar corriendo de un lado a otro deja poco tiempo o energía para darnos cuenta de lo que el cuerpo nos está diciendo acerca de nuestros sentimientos o de nuestra salud.

Hemos llegado a pensar que nuestros cuerpos son como si no existieran y solemos sentir muy poco por debajo del cuello. Muchas de nosotras pasamos la mayor parte de nuestro tiempo «fuera de nuestro cuerpo». En vez de verlo como un aliado y fuente de información importante, hemos llegado a verlo como vehículo para la práctica de nuestra adicción, y lo utilizamos como un objeto. Hemos olvidado que nuestro cuerpo cambia y la manera en que se siente cambiar.

Mejor es que preste atención a los mensajes de mi cuerpo. Si no lo hago, atraerá mi atención, tal vez mediante medidas extremas y dolorosas.

31 enero
DARNOS A NOSOTRAS MISMAS

Alguien casi se marchó con todo lo que yo tenía.

NTOZAKE SHANGE

En tanto que mujeres, solemos ser tan generosas, especialmente con nosotras mismas, que vamos dando pequeños pedazos de nosotras casi a cualquiera que lo pide. Con el tiempo, apenas lo notamos. A veces, los pedazos que damos son tan minúsculos que parecen realmente sin importancia... Un favor por aquí...; algo que sabemos que no es correcto y dejamos pasar, por allá...; tragarnos la rabia de una injusticia que se nos hace, por otro lado... No podemos solucionarlo individualmente, y no somos conscientes del efecto acumulativo de años de desprendernos de pequeños pedazos de nosotras mismas.

Nos sentamos y gritamos: «¡¡¡Alguien casi se marchó con todo lo que yo tenía!!!». Nos hemos dejado casi devorar por los que nos rodean.

Darme a mí misma o ser tacaña no son mis dos únicas opciones. Puedo compartirme. Pero para compartirme tengo que tener algo que poder compartir.

1 febrero

LIBERTAD

Comment le travail de ma propre vie font-ce me J...

> ¿Cómo sirve el trabajo de mi propia vida para acabar con estas
> tiranías, con las corrosiones de la posibilidad sagrada?

pour mettre fin à tyrannie.

JUNE JORDAN

A veces, cuando nos paramos a reflexionar, necesitamos creer que el trabajo que estamos haciendo tiene un significado más allá del tedio de cada día. De hecho, si no podemos ver una conexión más amplia en lo que estamos haciendo, tenemos un sentimiento de extravío o de vacío.

Sabemos, en alguna parte muy dentro de nosotras, que incluso si *lo que* estamos haciendo no tiene exactamente un gran significado cósmico, *la manera* en que lo hacemos y las interacciones que tenemos con las demás personas pueden proporcionar un sentido que va más allá de lo que hagamos. Sea la que sea nuestra actividad, siempre tenemos la oportunidad de convertirla en un trabajo sagrado.

Siempre tengo la libertad de aprovechar una oportunidad sagrada.

2 febrero
FELICIDAD

No es fácil encontrar la felicidad dentro de nosotras, y no es posible encontrarla en cualquier otra parte.

AGNES REPPLIER

Somos la fuente de nuestra propia felicidad. Nuestra felicidad está dentro de nosotras. Ninguna otra persona ni ninguna otra cosa puede proporcionárnosla. Podemos intentar encontrar toda clase de cosas fuera de nosotras para llenarnos y hacernos felices, pero todas ellas tienen corta vida. Pensamos que el éxito, el reconocimiento, el respeto, el dinero y el prestigio lo harán por nosotras. Son agradables por un momento, *pero* continúa el sentimiento de que falta algo. Esto no quiere decir que una persona feliz no pueda tener todos estos aditamentos del éxito, que sí que puede. La felicidad, sin embargo, no es el *resultado* de estos símbolos del éxito.

La felicidad es etérea. Solo actúa dentro, y, cuando la buscamos, se vuelve todavía más elusiva.

Tengo la oportunidad de abrirme a la felicidad que es mía hoy y no intentar llenarme con sustitutos de felicidad.

3 febrero
TIEMPO DE SOLEDAD

> ¿Y cuándo es el momento de recordar, de tamizar, de sopesar, de valorar, de totalizar?
>
> TILLIE OLSEN

Una cosa tan simple como esta: «Irse a la cama sola, cuando la habitación está todavía absolutamente en calma...». Con frecuencia hemos sentido que si tomábamos tiempo para nosotras mismas, se lo estábamos quitando a nuestros hijos, a nuestros maridos, o a nuestro trabajo, y que, por tanto, tenía que ser una perversión.

Hay tan pocos momentos en el día que sean tan preciosos para nosotras. Esos pocos momentos después de haber despedido a todo el mundo ese día en los que podemos respirar... Esos momentos solas en el coche, en el autobús, o en el metro, cuando nadie alrededor nos conoce ni puede molestarnos... Esos momentos anhelados en el cuarto de baño cuando no hay nadie allí..., incluso esos momentos robados en que estamos solas fregando los platos, son preciosos para nosotras.

Está bien. Los momentos para estar solas y la necesidad que tenemos de ellos no son una perversión, son una fuerza que da vida.

4 febrero
REGALOS

Los problemas son mensajes.

SHAKTI GAWAIN

Yo siempre creo que la intensidad del golpe en la cabeza que la vida nos da para que aprendamos la lección es directamente proporcional a la intensidad y amplitud de nuestra testarudez y de nuestro espejismo de tenerlo todo controlado.

Los problemas nos dan la oportunidad de aprender algo. Si no aprendemos la primera vez, se nos da otra oportunidad, y otra, y otra. Si no aprendemos nada la primera vez, el próximo golpe será más duro, y la próxima, todavía más duro. Tenemos muchas oportunidades de aprender las lecciones que tenemos que aprender en esta vida.

Los obstáculos son regalos para aprender. Nunca sabemos realmente lo que hemos aprendido hasta que lo hemos aprendido. Entonces estamos preparadas para el próximo aprendizaje.

Hoy tengo la oportunidad de tener muchos regalos. Espero poderlos ver.

5 febrero

AGOTAMIENTO

Cualquier cosa que hagan las mujeres tienen que hacerla dos veces mejor que los hombres para ser consideradas la mitad de buenas que ellos. Afortunadamente, esto no es difícil.

CHARLOTTE WHITTON

Aunque alguna de nosotras odia reconocerlo, es probablemente verdad que «tengamos que hacer las cosas dos veces mejor que los hombres para ser consideradas la mitad de buenas que ellos». Y también es probablemente verdad que podemos producir a un nivel que deja la mente pasmada.

Lo que tendemos a ignorar es el coste. Trabajar tan duro como lo hacemos y tanto tiempo es agotador. A veces tememos darnos cuenta de lo cansadas que estamos. A veces casi parece como si nos doliese la médula de los huesos.

Las mujeres tenemos un tremendo miedo a sentir nuestro cansancio. Tememos que, si nos permitimos sentirlo, nunca podríamos ponernos en marcha de nuevo.

Mi cansancio es mío. Me lo he ganado.

6 febrero
CREENCIA

Ni el reproche ni el aliento es capaz de reavivar una fe perdida.

NATHALIE SARRAUTE

En última instancia, la fe es un proceso personal. Uno de los problemas a los que nos enfrentamos, en tanto que mujeres, para tener acceso a nuestro yo espiritual, lo constituyen todas las cosas que se nos han dicho que *teníamos* que creer. Hemos intentado tragarnos creencias que venían de fuera. Rara vez nos hemos tomado el tiempo y el esfuerzo de ir adentro de nosotras y de empezar nuestro propio proceso de toma de conciencia y de comprensión de Dios o de un poder mayor que nosotras mismas, permitiéndonos confiar en nuestro propio conocimiento. En nuestras atareadas vidas es más fácil rechazar que «esperar con» nuestro conocimiento. Es más fácil actuar que «estar con».

Ninguna persona puede darnos las respuestas sobre nuestra espiritualidad. Leer y pensar no pueden proporcionar las soluciones. Nuestra espiritualidad es vivencial, y está íntimamente conectada con lo que somos.

A veces las creencias han interferido con mi conexión con un poder superior a mí misma. Es hora de «esperar con» mi propio conocimiento.

7 febrero
PLAZOS FIJOS / ESTRÉS

La tensión fue en aumento en mi casa, y mí trabajo se fue deteriorando a medida que me comprometía con plazos cada vez más ajustados.

ELLEN SUE STERN

Uno de los mitos sobre las personas adictas al trabajo es que son muy productivas y de que hacen un buen trabajo. Los mitos nos confunden porque frecuentemente actuamos como si fueran verdad, aunque sabemos que no lo son.

En contra de la creencia popular, las personas que somos adictas al trabajo y a hacer las cosas deprisa no solemos ser muy productivas y, con frecuencia, hacemos trabajos mal hechos y sin creatividad. Los plazos demasiado ajustados que nos marcamos se vuelven más importantes que la calidad de nuestro trabajo. Entonces sufrimos, sufren nuestras familias y sufre nuestro trabajo.

Otro mito sobre la adicción al trabajo es que se trata solo de estrés y de cansancio y que puede controlarse con técnicas de reducción del estrés. Toda persona alcohólica ha querido culpar a alguien de su estado y ha querido creer fervientemente que había una manera de controlarlo, frecuentemente con resultados desastrosos. La adicción al trabajo es una enfermedad fatal y progresiva que gobierna nuestras vidas. Afortunadamente, una adicción es la única enfermedad progresiva y fatal de la que está garantizada la recuperación si hacemos lo que tenemos que hacer.

Tal vez es ya el momento de asistir a una reunión sobre los Doce Pasos.

8 febrero

CLARIDAD

Empezamos nuestras vidas como niños pequeños, llenos de luz
y de la visión más clara.

BRENDA UELAND

Cuando empezamos nuestra recuperación de nuestra adicción a hacer demasiado, tal vez tengamos poca o ninguna experiencia de cómo es nuestra claridad o nuestra sobriedad respecto a nuestro comportamiento de adicción. Hemos retozado tanto con estas pautas de pensamiento y de comportamiento que casi nos parecen normales. La última vez que tuvimos claridad quizá fuese cuando éramos niñas.

Después de haber admitido nuestra impotencia sobre nuestro trabajo compulsivo y adictivo, y después de seguir el programa durante un tiempo, tal vez tengamos de repente un momento de claridad. Surge a través de nuestra conciencia como un meteorito y nos da un susto de muerte. Y, sin embargo, sentimos que todo lo que experimentamos tiene una importancia extraordinaria. Es como una nana cantada hace tiempo. Las palabras se han desvanecido, y la melodía resuena en nuestro ser.

La claridad no nos es desconocida..., solo que nos hemos olvidado de cómo es.

9 febrero
ÉXITO / GRATITUD / SUBIR LA ESCALERA

Aunque el árbol crezca siempre tan alto, las hojas que caen retornan siempre a la tierra.

PROVERBIO MALAYO

Muchas de nosotras trabajamos por conseguir éxito profesional y aspiramos a él. Hemos trabajado arduamente mucho tiempo para estar donde estamos, y merecemos las recompensas de nuestra posición.

Es importante que periódicamente nos demos tiempo para hacer un balance de *dónde* estamos y de *quiénes* somos. ¿Nos juzgamos a nosotras mismas por nuestras realizaciones? ¿Significan estas que valemos según nuestras pautas de valoración? ¿Cómo hemos podido llegar a donde estamos? ¿Nos sentimos bien del modo en que lo hemos conseguido? ¿Necesitamos hacer reproches a algunas personas y expresar nuestro agradecimiento a otras?

Es importante reconocer que nuestros logros no solo hablan por nosotras mismas, también hablan de las personas y fuerzas, vistas, no vistas y desapercibidas, que han influido en nuestras vidas.

El éxito me ofrece la oportunidad de pensar en las personas que me han dado tanto y de estar agradecida por sus aportaciones.

10 febrero
COMUNICACIÓN

Algunas personas hablan simplemente porque piensan que el sonido es más soportable que el silencio.

MARGARET HALSEY

Las mujeres que hacemos demasiado necesitamos mantenernos ocupadas. Una de las maneras de mantenernos ocupadas es hablando, incluso cuando no tenemos nada que decir. No se trata de que nos encante tanto el sonido de nuestra voz. Se trata simplemente de que el silencio parece demasiado abrumador y tenebroso.

Gran parte de nuestras vidas las hemos pasado llenándola..., comiendo en exceso y llenándonos..., hablando de más y llenando nuestros momentos de silencio.

Cuando empezamos a recuperarnos, descubrimos que no necesitamos nuestras «recetas de relleno». Que podemos estar con nosotras mismas en silencio.

Cuando las personas hablan sin parar, normalmente no se están escuchando a sí mismas.

11 febrero
ACEPTACIÓN / CONFLICTO / SENTIMIENTOS

> Cuando Peter Pan me dejó, las emociones negativas que surgie-
> ron y explotaron en mí eran horribles. Pero Dios continuó dicién-
> dome que todas ellas eran parte de mí y que no podía intentar es-
> conderlas bajo la alfombra porque no me gustasen.
>
> EILEEN CADDY

Existen acontecimientos a lo largo de nuestras vidas que eluden los sentimientos que nunca supimos que estaban ahí y que pensábamos que *nosotras* éramos completamente incapaces de tener. Un marido quiere el divorcio o tiene una aventura sentimental. Un jefe promociona, saltándose nuestra antigüedad, a una mujer mucho más joven y guapa (eso es lo que creemos), y menos cualificada (estamos seguras de ello), y descubrimos que las brujas de Endor o los viejos dragones no son nada en comparación con nosotras. Podríamos arrojar fuego por la boca y fundir diamantes con nuestro aliento.

Bueno, correcto, ¡y qué! Es normal tener esta clase de sentimientos. No es sano proyectarlos sobre los demás o reprimirlos. Se cocerían dentro de nosotras.

Cuando tengo este tipo de sentimientos, tengo otra oportunidad de aprender algo nuevo de mí misma. Entonces pienso... gracias.

12 febrero
METAS / COMPETICIÓN

Aquello en que te has convertido es el precio que pagaste para obtener lo que querías.

MIGNON MCLAUGHLIN

¿Merecía la pena? ¿Vale la pena? Podemos mirar al espejo y decir a la persona que vemos «¿Eres alguien que admiro y respeto?».

Debemos recordar que cada paso en el camino de la vida es como dar un paseo. Nos lleva a algún lado, y los pasos dejan frecuentemente huellas.

No podemos decirnos: «Bueno, lo que estoy haciendo es urgente ahora, así que continuaré haciéndolo así. Más adelante ya solucionaré las consecuencias», y que no haya consecuencias después. Los rechazos de nuestra vida están relacionados entre sí.

Lo que hago se convierte en lo que soy. Estoy trabajando ahora con elementos muy preciados.

13 febrero
MORAL PERSONAL

> No quiero, y no lo haré, cortar mi conciencia para «estar a la última».
>
> LILLIAN HELLMAN

Uno de los efectos del proceso de adicción es que gradualmente perdemos contacto con nuestra moral personal y nos deterioramos lentamente como personas morales. Es fácil ver cómo la persona alcohólica o drogadicta está dispuesta cada vez más a mentir, engañar, robar, e incluso a matar o a herir a la persona a la que quiere, para conseguir su dosis. Pero las mujeres que hacemos demasiado no somos diferentes. También tenemos deslices morales. Retenemos información, mentimos, engañamos o rebajamos a los demás para seguir adelante. Estamos dispuestas a pasar por alto nuestras normas de conducta y nuestra moral para llegar hasta la cumbre, para «estar a la última». Cuando pasamos por alto nuestra moral personal, hemos vendido nuestra alma y estamos perdiendo el «yo que es realmente yo».

Parte de nuestra recuperación consiste en reconocer que nuestra moral personal es uno de nuestros activos más preciados, y que es demasiado importante para tratarla a la ligera.

Me valoro suficientemente para darme cuenta de que mi moral personal es una baliza que hay que seguir.

14 febrero
EXPECTATIVAS

Nadie hace objeciones a una mujer por ser una buena escritora, escultora o bióloga, si al mismo tiempo se las arregla para ser una buena esposa, buena madre, estar bien maquillada, de buen humor, elegante y no es agresiva.

LESLIE M. MCINTYRE

¡Está bien! ¿Cuál es entonces el problema? No es fácil estar elegante cuando tenemos cerca niños que empiezan a gatear... pero lo intentamos. No es fácil criar hijos y permanecer esbelta y bien maquillada... pero lo intentamos.

No existe probablemente ningún grupo de personas en esta sociedad que intenten con más esfuerzo que las mujeres responder a las expectativas de los demás. Como consecuencia, estamos siempre mirando afuera para obtener valoración, y por mucha que obtengamos, no es suficiente. Intentando siempre ser las que los demás piensan que deberíamos ser, nos hemos perdido a nosotras mismas y hemos acabado teniendo poco que aportar en cualquier relación o tarea.

Las expectativas son como las fajas. Probablemente deberíamos haberlas descartado hace años.

15 febrero
SENTIRSE LOCA

> No puedes preocuparte de lo que va a pasar. Ya puedes tener suficientes sobresaltos preocupándote de lo que está pasando ahora mismo.
>
> LAUREN BACALL

¿Por qué siempre sucede que somos *nosotras* las que parecemos necesitar ayuda? Es cierto que a veces nos sentimos enloquecer, y que los sentimientos de estar abrumadas no nos son desconocidos. Pero ¿por qué siempre recae sobre nosotras la etiqueta de estar locas? (¡Si es que alguien tiene que estar loco!)

A veces es un alivio admitir que nos sentimos locas. Necesitamos a alguien con quien hablar cuando nos sentimos aisladas. Otras personas parecen que lo llevan bien. ¿Por qué no podemos nosotras llevarlo bien? Al menos, hablar con alguien o ir a un grupo en donde hay otras mujeres nos ayuda a reconocer que no somos las únicas en tener este tipo de sentimientos. Buscar ayuda y apoyo puede ser un punto de inflexión. A fin y al cabo, los grupos de personas adictas al trabajo son gratuitos.

Quizá mi incapacidad para enfrentarme a una situación de locura «como lo hacía antes» es un signo de mi paso hacia la salud.

16 febrero
DEVENIR / ILUSIONES

Son nuestras ilusiones sobre nuestras ilusiones lo que nos engancha.

ANNE WILSON SCHAEF

Nuestras adicciones nos llevan a una vida de ilusión. Alimentan nuestra ilusión de control, nuestra ilusión de perfección y nuestra inautenticidad. Nuestra conducta adictiva nos permite negar la realidad y justificar no vivir nuestra vida. Caemos en una niebla de ilusiones, sean ilusiones de romance, de poder, de éxito y, de algún modo, perdemos la vida.

Una de las cualidades significativas de un adulto es ser capaz de separarse de la ilusión y de alimentarse con la realidad más que con espejismos. Contrariamente a la opinión popular, esto no significa que tengamos que vivir vidas tontas y aburridas. Significa que tenemos que vivir nuestra vida.

¡Yupi! Para cambiar, probemos a vivir la realidad.

17 febrero
CONCIENCIA DEL PROCESO / CONTROL / CREATIVIDAD

> Vivir en proceso es estar abierta a la comprensión interna y al encuentro. La creatividad queda absorbida intensamente en el proceso y le da forma.
>
> SUSAN SMITH

Cuando elegimos vivir nuestras vidas como un proceso, elegimos estar abiertas a todo lo que la vida tiene que ofrecernos. Nuestro espejismo de control ha dejado escaparse con frecuencia nuevas comprensiones y encuentros. Hemos estado tan enfocadas en nuestras metas y en la manera en que *tienen* que ocurrir las cosas, que hemos perdido la estupenda ecuanimidad de la conciencia de oportunidades. Hemos estado tan asustadas de perder el espejismo de control, que hemos perdido algunos de los encuentros más enriquecedores que la vida nos ha ofrecido.

Cuando podemos participar plenamente en el proceso de nuestras vidas, descubrimos nuevas formas de nuestro yo creativo. La creatividad tiene muchos caminos. Simplemente con vivir nuestras vidas podemos cultivar nuestra conciencia de creatividad

¿Puede ser? ¿Es suficiente con solo vivir mi vida?

18 febrero

FRENESÍ

Hemos llegado a una situación en la que el frenesí y el pánico parecen partes integrales de ser mujeres, especialmente de ser mujeres profesionales.

ANNE WILSON SCHAEF

Las mujeres que hacemos demasiado, tendemos a estar frenéticas casi todo el tiempo. ¿Dónde aparcamos en el aeropuerto ese coche de alquiler y, en todo caso, cómo demonios era? ¿Estamos seguras de haber aparcado nuestro coche enfrente de la droguería en el centro comercial? ¿O fue la semana pasada?

¿Dónde pusimos esa cuenta que tenemos que pagar justamente hoy? Debe de existir un modo menos frenético de sacar a pasear a los niños esta mañana. Estamos *seguras* de que una buena madre lo haría mejor.

¿Dónde está esa pluma? ¿Dónde hemos dejado esa sartén? ¿Dónde están los pantalones? Probablemente, justo donde los dejamos. Es normalmente nuestro «frenesí» el que enturbia nuestra visión.

El frenesí y el pánico son viejos amigos conocidos. Tal vez haya llegado la hora de que salgan de nuestra casa.

19 febrero

JUEGOS MALABARES

> Normalmente estamos más bien orgullosas de nosotras mismas por haber sido capaces de introducir el trabajo creativo entre las tareas y obligaciones domésticas. No estoy segura de que merezcamos un sobresaliente por ello.
>
> TONI MORRISON

Las mujeres que trabajan fuera de casa no son las únicas mujeres obsesionadas con el trabajo. Las que están en casa a tiempo completo rara vez tienen tiempo para ellas mismas y sus proyectos creativos. Después de todo, los niños y la casa están presentes veinticuatro horas al día. Siempre hay algo que hacer.

Nuestra principal habilidad no es tal vez el que las cosas queden hechas, sino quizá el hacer juegos malabares con los proyectos, de manera que todo parece hacerse, y así nos sentimos mejor. ¡Atención! Hacer juegos malabares con los proyectos es uno de los síntomas de las mujeres adictas al trabajo. En lugar de reducir los proyectos a los que razonablemente pueden llevarse a cabo, la adicta al trabajo intenta ejecutarlos todos.

Las malabaristas no son muy bien pagadas y, a veces, se les cae a la cabeza uno de los bolos que están lanzando al aire.

20 febrero
ENMIENDAS

Haz que sea una regla de tu vida no lamentarte nunca ni mirar hacia atrás. Lamentarse es un enorme gasto de energía; no puedes crear sobre ello; solo es bueno para revolcarse en el pasado.

KATHERINE MANSFIELD

Mirar hacia atrás y lamentarse es algo muy diferente de hacer balance, corregir errores y continuar. Cuando miramos hacia atrás y nos lamentamos, estamos cayendo en la actividad de flagelarnos por los errores del pasado.

Todas nosotras hemos cometido errores. Cuando hemos actuado en medio de la locura de esta enfermedad de adicción, nos hemos dañado a nosotras mismas y a los demás. No nos hemos prestado atención. Hemos descuidado a las personas que amamos. Esta es la naturaleza de una adicción. Ahora podemos admitir nuestras equivocaciones, hacer las enmiendas necesarias respecto a las personas que hemos agraviado (incluidas las enmiendas hacia nosotras mismas cuando no nos hemos cuidado lo suficiente) y continuar.

No podemos construir nada sobre la vergüenza, la culpabilidad o el remordimiento. Solo podemos revolcarnos en estos sentimientos.

Reconocer mis errores y enmendarlos me dan la oportunidad de construir sobre mi pasado y de integrarlo. Puedo empezar a hacerlo en cualquier momento... Tal vez, incluso hoy mismo.

21 febrero

VALORES

> Cuando las mujeres emprenden una profesión, no descartan sus valores femeninos, sino que los añaden a los valores tradicionales masculinos de realización laboral y éxito profesional. Mientras luchan por cumplir las exigencias de ambos papeles, las mujeres no pueden entender por qué los hombres no pueden compartir este doble sistema de valores.
>
> SUSAN STURDINENT Y GAIL DONOFF

Uno de los aprendizajes más dolorosos que son frecuentes para las mujeres que trabajan fuera de casa es darse cuenta de que las mismas capacidades que sirven en las empresas no funcionan en el hogar y en las relaciones personales. Afortunadamente, tenemos la ventaja de conocer un sistema de valores que contribuye a la vida, y solo tenemos que aprender a saber qué es lo que funciona en el trabajo.

Desgraciadamente, en el proceso de aprender el sistema de valores de una profesión, se nos anima a denigrar nuestros valores y, a veces, sucumbimos a esta presión. Nuestros valores no están equivocados. Son simplemente diferentes. Y el lugar de trabajo se enriquecerá con ellos.

Confiar en mi sistema de valores puede ser una importante contribución en mi trabajo.

22 febrero
SOLEDAD

Descubrirás ese lugar profundo de silencio simplemente en tu
habitación, en tu jardín o incluso en tu bañera.

ELISABETH KÜBLER-ROS

¡La soledad es una bendición tan grande! Todo el mundo necesita
un tiempo para estar en soledad. Con frecuencia tememos el tiempo
que pasamos solas, porque no hay nadie a quien poder encontrar salvo
nosotras mismas. ¡Qué reconfortante es estar con nosotras mismas!
Tanto como volver a casa de una vieja amiga o de un amante después
de haber viajado durante mucho tiempo por lugares extraños y desconocidos.

Nuestra soledad es uno de los pocos placeres que podemos pro-
porcionarnos. Depende de nosotras el que nos revitalicemos en el tiempo
que pasamos con nosotras mismas. Tenemos el derecho y el poder de
hacerlo. Si no tenemos respeto hacia nuestra necesidad de soledad,
nuestros hijos nunca aprenderán que merecen tener tiempo para estar
solos.

**Me permito recordarme a mí misma que no hay nada más tran-
quilizador que el sonido del agua que corre, aunque solo sea en
mi bañera.**

23 febrero
AUTENTICIDAD

Se puede mentir con palabras y también con el silencio.

ADRIENNE RICH

Cuando empezamos a curarnos, tenemos una nueva apreciación de las palabras de Jesús: «Conoceréis la verdad y la verdad os hará libres». Parte del propósito de nuestro comportamiento adictivo es que no estemos en contacto con nosotras mismas, y, cuando esto sucede, no podemos ser honestas con ninguna persona. Debemos saber lo que pensamos y sentimos para ser honestas con los demás. Al principio de nuestra recuperación, empezamos a darnos cuenta lentamente de lo lejos que nos hemos ido de nosotras mismas... ¡Desde luego, nos hemos alejado un largo recorrido!

Hemos estado temerosas de decir la verdad con toda honestidad. Hemos tenido miedo de perder nuestros empleos, nuestras amistades y todo lo que tenemos. A medida que nos volvemos más honestas, empezamos a deshacer el embrollado nudo de falsedad, introversión, control y confusión. Vemos cómo nuestra falsedad ha conducido a la confusión, e incluso cuando ha sido un proceso difícil, nos encontramos suspirando de alivio en la brisa refrescante de la autenticidad.

Estoy recuperando de nuevo, poco a poco, mi capacidad para ser honesta. Estoy asombrada de lo mucho que me había apartado de mí misma.

24 febrero
OPCIONES / RESPONSABILIDAD

Nosotras somos absorbidas solo cuando queremos serlo.

NATHALIE SARRAUTE

Cuando hablamos de hacernos responsables de nuestras vidas, debemos aclarar lo que queremos decir por responsabilidad. El significado adictivo de la palabra *responsabilidad* significa responder ante alguien, y también culpabilidad. Cuando las mujeres aceptan este significado, no pueden soportar tomar la responsabilidad de sus vidas o ver a otras mujeres hacerlo, porque presuponen que hacerse responsables significa *culpabilizarse* por lo que son y por la situación en la que se encuentran. Por desgracia, esta actitud nos coloca en una posición de víctimas y de ser desposeídas de nuestro poder.

Solo podemos recuperar nuestras vidas cuando aceptamos que tenemos opciones, y las ejercemos. Es inherente a este proceso de recuperación reconocer las opciones que hemos tomado (¡todas ellas!) y continuar. Así no nos culpabilizamos por nuestras vidas; las recuperamos y las aceptamos para poder dar los próximos pasos.

He tomado algunas malas opciones, otras regulares y otras buenas. Lo más importante es que todas ellas son mías.

25 febrero
DOLOR

Hierro, dejado en la lluvia, con niebla y rocío, cubierto de óxido,
el dolor se oxida también de belleza.

MARY CAROLYN DAVIES

Nuestro dolor es nuestro. Una parte de él nos la hemos ganado; la otra no, pero sigue siendo nuestra. Cuando luchamos contra nuestro dolor, combatimos la experiencia de nuestra humanidad y nos perdemos en el proceso. Una vida sin dolor es una vida de no vida. Nuestro dolor nos permite conocer y llegar a entender el significado completo del ser humano: si combatimos la experiencia normal de nuestro dolor, perdemos la posibilidad de experimentar cómo el proceso «se oxida también de belleza».

No debemos buscar el dolor, pero, cuando es inevitable, tenemos la posibilidad de vivir algo nuevo que entra en nuestras vidas.

Mi dolor es una posibilidad. No es una carga inútil ni un castigo.

26 febrero
CUIDARSE

Solo saber que un buen libro nos espera al final de un largo día
lo hace más feliz.

KATHLEEN NORRIS

El arte de cuidarse no es algo que se enseñe en la mayoría de los
colegios o ni siquiera en un curso de MAE (Máster de Administración
de Empresas). De hecho, el arte de cuidarse tampoco se suele enseñar
en las familias.

Pero, en esta sociedad altamente tecnificada e informatizada, aprender cómo cuidarse es absolutamente imprescindible para la supervivencia.
cia. Algunas buenas adictas al trabajo han descubierto que si se cuidan
superficialmente, pueden trabajar incluso más arduamente. Por desgracia, eso no es cuidarse, sino proteger lo que ya se tiene.

Cuidarse es permitirnos detenernos y, en este alto, dejarnos saber qué
es lo que nos enriquece en ese momento y lugar, y después hacerlo.

**Lo que es enriquecedor en un momento de nuestras vidas puede
no serlo en otro. Para cuidarme, tengo que conocerme en cada momento.**

27 febrero
PERFECCIONISMO

> Esta es la época del perfeccionismo, niña. Todo el mundo intenta
> mostrar lo más extraordinario de su lado mental, de su lado físico
> y de su lado emocional.
> Lucha, lucha, corrige todos los defectos.
>
> JUDITH GUEST

El perfeccionismo es una de las características de la adicción. El perfeccionismo establece un ideal abstracto y externo de «lo que debería ser» o de «lo que debería ser capaz de hacer», que no tiene ninguna relación con quiénes somos y con lo que necesitamos hacer, y después intentamos amoldarnos a ese ideal.

Al intentar ser la perfección abstracta, nos dañamos, nos juzgamos y nos falseamos a nosotras mismas. Con independencia de lo que hagamos o de cómo intentemos tener éxito, nunca es suficiente. Nunca estamos a la altura. Intentar las cosas con demasiado ahínco, o no intentarlas en absoluto, son las dos caras de la misma moneda de perfección. Desgraciadamente, es una moneda que nunca se amortiza.

El perfeccionismo es un autoengaño de primer orden.

28 febrero
RISA

La risa puede ser más satisfactoria que el honor; más valiosa que
el dinero; más purificadora del corazón que la plegaria.

HARRIET ROCHLIN

¿Cuánto tiempo ha pasado desde que te reíste por última vez a carcajada abierta? La buena risa parece ser un tesoro que escasea últimamente.

La mayoría de nosotras desconfiamos de nuestra risa y nos da vergüenza de ella. Cuando éramos niñas nos la reprimían constantemente. Muchas veces parece como si se hubiera perdido definitivamente en nosotras. Nos da miedo reírnos solas, y nos ruboriza reírnos con los demás. ¡Vaya situación!

La risa es una de las cualidades del ser humano. No podemos forzarla, pero, por desgracia, podemos cortarla reprimiéndola en nosotras mismas y en nuestros hijos.

La risa es el estado del cuerpo humano similar al del perro cuando mueve la cola.

29 febrero
GUARDAR LAS APARIENCIAS

> Todos estos años he estado tan aterrorizada que me hubiera muerto de vergüenza si la gente me hubiera visto más allá de la fachada.
>
> SARA DAVIDSON

¡Cuánto tiempo y energía gastamos en guardar las apariencias! Creemos firmemente que con solo vestirnos exactamente como los demás (especialmente los hombres) nos creeremos profesionales, inteligentes, competentes y que nos controlaremos. Pensamos que si nos vestimos como los demás (normalmente los hombres) nos creeremos atractivas, sexis, deseables y merecedoras de que se nos conozca más. Pensamos que si somos cariñosas, comprensivas y suficientemente constantes, alguien querrá estar con nosotras.

Tenemos demasiado terror a que alguien nos vea a través de nuestra fachada y que descubra (¡y este es nuestro mayor miedo!) que no hay nadie detrás. Pensamos que si la gente conociera realmente cómo somos, no tendrían interés en nosotras. Creemos que son nuestras apariencias las que nos mantienen a salvo.

Por supuesto, si alguien se enamora de mis apariencias no me está queriendo a mí, sino que está queriendo solo a mi imagen.

1 marzo
EN CONTACTO CON EL PROCESO / UN PODER MAYOR

Tú y yo creíamos internamente en un poder externo al que uno
podía llamar, si se estaba en armonía con los acontecimientos.

ROBYN DAVIDSON

Vivir en proceso es vivir *nuestro* proceso y estar unificadas con el proceso del universo. Nuestra enfermedad adictiva nos aparta de nuestra conexión con el proceso vivo. Nuestra enfermedad nos aliena de nuestra espiritualidad y de nuestra fe, y nos dice que no estamos seguras, que tenemos que controlar, y que tenemos que afianzar la seguridad volviéndonos estáticas nosotras mismas, y haciendo que sean estáticas nuestras vidas, e incluso el universo.

Ponemos tanto esfuerzo en intentar hacer que nuestro universo sea estático que no hemos desarrollado la capacidad de estar en armonía con los acontecimientos. A medida que aprendemos a armonizarnos y a participar, descubrimos que vivir nuestro proceso es mucho más fácil que intentar que el universo sea estático.

Cuando estoy en contacto con mi proceso, estoy en contacto con el proceso del universo.

2 marzo
Sentirse loca

Sentirse loca puede ser un signo de cordura en mi actuación.

ANNE WILSON SCHAEF

Hace varios años, después de haber escrito y publicado *Women's Reality,* visité a una vieja amiga en Nueva York. Después de charlar un rato, me dijo: «Has cambiado» (ella es psicoanalista ¡y siempre se da cuenta de las cosas!). «¿De verdad?», dije yo. «¿Y de qué manera?» (yo abrigaba la esperanza secreta de haber cambiado). Después de todo, no nos habíamos visto desde hacía varios años, y si no había cambiado, ¿tendría realmente un problema grave?). «Ya no tienes miedo de estar loca», señaló. «¿Tenía yo miedo de estar loca?», pregunté algo alarmada. «Sí», dijo tranquilamente. «Bueno, después de haber escrito *Women's Reality,* me doy cuenta de que la gente que está en contacto conmigo me dice continuamente que estoy loca, cuando expongo mis percepciones más claras, más cuerdas y más preciadas. Ahora acepto que estoy "loca" a los ojos de una sociedad adicta, y me siento muy "cuerda" en mi "locura".»

Ten cuidado con las personas que etiqueten que alguien está «loco».

3 marzo
OLVIDAR / RESENTIMIENTOS

Para volar, tuviste que liberarte de la porquería que te hundía.

TONI MORRISON

Nuestra vieja «porquería» ¡es tan preciosa para nosotras! Con ternura enarbolamos nuestros viejos resentimientos y periódicamente les arrojamos pedazos de carne fresca para mantenerlos vivos. Alimentamos nuestra cólera. No hacemos nada para aclararla o dejarla ir, sino que simplemente nos agarramos a ella y la alimentamos. Y después nos preguntamos por qué nos sentimos tan atrapadas y frenadas en nuestras vidas.

Cuando nos agarramos a nuestra vieja porquería, nos hunde. Es como si nuestros pies estuvieran adheridos a alquitrán recién extendido.

Llega un momento en el que podemos ver que realmente no importa lo que alguien nos haya hecho, y que agarrarnos a ello nos daña a *nosotras* y no a esa persona, y que, si queremos curarnos, haríamos mejor en coger nuestra vieja porquería y abonar con ella las flores.

La única manera de crecer es olvidando.

4 marzo
Sentimientos / Libertad

> Los padres blancos nos dijeron: «Pienso, luego existo», y la madre negra dentro de nosotras —la poeta— murmura en nuestros sueños: «Siento, luego puedo ser libre».
>
> AUDRE LORDE

Se nos ha enseñado a cerrar y congelar nuestros sentimientos. Se nos ha dicho que los sentimientos son débiles e irracionales, y que si queremos tener éxito en este mundo, debemos ser capaces de controlar nuestros sentimientos. Los modelos de éxito son personas que nunca han tenido ningún sentimiento visible.

Sin embargo, cuando escondemos nuestros sentimientos, nos hacemos más vulnerables, y no menos. Cuando reprimimos nuestros sentimientos, nunca sabemos cuándo estallarán, y no podemos estar seguras de que no lo harán con una mayor intensidad que si los hubiéramos aceptado en el «primer momento».

Además, los sentimientos constituyen nuestro sistema natural de información y alarma. Son nuestros sentimientos, y no nuestros pensamientos, los que nos avisan del peligro, nos dicen si alguien nos está mintiendo y detectan para nosotras los matices sutiles que nos permiten distinguir las diferencias y tomar decisiones. Sin este sistema interno de información, nunca podemos ser verdaderamente felices.

Celebrar mi capacidad para sentir es una manera de ser totalmente libre.

5 marzo
SOLEDAD

La soledad y el sentimiento de no ser querida constituyen la pobreza más terrible.

MADRE TERESA

El sentimiento de soledad no es algo raro en las mujeres que hacemos demasiado. Estamos constantemente ocupadas y rodeadas de personas, pero nos sentimos solas. De hecho, es muy posible que una de las razones que nos mantienen tan ocupadas es que intentamos evitar nuestros sentimientos de soledad y, al mismo tiempo, nos asustan las relaciones íntimas.

Creemos que con correr simplemente todo el tiempo, estar bastante ocupadas, y rodearnos de gente suficientemente importante e interesante, nuestra soledad desaparecerá. Desgraciadamente, ninguna de estas cosas funcionan. Ciertamente, como dice Fiona Macleod, «mi corazón es un cazador solitario que caza en una colina solitaria». Nuestros corazones están buscando algo, y las muchas cosas que hemos intentado no parecen ser lo que buscamos. Cuando perdemos nuestra conexión con nuestro ser espiritual, nos encontramos solas por muchas cosas que tengamos.

La soledad no está fuera, sino dentro.

6 marzo
RELACIONES

Se ha dicho con mucha sabiduría que no podemos realmente
amar a una persona de la que nunca nos reímos.

AGNES REPPLIER

¡Qué serias solemos ser con todo, en especial con las relaciones!
Con frecuencia, olvidamos en lo más íntimo que reírnos de nosotras
mismas y de los demás es uno de los vehículos que nuestro creador nos
ha dado para enraizarnos en la realidad. Y las relaciones que no están
enraizadas en la realidad no duran.

Tenemos que conocer a los demás muy bien para ser capaces de ver
sus lados divertidos y de compartirlos en la vida corriente. Enfrentemos
el hecho: los seres humanos somos muy divertidos. Ningún robot ha
sido nunca capaz de las extravagancias que nosotras somos capaces de
pensar.

**Compartir mi risa conmigo misma y con los demás es uno de
los hilos con que se tejen las relaciones íntimas.**

7 marzo
CORDURA

Si, como alguien ha dicho, «… ser realmente civilizada, es abrazar la enfermedad…».

ROBYN DAVIDSON

Uno de los subproductos de vivir y de trabajar en situaciones de locura es que nuestra tolerancia de la misma aumenta de manera exponencial. Se deteriora nuestra capacidad para discernir lo que tiene sentido. Con tanta gente a nuestro alrededor que exhibe continuamente comportamientos extraños, empezamos a cuestionar nuestra cordura. Con frecuencia no estamos locas. Es la situación la que es de locura, y nos volvemos cada vez más dementes cuando intentamos adaptarnos a ella.

Si «ser realmente civilizada, es abrazar la enfermedad», tal vez tengamos que echar un vistazo a lo que hemos definido como «civilización».

No estoy loca; se trata simplemente de que mi situación personal parece que está exigiendo la existencia de una persona loca.

8 marzo
AUTOAFIRMACIÓN

Encontré a Dios en mí misma.
La [sic] amo; la [sic] amo profundamente.

NTOZAKE SHANGE

¿Qué mejor sitio para encontrar a Dios que en nuestro interior? Solo cuando realmente nos conocemos y nos afirmamos por lo que somos, tomamos conciencia de la divinidad que compartimos con todas las cosas. Somos parte del holograma... *Somos* el holograma. Cuando nos enajenamos, perdemos también contacto con lo que está más allá de nosotras.

Conocer a «Dios» y amarla *[sic]* profundamente es amarnos a nosotras mismas. Amar a este Dios no es amar al «Dios» preocupado de sí mismo de la adicción. Es amar al Dios que es una, dentro y más allá de nosotras. Es amando a Dios como llegamos a entender a Dios.

El contacto con Dios es tan simple y lo hacemos tan difícil...

9 marzo
AUTOESTIMA / PODER SUPERIOR

Parte de mi satisfacción y júbilo en cada erupción era inequívocamente solidaridad feminista. ¿Creéis vosotros, los hombres, que sois los únicos que podéis organizar un lío imponente? ¿Creéis que tenéis toda la potencia de fuego y Dios a vuestro lado? ¿Pensáis que lo manejáis todo? Señores, mirad esto. Mirad a la Señora actuar como una mujer.

ÚRSULA K. LE GUIN

De alguna manera inesperada, Mount Saint Helens resultó ser un importante símbolo para todas nosotras. Nos recordó poderes invisibles e incontrolables. Nos recordó que existen fuerzas en este planeta y en este universo sobre los que no tenemos control. No solo no tenemos control sobre sus erupciones, ni siquiera podemos predecir qué es lo que va a hacer a continuación, a pesar de haber aplicado a ello nuestra mejor tecnología científica y de mantenerlo bajo vigilancia permanente. Ha demostrado a nuestra sociedad tecnocrática que la naturaleza (con frecuencia identificada como femenina, especialmente cuando «se porta mal») no podía ser controlada.

Aunque nadie quiere que se destruya este planeta ni perder su vida, de vez en cuando se nos tiene que recordar que no estamos a su cargo.

Cuando la tierra se cuece a fuego lento, es como una mujer. Cuando explota, es como una mujer. Nosotras tenemos una gran variedad de respuestas.

10 marzo
SERENIDAD

> De repente me llena un sentimiento de paz y de comprensión
> que es, supongo, lo que las personas piadosas tienen en mente
> cuando hablan sobre la presencia de Dios.
>
> VALERIE TAYLOR

Cuando actuamos en medio del proceso de adicción, sabemos muy poco de la serenidad. La palabra *serenidad* es algo que entendemos en teoría pero no en la práctica. Cuando empezamos a prestarnos atención y a recuperarnos de nuestro actuar adictivo, comenzamos a experimentar *momentos* de serenidad. La primera vez que experimentamos la serenidad, tal vez pase a través de nuestra conciencia como un meteorito y nos dé un susto de muerte, porque este sentimiento nos es desconocido. Después de un periodo de tiempo, empezamos a reconocer estos momentos de serenidad como momentos muy especiales, e intentamos *hacerlos* aparecer, mediante rituales, prácticas y técnicas. En este caso no estamos centrándonos en controlar el mundo, estamos intentando controlar nuestra experiencia de serenidad... para devolverla al cuadro de mandos.

La serenidad es un regalo. Está disponible para todo el mundo. Consiste en ser una con la presencia de Dios.

11 marzo
ORDENANDO LA CASA / LAMENTARSE

Mi orden y mi desorden están llenos de lamentos, remordimientos y sentimientos complejos.

NATALIA GINZBURG

Uno de los mejores regalos que me hizo mi madre fue ser ella misma una *maravillosa* ama de casa. No era maravillosa en nada más que en mantener la casa limpia; y en esto creía firmemente en su capacidad de hacerlo.

Fue una poetisa publicada, gran escritora de cuentos, pintora, excelente domadora de caballos, ávida lectora, notable coleccionista de antigüedades, buscadora de lo psíquico y de los misterios del mundo, buena madre, amiga de verdad, leal y dedicada, insaciablemente curiosa, una autoridad en las tradiciones populares de los indios americanos, una investigadora intuitiva de rocas, fósiles y gemas antiguas, defensora de los derechos civiles de todo el mundo, y, sobre todo, una mujer fascinante y extraordinaria, pero era incapaz de mantener limpio el suelo de la cocina.

Yo no sufrí daño alguno por el estado de nuestra casa. Me entristecía el hecho de que, en algunas ocasiones, se juzgaba a sí misma negativamente.

Aunque no sea más que esto, espero poder recordar siempre lo que es realmente importante en esta vida.

12 marzo
ACEPTACIÓN / ERRORES / ENMIENDAS

> De todas los y las idiotas que he encontrado en mi vida, y Dios
> sabe que no han sido pocos/as ni pequeños/as, pienso que he sido la
> mayor.
>
> ISAK DINESEN

Una de las maneras en que puedo recuperar mi poder y mi persona es admitir mis errores. A veces es útil sentarse y hacer una lista de personas a las que he agraviado (incluida yo misma) y enmendarlo con las que sea posible y en situaciones que no les haga daño.

¿Qué sentimiento más limpio es el de aceptar y vivir mi propia vida, sin flagelarme por los errores cometidos? ¡Qué bien se siente una dejando saber a las personas agraviadas que soy consciente de lo que he hecho y que deseo de verdad cambiar mi comportamiento y hacer todo lo posible para vivir con más claridad y transparencia en el futuro!

Admitir nuestros errores y enmendarlos son herramientas poderosas para recuperarnos a nosotras mismas.

13 marzo
VIDA ESPIRITUAL

No somos seres humanos intentando ser espirituales. Somos seres espirituales intentado ser seres humanos.

JACQUELYN SMALL

Con demasiada frecuencia intentamos hacer un compartimiento de nuestra vida espiritual, esperando de este modo mantenerla bajo control. Nuestra espiritualidad abarca mucho más de lo que muchas de nosotras queremos admitir. Todo lo que hacemos fluye de nosotras como seres espirituales. Cuando tomamos decisiones, nuestra espiritualidad está ahí. Cuando interactuamos en nuestro trabajo, nuestra espiritualidad está presente. Cuando lavamos los platos, ahí está la espiritualidad. Con demasiada frecuencia hemos apartado nuestro «yo» espiritual de nuestro «yo» cotidiano, porque hemos equiparado espiritualidad con santidad, y no siempre queremos que la santidad interfiera en nuestra vida cotidiana. Solo cuando reconocemos que todo lo que hacemos es espiritual, podemos dejar que nuestra espiritualidad informe nuestra humanidad.

Nada de lo que hago es demasiado pequeño o demasiado aburrido como para que deje de ser espiritual.

14 marzo
Cólera

La furia creció hasta que me sentí orgullosa de ella.

Vera Randal

Me encanta Norma Jean Harris, la heroína de *Norma Jean, la reina de las termitas*. Cuando leí el libro, reí, lloré y, sobre todo, me sentí completamente identificada. Adoro los libros como ese en cuyas páginas me encuentro a mí misma y mi vida.

¿Cuántas de nosotras conocemos esa furia que aumenta como un termómetro dentro de nosotras hasta que nuestras cuerdas vocales se estremecen y nuestros ojos enrojecen y se ponen completamente vidriosos? Los niños pequeños y los animales siempre saben cómo desaparecer en esos momentos.

Algunas de nosotras cerramos las ventanillas y gritamos dentro del coche en plena calle. Algunas esperamos hasta que no hay nadie alrededor y le gritamos a nuestra almohada. Algunas simplemente gritamos. La mayoría pensábamos que estábamos locas en esas ocasiones. No lo estábamos. Simplemente estamos vivas y respondemos a nuestras vidas estresadas.

Un buen grito no dirigido a nadie en particular suele ser más eficaz que un diálogo.

15 marzo
TIEMPO DE SOLEDAD

Cuando redescubrimos como individuos nuestro espíritu, normalmente tenemos el impulso de nutrir y cultivar esta toma de conciencia.

SHAKTI GAWAIN

El tiempo de soledad es absolutamente esencial para el organismo humano. Muchas mujeres tenemos miedo de estar solas. Tenemos miedo de que si no hay alguien cerca, no haya ninguna presencia. Cuando hemos perdido la conciencia de nosotras mismas, intentamos llenar nuestro tiempo con trabajo, ocupaciones, comida y otras personas. Hemos estado asustadas de sondear nuestras propias profundidades. Nos ha dado miedo mirar adentro y encontrarnos con la posibilidad de que no hubiera nadie.

Pero cuando hemos tenido esta primera toma de conciencia de «redescubrir nuestro espíritu», sabemos que hay alguien ahí, dentro de nosotras, que merece la pena ser conocida.

No hay ningún medio de conocernos a nosotras mismas, a menos que tengamos tiempo de explorar solas. Necesitamos proteger y nutrir nuestro tiempo de soledad, incluso cuando parece difícil.

Mi tiempo de soledad es tan esencial para mi espíritu como la comida, el sueño y el ejercicio lo son para mi cuerpo. Espero ser capaz de recordarlo.

16 marzo
LÁGRIMAS

> Se me ha dicho que llorar me hace suave y, por lo tanto, insignificante. Es como si nuestra suavidad fuera el precio que hay que pagar por el poder, en lugar de ser el precio que se paga sencillamente con más facilidad y frecuencia.
>
> AUDRE LORDE

Nuestras lágrimas y nuestra suavidad no se valoran demasiado en esta sociedad, especialmente en el lugar de trabajo. En el pasado, las mujeres fueron inducidas a creer que podían ganar poder indirecto y manipulador a través de las lágrimas y de su amable disposición para cuidar de los demás.

Muchas mujeres de hoy día nos hemos negado a utilizar nuestras lágrimas y nuestra amabilidad para conseguir lo que queremos. Desgraciadamente, este rechazo de nuestra parte más amable ha tenido como consecuencia que resultemos más rudas y agresivas, y que hayamos perdido nuestra totalidad.

Nosotras no somos solo suaves ni solo rudas. Simplemente somos.

Compartir mis lágrimas y mi suavidad es un acto de amor. Compartir mi fuerza y mi seguridad es también un acto de amor. Cuando me comparto a mí misma, estoy amando.

17 marzo
DEVENIR / ACEPTACIÓN

Lo mejor de envejecer es que no pierdes todo lo que has sido
en otras edades.

MADELINE L'ENGLE

La vida es un proceso. Nosotras somos un proceso. Todo lo que
ha sucedido en nuestras vidas ha sucedido por una razón y es una parte
integrante de nuestro devenir.

Uno de los desafíos de nuestra vida consiste en integrar sus piezas
tal como las vivimos. A veces, es tentador intentar rechazar grandes periodos de nuestras vidas u olvidar acontecimientos significativos, en especial si han sido dolorosos. Intentar borrar nuestro pasado es robarnos
a nosotras mismas nuestra propia sabiduría ganada con tanto esfuerzo.

No existe una niña o una adolescente dentro de nosotras. Existe la
niña o la adolescente que ha crecido dentro de nosotras.

Cuando nos damos cuenta de que entre las fuerzas más importantes
que aportamos a nuestro trabajo están las experiencias de vida y las edades que hemos tenido, tal vez no tengamos pena de envejecer.

**Mi sabiduría surge cuando acepto e integro todo lo que he sido
y todo lo que me ha sucedido.**

18 marzo
ATENCIÓN CONSCIENTE

Para mí, constituye una constante disciplina recordar volver dentro de mí y conectar con mi intuición.

SHAKTI GAWAIN

Cada una de nosotras tiene mucho más poder cerebral de lo que nunca haya utilizado en su vida. Hemos hiperdesarrollado tanto las partes lógicas, racionales y lineales de nuestro cerebro que, muchas veces, hemos dejado infradesarrolladas nuestra atención consciente, nuestra intuición y nuestra creatividad. A veces, incluso olvidamos que la atención consciente, la intuición y la creatividad *son* funciones del cerebro.

Pero estos aspectos de nosotras permanecen fieles y no nos abandonan, aunque no sean valorados ni se ejerzan. Cada vez que nos abrimos a nuestra intuición, la encontramos ahí. Es importante recordar que tenemos que volver adentro y conectar con nuestra intuición. Confiar en ella nos suele salvar del desastre.

En ocasiones, me da miedo utilizar mi intuición. Pero no confiar en ella es siempre desastroso.

19 marzo
PROMESAS IRREALISTAS / DESESPERACIÓN

Las adictas al trabajo hacemos tantas promesas que ningún ser humano sería capaz de cumplirlas. Esta es una de las maneras que tenemos de mantenernos sintiéndonos mal con nosotras mismas.

LYNN

Uno de los problemas que las adictas al trabajo y a cuidar a los demás tenemos es que nos dispersamos excesivamente y creemos que somos capaces de cumplir las promesas que hacemos. Queremos ser amables. Queremos ser miembros del grupo. Queremos ser consideradas personas competentes y de confianza.

También odiamos decir no cuando alguien se fija y confía en nosotras para pedirnos que hagamos algo. *Queremos* ser capaces de entregarnos.

Pero, cuando no verificamos con nosotras mismas si queremos o podemos cumplir nuestras promesas, acabamos comprometiéndonos demasiado y, en última instancia, sintiéndonos mal con nosotras mismas, lo cual solo alimenta nuestros problemas de autoestima.

Comprobar si quiero y puedo cumplir una promesa, antes de hacer que sea buena para mí y para los demás.

20 marzo
SENTIMIENTOS / CONTROL

> Durante años me he dedicado a calmar los altibajos demasiado
> impetuosos, esforzándome para que mis sentimientos tomasen un
> curso ordenado; era luchar contra la corriente.
>
> MARY WOLLSTONECRAFT

En general, se nos ha enseñado que los sentimientos son malos, que no son lógicos y racionales, que son ingobernables, impredecibles y, con frecuencia, demasiado intensos. ¡Qué maravilla tener tal gama de expresiones!

Cuando éramos niñas, no solían ser simplemente nuestros sentimientos de enfado, rabia, tristeza o malhumor los que eran reprimidos; se nos decía que estuviéramos tranquilas para suprimir nuestros sentimientos de entusiasmo, alegría, creatividad, imaginación, risa y felicidad. Con bastante extrañeza, hemos descubierto que no es posible suprimir unos sentimientos y no otros. Cuando reprimimos el enfado, la alegría se va con él. Intentar encorsetar mis sentimientos es como intentar atar al viento.

Cuando ignoro y suprimo mis sentimientos, surgen de manera aterradora y, a veces, destructiva. Tengo que aprender a respetarlos, cualesquiera que sean.

21 marzo
EL PERDÓN

Si no te has perdonado a ti misma, ¿cómo puedes perdonar a los demás?

DOLORES HUERTA

El perdón tiene que comenzar con una misma. Perdonarse no significa absolver o apoyar todo lo que hemos hecho. Significa que nos hacemos responsable de ello. Lo recuperamos. Aceptamos que estábamos equivocadas y continuamos.

Con frecuencia, cuando reconocemos que estamos equivocadas, nos deslizamos hacia nuestra actitud de aislamiento, y nos quedamos tan absortas y nos volvemos tan arrogantes que nunca alcanzamos la fase del perdón. Para perdonar, tenemos que dejar fluir y continuar. Si no sabemos cómo hacer esto con nosotras mismas, nunca podremos perdonar a los demás.

«Errar es humano, perdonar es divino.» Perdonarme es divinamente humano.

22 marzo
PACIENCIA / DECISIONES

> Nuestras decisiones más importantes no son tomadas, sino descubiertas. Podemos tomar las decisiones sin importancia, pero las más importantes requieren de nosotras que esperemos a que sean descubiertas.
>
> ANNE WILSON SCHAEF

Solemos forzar las decisiones sin haberlas madurado y cuando no están todavía listas para que las tomemos. Nos castigamos por ser indecisas, y otras personas comparten esta opinión de nosotras. Creemos que si fuéramos suficientemente sensatas, inteligentes, o claras, sabríamos lo que queremos. No respetamos que tal vez la razón por la que no podemos tomar una decisión es porque *todavía no sabemos*.

Durante muchas generaciones, las mujeres hemos sentido que teníamos que decir sí a todo. Después aprendimos que también es apropiado decir no, así que hemos practicado el decir no. Sin embargo, desgraciadamente es demasiado difícil para nosotras decir «no sé» y sentirnos cómodas con nuestro estado de no saber, hasta que sepamos.

La cualidad de mis decisiones es directamente proporcional a mi paciencia respecto a no saber.

23 marzo
COLGARSE

Para ser alguien tienes que durar.

RUTH GORDON

Las mujeres que hacemos demasiado sabemos cómo «colgarnos». Nos quedamos atrapadas en situaciones que una persona cuerda hubiera abandonado hace años. Desde luego, esta persistencia es parte de nuestra locura. Estamos tan inmovilizadas al «colgarnos», que perdemos la perspectiva y no vemos que nuestra misma persistencia agrava una situación enfermiza. Si nos salimos de la situación, las organizaciones en las que participamos tal vez tengan la oportunidad de comprobar su propia realidad, o incluso quizá se permitan «tocar fondo» y salir a flote sin nosotras.

Aceptamos la virtud de la perseverancia, pero desafortunadamente nuestra dedicación a ella ha afectado nuestro juicio y nuestra capacidad de discernir lo que se necesita realmente.

En algunas situaciones es mejor abandonar; en otras es importante perseverar, y en otras simplemente tenemos que esperar y ver qué sucede. El truco consiste en saber distinguir en qué situación nos encontramos.

24 marzo
GRATITUD

> Amas como una cobarde. No des ningún paso. Permanece simplemente cerca y espera a que las cosas sucedan por sí mismas, desagradecida e ignorante, como un cerdo bajo una encina. Comiendo y gruñendo con las orejas colgando por encima de tus ojos, y sin mirar nunca hacia arriba para ver de dónde vienen las bellotas.
>
> ZORA NEALE HURSTON

Muy a menudo vamos por la vida como cerdos. Escarbamos alrededor y mascamos las golosinas sin darnos cuenta ni una sola vez de dónde proceden o del hecho que las estamos recibiendo como regalos.

El proceso del universo es tan generoso con nosotras que damos demasiadas cosas por sentado. «Amamos como cobardes.» Esperamos que todo y todas las personas de nuestro alrededor se arriesguen, mientras que nosotras nos *aprovechamos*. Nos volvemos tan arrogantes que nos convencemos de que todo lo que tenemos es un regalo nuestro para nosotras mismas. No nos detenemos para ver que no podríamos mascar esas sabrosas bellotas si no hubiera un árbol providencial que las dejara caer.

Hoy tengo la oportunidad de detenerme, mirar hacia arriba y agradecer los muchos regalos que poseo.

25 marzo
OCUPACIONES PERMANENTES

> No había ninguna necesidad en absoluto de hacer todas las tareas domésticas. Después de los primeros cuatro años, la suciedad no ha aumentado.
>
> QUENTIN CRISP

Me encanta sencillamente esta cita de Quentin Crisp. Me hizo detenerme y considerar la posibilidad de que fuera verdad. ¿Hubiera tenido alguna vez el valor y la seguridad de dejar mis tareas domésticas durante cuatro años, para ver si había un límite natural a la suciedad acumulada? De ninguna manera, no estoy segura de quererlo.

Pero ¿qué cantidad de tareas domésticas llevo a cabo porque necesito mantenerme ocupada y no porque necesiten realmente ser hechas?

Una de las características de una adicta al trabajo es la costumbre de aplazar las decisiones. Con frecuencia, nuestras ocupaciones son una forma sutil de aplazar decisiones que nos mantienen alejadas de lo que hay que hacer *realmente*.

Estoy agradecida por las cosas que oigo que me dan la oportunidad de cambiar mi percepción, aunque sea ligeramente.

26 marzo
VALOR / MIEDO

El valor y el miedo tienen sus propias oraciones.

DOROTHY BERNARD

Me pregunto si es posible estar en contacto con nuestro verdadero valor sin estar en contacto con nuestra espiritualidad. Sabemos cómo ser temerarias. Sabemos cómo arriesgarnos. Incluso sabemos cómo ponernos en vereda.

Pero ¿sabemos cómo elevarnos por encima de nuestros miedos paralizantes, profundizar en nuestro espíritu y encontrar el valor que se encuentra en él? ¿Tenemos el valor para afrontar la cotidianeidad de la vida? ¿Podemos admitir un error sin caer en el lujo del autocastigo? ¿Tenemos el valor de ser honestas y de mirar cómo somos realmente con las personas que amamos? ¿Tenemos el valor de devolver al carnicero un pedazo de carne en mal estado, o nos limitamos a gruñir?

Cuando nos enfrentamos a nuestros miedos y nos permitimos conectar con el poder que está en nosotras y más allá de nosotras, aprendemos a tener valor.

Mi valor es cada día igual que mi espiritualidad.

27 marzo
DESALIENTO

Solo las flores polvorientas, el golpeteo de incensarios y las huellas sobre pistas, que parten de algún lugar y no conducen a ninguna parte.

ANNA AKHMATOVA

¡Qué bella expresión de desaliento! Huellas sobre pistas que parten de algún lugar y no conducen a ninguna parte. Todas hemos intentado tan arduamente hacer las cosas apropiadas... Hemos ido a las escuelas adecuadas, seguido las reglas, trabajado muchas horas, hemos renunciado a largas duchas... ¿Y para qué? Huellas sobre pistas que parten de algún lugar (con flores polvorientas en el camino), o tal vez huellas que no partían de ningún lugar y no conducían a ninguna parte.

Calma. Por supuesto, nos sentimos desanimadas a veces. La recuperación es más parecida a una espiral que a una línea. Nuestras luchas nos ofrecen la oportunidad de conocer mejor las múltiples facetas de nuestra enfermedad.

La recuperación no tiene por qué ser una línea recta. Mientras esté en el camino, debo estar yendo a alguna parte.

28 marzo
DESESPERACIÓN

> Si Dios es una mosca en la pared, Nanny, pásame el mata-moscas.
>
> GABY BRIMMER

Incluso Jesús se sintió abandonado por Dios. Nos podemos identificar con él. Hemos estado enfadadas con Dios, y hemos abandonado nuestro Poder Superior porque nos hemos sentido abandonadas. Ese Dios del que queremos depender simplemente se niega a vivir nuestras vidas por nosotras. Queremos dejárselo todo a nuestro Poder Superior, tumbarnos y relajarnos, y ese viejo Poder no coopera.

¿Dónde está el matamoscas? Si mi Poder Superior no lo hace a mi manera, ¡al infierno con él!

¡Vale! Disfrutando un poco, ¿no es cierto? Una lucha con Dios puede mantenernos ocupadas por un tiempo.

Cuando me siento abandonada por mi Poder Superior, soy yo la que se ha ido.

PASIÓN

AMÉ   *Fidèle*   *désirs*

Es obligación del alma ser leal a sus propios deseos. Debe abandonarse a sí misma a su pasión principal.

PA

REBECCA WEST

Muchas mujeres competentes lo pasamos mal intentando distinguir entre pasión y adicción al trabajo. Cuando oímos la preocupación que surge sobre los efectos letales del trabajo compulsivo, casi nos preguntamos (o nos justificamos): «Pero ¿cuál es el problema de estar apasionada con mi trabajo? ¿Me estás diciendo que apasionarme por mi trabajo es ser adicta al mismo?».

Muchos de nuestros modelos de éxito eran personas que querían ser devoradas por su trabajo. Esto nos confunde.

La verdadera pasión y hacer lo que es importante para nosotras no tiene por qué destruirnos. De hecho, lo que es destructivo es que la pasión se convierta en compulsividad.

Mi pasión me alimenta. Mi adicción me devora. Existe una gran diferencia entre las dos.

30 marzo
DEVENIR

> Un jarrón de barro puesto al sol será siempre un jarrón de barro.
> Tiene que someterse a temperaturas elevadas para convertirse en
> porcelana.
>
> MILDRED WITTE STOUVEN

Realmente no hay nada malo en ser un jarrón de barro. Solo que todas tenemos la posibilidad de convertirnos en porcelana. Y no es tan sencillo como cocerse o no. Algunas explotamos en el horno. Otras nos deshacemos incluso antes de entrar en el horno, y otras nos agrietamos amenazando gravemente nuestro valor utilitario

Pero la respuesta más triste es haber pasado por el fuego y negarse a convertirse en porcelana. Todas nosotras tenemos hornos en nuestras vidas. Pero no todas nosotras aprovechamos la lección de haber pasado por el fuego.

Es nuestra fe la que facilita nuestra entrega al fuego.

31 marzo
DOLOR / SUFRIMIENTO

Las flores crecen a partir de los momentos de oscuridad.

CORITA KENT

El dolor es inevitable en la vida. Cuando empezamos a recuperarnos de él, podemos ver que gran parte del sufrimiento que experimentamos está directamente relacionado con nuestra tozudez y nuestro espejismo de control. Cuanto más nos agarremos a los temas, creencias o experiencias que hemos deseado y que ya han quedado viejas, más duro será el «golpe que tenemos que recibir en la cabeza» para aprender. Contrariamente a muchas creencias religiosas, sufrir no es algo noble. Con frecuencia, es algo simplemente estúpido y procede de nuestra tozudez y de la necesidad de tenerlo todo controlado.

Cuando nos apegamos a nuestro sufrimiento, solemos perder esas «flores que crecen a partir de los momentos de oscuridad».

Mi sufrimiento me enseña acerca de mi enfermedad. Mi dolor me enseña acerca de la vida.

1 abril

REGALOS

Abril
llega como un idiota, balbuceando y desparramando flores.

EDNA ST. VINCENT MILLAY

Uno de los regalos de la vida es el cambio del tiempo y de las estaciones. Cuando abandonamos algunas de nuestras ilusiones de control, nos damos cuenta de que cada cambio de tiempo y de estación del año tiene muchos regalos almacenados para nosotras, si lo vivimos y participamos de ello. Cuando luchamos y nos debatimos contra el tiempo y las estaciones, disipamos la energía que podría utilizarse para disfrutar.

Abril parece entrar «como un idiota» a veces... Un idiota juguetón, lleno de energía y brillo, que trae consigo explosiones... Explosiones de flores. El verano nos ofrece largos días para disfrutar y un tiempo para holgazanear, si aceptamos sus ofrendas. El otoño se recoge y el invierno se protege. Viviendo con las estaciones, recibimos muchos regalos.

Aceptar el regalo de las estaciones por parte de la naturaleza es como abrir paquetes de colores brillantes muy bien atados con cintas llenas de lacitos.

2 abril
VIVIR PLENAMENTE LA VIDA

No estés asustada de que la vida se acabe: asústate de que nunca empezase.

GRACE HANSEN

Muchas veces, el centrarnos sobre la muerte y las posibilidades de morir es una escapatoria a nuestro miedo real: el miedo de vivir nuestras vidas.

Nos hemos acomodado a una manera de vivir que es realmente una muerte lenta. Nuestro trabajo, ocupaciones y cuidado permanentes de los demás, y el estar siempre apresuradas, nos quita la responsabilidad de estar totalmente vivas, matándonos lentamente, y de una manera socialmente aceptable, lentamente al pie del cañón. ¿Qué más podemos pedir a una adicción?

¿Por qué nos asusta tanto vivir nuestra vida? ¿Cómo sería nuestra vida si decidiéramos desenmascaramos ante ella y vivirla? ¿Por qué es tan terrorífico vivir nuestros sentimientos y estar presentes momento a momento?

Mi proceso interno nunca me fuerza más allá de donde puedo ir. Puede que no me guste pasar a través de él, pero *puedo* hacerlo. Es solo cuando rechazo mi vida cuando se me hace pesada.

3 abril

PENSAMIENTOS CONFUSOS

Cualquier adicción es una caída en la inconsciencia.

MARION WOODMAN

A medida que nos volvemos más adictas, algunas de nosotras queremos negar lo que sucede en nuestro proceso de pensamiento. Nos es fácil ver cómo las drogas y el alcohol afectan nuestro pensamiento. Incluso estamos abiertas a la posibilidad de que la nicotina, la cafeína y el azúcar afecten la manera en que pensamos. Pero lo que puede afectar realmente la manera en que pensamos es el trabajar en exceso, el ir corriendo a todas partes, y el cuidar compulsivamente de los demás. *¡Sí, pueden afectar y de hecho lo hacen!*

En los círculos de los Doce Pasos solemos oír la expresión «pensamiento que huele», utilizada para describir el proceso de pensamiento de las personas adictas. Perdemos nuestra capacidad para hacer juicios, nos volvemos «inconscientes», nos obsesionamos y perdemos la cordura. Hacemos lo mismo una y otra vez, incluso aunque no haya servido de nada. Esto es *demencia*. Cualquier adicción, repito, cualquiera, puede desembocar en la demencia, la inconsciencia y la pérdida del juicio.

¿Cómo me puedo mejorar si estoy confusa y estoy inconsciente y enajenada? *No puedo.* **Tal vez por esto pueda estar dispuesta a ver la necesidad de un poder superior a mí que pueda restaurar mi juicio.**

4 abril
INTEGRIDAD / ÉXITO

La integridad es muy perecedera en los meses de verano del éxito.

VANESSA REDGRAVE

Me pregunto si habré perdido mi integridad para obtener éxito. ¿Ha habido ocasiones en las que quería mirar a otro lado o tomar el camino más sencillo para evitar el conflicto u obtener aceptación?

Todos los días se nos presentan oportunidades para sacrificar nuestra integridad en temas fundamentales o en otros que pueden parecer insignificantes. No hay ninguna manera de que podamos sentirnos bien con nosotras mismas sin nuestra integridad. El éxito y la pérdida de integridad no son sinónimos. De hecho, el verdadero éxito exige una gran integridad.

Estos «pequeños» incidentes de deslizamiento de la integridad nos van royendo continuamente como termitas. ¡Qué importante es hacer un alto y considerar las decisiones que hemos tomado! ¡Qué alivio es saber que nuestra valorada integridad está anclada profundamente en nosotras y que podemos volver a conectar con ella en cualquier momento!

Comprobar posibles pérdidas de integridad me permite sentirme mejor conmigo misma.

5 abril
CAPACIDAD DE CONEXIÓN

El movimiento, los patrones y las conexiones de las cosas se hicieron manifiestas en un buen nivel.

ROBYN DAVIDSON

Todo el mundo ha tenido momentos mágicos en sus vidas en los que ha tomado conciencia de la unidad de todas las cosas. Cuando ocurre esto, vemos el «movimiento, los patrones y las conexiones»; nos invade un sentimiento de calidez y tenemos un vislumbre de intenso alivio. Podemos conocer lo incognoscible. *Conocemos* lo incognoscible.

Pero cuando intentamos compartir estas experiencias, nos encontramos sin expresión. En nuestros balbucientes intentos por escribirlas de nuevo, las palabras parecen como pelotas de algodón que se hacen cada vez más grandes a medida que intentamos sacarlas de la boca. Con frecuencia, al intentar hablar sobre ese tipo de experiencias, perdemos nuestra conexión con ellas.

Confiaré en estos momentos de profunda paz interior. Y sé que no puedo conectar con ellos a menos que haga un alto.

6 abril
FRACASO

Las nubes se juntaban, estaban en calma y observaban el río precipitarse entre el bosque, irrumpiendo con fuerza en medio de las colinas sin tener ninguna idea de su curso, hasta que exhausto, enfermo y doliente, disminuía su velocidad hasta detenerse justo veinte leguas antes de la costa.

TONI MORRISON

He leído este pasaje una y otra vez. Es una descripción tan bella de cómo en ocasiones nos golpeamos y vapuleamos a nosotras mismas intentando alcanzar una meta, y al final acabamos exhaustas, enfermas y dolientes, sin darnos cuenta que casi ya habíamos llegado. Como el río, nos precipitamos apresuradamente, de cabeza contra las barreras de nuestro propio ser.

Nadie puede evitar el fracaso. Pero podemos evitar golpearnos durante el mismo.

7 abril
MENTES MONÓTONAS

La vida ha de ser una lucha del deseo de esas aventuras cuya nobleza fertiliza el alma.

REBECCA WEST

Uno de los efectos secundarios de hacer demasiado es que se desarrolla una mente monótona. Perdemos tanto tiempo en nuestro trabajo y en las actividades que se relacionan con él que nuestra conciencia y nuestras percepciones se hacen cada vez más estrechas. Llegamos a un punto en el que no podemos hablar sino de trabajo y, a decir verdad, no *queremos* hablar sino de nuestro trabajo.

Nos hemos vuelto tontas y sin interés. Podemos incluso descubrir que nos aburrimos nosotras mismas. Esto nos sucede a las que trabajamos a pleno tiempo en casa y también a las que están dirigiendo una empresa.

Hemos tomado un arco iris y lo hemos comprimido hasta convertirlo en un rayo de luz sólido y sin interés.

Las lágrimas derramadas por mí misma pueden ser el prisma que necesito para volver a descubrir el arco iris que está dentro de mí.

8 abril
AMISTAD

Ella se convirtió para mí en una isla de luz, en diversión, y en sabiduría a la que podía recurrir con mis descubrimientos, tormentos y esperanzas a cualquier hora del día y encontrar acogida.

MAY SARTON

A veces olvidamos a todos/as los/as amigos/as que hemos tenido en la vida. El pensamiento negativo de nuestra enfermedad tiende a focalizarse en lo que falta. Pero tomemos el día de hoy para recordar a todos/as los/as amigos/as que han estado presentes alguna vez para nosotras.

Para mí, hubo una pequeña señora anciana con un jardín de hermosas flores que no dejaba que mis padres me diesen unos azotes cuando yo intentaba coger algunas flores y, sin querer, las arrancaba de raíz. «Ella solo quería admirar su belleza», decía cuando mi madre me llevaba a disculparme. Y estaba el amigo que dio un paso adelante en la escuela para solidarizarse con una broma en la que solo me habían pillado a mí. Hubo amigas/os que compartieron nuestros intentos de relación y nuestras exploraciones sexuales y que nunca dijeron nada a nadie. Hubo amigos/as con los/as que estudiamos, vivimos y crecimos, que estaban ahí para nosotras. Hubo adultos que nos sirvieron de modelos y mentores y no nos juzgaron. Hubo amigos/as.

Recordar a los/as amigos/as que he tenido en mi vida acaricia mi mente y mi ser como un baño caliente acaricia mi cuerpo.

9 abril

Fe / Poder superior

> La plegaria que reforma al pecador y cura al enfermo es una fe
> absoluta de que todas las cosas son posibles para Dios.
>
> Mary Baker Eddy

El Paso Dos del Programa de los Doce Pasos afirma que «hemos llegado a creer que un poder mayor que nosotras puede hacernos recobrar la cordura. Esa es una creencia tenaz.

Cuando hemos subido por la escala del éxito, hemos descubierto que una de sus exigencias sutiles era desarrollar un cierto cinismo científico y sofisticado. Ya no queremos ser o aparecer como inocentes, y creemos que la única opción posible es volvernos cínicas y «científicas». Gracias a Dios, tenemos la posibilidad de dejar de lado tanto nuestra credulidad inocente como nuestro cinismo científico. Podemos permitirnos creer que todo es posible... No controlable, sino posible.

Parte de mi «demencia» es no ver que mi vida se ha vuelto enfermiza y no creer que puedo volver a la cordura.

10 abril

DEBER

Ah, el deber es una sombra helada.

AUGUSTA EVANS

Muchos son los crímenes que se han cometido en nombre del deber. Los ministros descuidan a sus hijos en nombre del deber. La gente se mata entre sí en nombre del deber. Nos abandonamos a nosotras mismas y abandonamos nuestros sueños en nombre del deber. Alimentamos nuestra adicción trabajando en exceso y después justificando nuestro comportamiento como deber familiar. Machacamos nuestros cuerpos en nombre del deber. El deber se convierte en una excusa para gran parte de nuestra vida de adicción.

Las adictas nos serviremos de cualquier cosa como dosis. Tomaremos la idea más noble y la convertiremos en una pesadilla para perpetuar nuestras adicciones. Somos tramposas, y la enfermedad es tramposa.

Cuando utilizamos el deber para machacarnos y machacar a los demás, es claro que este se ha convertido en una «sombra helada».

Yo no quiero ser amada por obligación. ¿Tú sí?

11 abril

OCUPACIONES / PRISAS / DISPERSIÓN

> Una señal de una verdadera adicta al trabajo es limpiar la casa
> en ropa interior.
>
> COLEEN

Las adictas al trabajo podemos ver tantos proyectos inacabados y tantas cosas que hay que hacer que nos dispersamos con facilidad. Vestirse por la mañana no es algo fácil. Tomamos la ducha, e inmediatamente vemos algo que hay que hacer. Nos ponemos la ropa interior y en ese momento vemos algo que hay que hacer. Es difícil centrarse en la actividad que se está haciendo; siempre vemos millones de pequeños detalles que empezamos a poner en orden antes de que hayamos podido acabar de vestirnos.

Seguramente habremos tenido tiempo de recoger los papeles esparcidos cuando nos dirigíamos a la cocina a tomar el desayuno. De vuelta al cuarto de baño podemos estirar las fundas de las almohadas y la colcha de la cama. Si ponemos entonces la lavadora, puede hacer la colada mientras pasamos rápidamente el aspirador.

¿Es extraño que nos veamos internamente como incompetentes? Aunque una serie de pequeñas tareas queden hechas, estamos tan dispersas que saltamos de una a otra y nunca tenemos el sentimiento real de haber acabado. Es útil recordar que nuestra enfermedad consiste en estar siempre ocupadas y dispersas. Solo reconociendo este comportamiento como parte de la enfermedad y no como parte de lo que somos de verdad, nos abrimos a la posibilidad de recuperación.

Soy impotente respecto a estos comportamientos, y el reconocimiento de mi impotencia es el primer paso hacia la salud.

12 abril
FINES DE SEMANA / TIEMPO NO ESTRUCTURADO

Odio los fines de semana. No hay estructura en ellos. No hay
compás. ¿Cómo puedo saber qué hacer si no tengo que hacerlo?

SUSAN

Los fines de semana son horribles para las mujeres que hacemos
demasiado. Echamos en falta la estructura de la semana laboral. No nos
gusta la ausencia de horario y nos sentimos perdidas sin el trabajo.

Para evitar experimentar estos sentimientos, hemos desarrollado
ciertas estrategias de seguridad. Nos traemos trabajo a casa. Nos orga-
nizamos los proyectos y actividades de fin de semana de tal manera que
tenemos el sentimiento de seguridad de estar en el trabajo. Después
nos entra el pánico y vamos a la oficina para «recoger algunas cosas y
atar algunos cabos sueltos».

¿De qué tenemos miedo?..., ¿de nosotras mismas?

13 abril
PRISAS / FRENESÍ

Les repugna la calma que sigue a la tormenta.

DOROTHY PARKER

¡Ah, ese subidón de adrenalina! ¡Cómo nos gusta! Estamos tan acostumbradas a tratar con la crisis que nos ponemos nerviosas cuando las cosas se calman.

Muchas mujeres que nos estamos recuperando de la adicción al trabajo y que estamos haciendo demasiado, empezamos a reconocer que nos hemos hecho adictas a nuestro propio subidón de adrenalina. Solíamos obtener un «zumbido» con la excitación de un nuevo proyecto o de un plazo imperioso. Funcionábamos mejor bajo presión (o así lo creíamos). Nos poníamos nerviosas y tensas cuando nuestras vidas se volvían demasiado tranquilas. Necesitábamos el estimulo emocional. Necesitábamos nuestra dosis.

Afortunadamente, empezamos a darnos cuenta de que nuestros aumentos de adrenalina estaban agotando nuestro cuerpo y nuestro ser. Nuestra adicción a nuestra propia adrenalina era tan destructiva para nuestros cuerpos como las drogas o el alcohol. La recuperación de la adicción a la adrenalina ha sido un lento y doloroso proceso. Pero tenemos la esperanza de una nueva vida y la posibilidad de vivir en un cuerpo sano.

He descubierto que lo que solía llamar entumecimiento, podía ser simplemente satisfacción, y la satisfacción es estupenda.

14 abril
HACER BALANCE / GRATITUD

El cambio a largo plazo exige mirar honestamente a nuestras vidas y darnos cuenta de que es agradable ser necesitada, pero no a expensas de nuestra salud, de nuestra felicidad o de nuestra cordura.

ELLEN SUE STERN

No hay ninguna dosis rápida para ninguna adicción, y la adicción al trabajo, a las prisas, a las ocupaciones y a cuidar de los demás *son* adicciones. Parte del «pensamiento que huele» de las personas adictas es querer una dosis rápida. *No existe ninguna.* Incluso querer una dosis rápida es parte de la enfermedad.

Los Doce Pasos funcionan, y es posible para nosotras vivir vidas serenas, felices y productivas. Pero la recuperación toma tiempo. Existen muchas colinas y valles a lo largo del camino, y si continuamos asistiendo a encuentros, recurriendo a nuestro mentor, y practicando el programa, descubriremos que tenemos una conexión con un poder más grande que nosotras, y que nuestras vidas mejoran.

Soy muy afortunada de tener el apoyo de un programa que funciona y la compañía de otras personas para hacer esta jornada conmigo.

15 abril
ACEPTACIÓN / AUTENTICIDAD

> Con él como un caballero y ella como una dama, ¿qué podría
> ser yo, sino simplemente lo que soy?
>
> EDNA ST. VINCENT MILLAY

Algunas de nosotras no sabemos la diferencia entre rebajarnos, negándonos de este modo a aceptar nuestros talentos y nuestras cualidades, y aceptar lo que somos.

Claro, que con frecuencia pasamos de creer que no tenemos ningún valor a ser totalmente arrogantes. Es interesante el hecho de que sentirse como «una caquita» y creerse únicas en el mundo es algo que está muy relacionado entre sí. En ambos espejismos nos negamos a vernos como realmente somos.

Solo cuando somos capaces de decir «no sé nada de esto», o «soy muy buena en esto y casi inútil en lo otro», nos acercamos a la aceptación del ser. Ver nuestras deficiencias nos permite aceptarlas. Aceptar nuestros puntos fuertes nos permite remontarnos. La clave es la autenticidad con una misma.

Hoy tengo la oportunidad de no exagerar mis deficiencias ni mis capacidades. Puedo ser yo misma.

16 abril

La dependencia invita al abuso.

PATRICIA MEYER SPACKS

A las mujeres que hacemos demasiado nos aterroriza ser dependientes. Comprendemos claramente que la «dependencia invita al abuso». Por desgracia, nuestro miedo a la dependencia suele desembocar en un comportamiento que se asemeja a la independencia, pero que en realidad es algo que los psicólogos llaman contradependencia. Nos asusta tanto la dependencia que no podemos confiar en ninguna persona, lo cual significa que todavía somos controladas por nuestras necesidades de dependencia. Siempre que estemos dando vueltas alrededor de cualquier forma de dependencia, tanto si se trata de la dependencia, de la independencia, como de la interdependencia, probablemente tengamos problemas.

Otra opción consiste en no definirnos a nosotras mismas de manera dependiente. Podemos aprender a autodefinirnos. Podemos aprender a no pedir a los demás que creen nuestras identidades por nosotros. Solo entonces podremos ser verdaderamente libres y aportar nuestro don a cualquier relación.

Tanto la independencia como la dependencia pueden ser jaulas.

17 abril

CURACIÓN

> El nuevo espacio… tiene una especie de invisibilidad para las
> personas que no han entrado en él.
>
> MARY DALY

Es especialmente difícil para las mujeres que hacemos demasiado considerar la posibilidad de entrar voluntariamente en lo desconocido. Como a cualquier persona adicta, nos gusta mantener todo bajo control, y no queremos siquiera empezar un viaje sin un buen mapa de carreteras. Desgraciadamente, la recuperación no funciona de esta manera. La recuperación es un salto de fe.

La mayoría de nosotras, por el hecho de haber crecido en familias disfuncionales, trabajar conforme a modelos de adicción y vivir en una sociedad adicta, no tenemos un conocimiento vivencial de lo que significa vivir nuestro proceso, vivir con la sobriedad o vivir conforme a nuestra propia claridad. Pero muchas personas están dando este salto de fe y el primer paso en el camino de la recuperación. Sabemos que tiene que haber algo mejor. Tenemos un vago recuerdo de algo. Casi podemos recordar que está ahí. Uno de los verdaderos milagros de hoy día es que muchas mujeres estamos empezando a recuperarnos, aunque realmente no tenemos una idea clara de lo que es la recuperación.

He deseado un milagro, y yo puedo serlo.

18 abril

RECONOCIMIENTO

Y a todas esas voces de sabiduría que me han susurrado a lo largo del camino.

DHYANI YWAHOO

La gratitud y el reconocimiento son facetas importantes de nuestras vidas. ¡Ha habido tantas mujeres que han compartido su sabiduría y su conocimiento con nosotras! Parte de esta sabiduría ha sido aprendida de otras personas y parte ha constituido un autoaprendizaje; el conjunto ha sido profundo.

¿Recuerdas la vecina que nos enseñó a cuidar las plantas? ¿Recuerdas a la madre que nos enseñó algunos trucos para no interponernos en el camino de nuestros hijos? ¿Recuerdas a aquella diminuta anciana en nuestro lugar de culto que parecía vivir silenciosamente lo que se nos había dicho que era la espiritualidad? ¿Recuerdas aquel libro que aparecía justo en el momento en que lo necesitábamos? Ha habido voces de sabiduría por todas partes a lo largo de nuestras vidas.

Tal vez, como dice una de mis amigas sabias, «ya es tiempo de tener un ataque de gratitud».

19 abril

PRECIPITARSE Y APRESURARSE

> A veces, me gustaría tener parches que me mantuvieran entera.
>
> PAM

En ocasiones, realmente nos sentimos impotentes respecto a nuestra necesidad de precipitarnos y de mantenernos ocupadas, y nos gustaría sencillamente que existiera una manera de podernos detener. Nuestra vida parece verdaderamente abrumadora e ingobernable.

Nos asombramos de hasta qué punto nos sentimos aliviadas cuando podemos realmente admitir que somos impotentes respecto a esta conducta insana y que nuestra vida no va como nos gustaría que fuese.

Somos mujeres poderosas, *y al mismo tiempo* somos impotentes respecto a nuestras vidas alocadas.

¡Qué consuelo supone saber que un poder más grande que nosotras *puede* restaurar nuestra cordura! ¡Qué alivio saber que nuestro reconocimiento de que nuestra vida es enfermiza en este momento abre la puerta a la salud!

¡Qué alivio ver y saber que tenemos el camino abierto ante nosotras para renovar la cordura, cuando dirigimos nuestras vidas y nuestras voluntades hacia ese poder más grande que nosotras!

Poner parches no serviría de mucho de todas maneras, pero cambiar nuestras vidas suena a una opción con posibilidades reales.

20 abril
REALIDAD / INVENTARIO

> Necesitas recuperar los acontecimientos de tu vida para hacerte tuya a ti misma. Cuando verdaderamente posees todo lo que has sido y hecho, lo cual puede tomar algún tiempo, vives la realidad intensamente.
>
> FLONDA SCOTT MAXWELL

«Vivir la realidad intensamente» exige que atravesemos el rechazo hacia nosotras mismas y nuestras propias vidas capa tras capa. En algún punto de nuestra vida tenemos que pararnos y hacer un inventario completo de lo que somos y de lo que hemos hecho. Este inventario sin miedo y de búsqueda no se centra solo en las cosas en las que nos hemos equivocado y en las cosas que desearíamos haber hecho de otra manera, sino que también se centra en nuestra fortaleza y en las cosas que han sido acertadas.

Muchas de nosotras olvidamos que hacer un balance de nosotras mismas también significa apuntar lo que tenemos de bueno, y reconocernos y gustarnos. Después de todo la autenticidad no trata solo de los errores, sino también de los aspectos positivos que tenemos, llenos de fuerza, creativos, amorosos, amables y compasivos.

Cuando nos detenemos y tomamos posesión de todo lo que hemos sido y hecho, estamos en camino de convertirnos en lo que verdaderamente somos.

21 abril
CONCIENCIA DE SÍ MISMA

Hasta que se cuenta nuestra propia historia perdida, ninguna
otra cosa que se diga puede bastarnos: continuaremos en silencio
deseándola con vehemencia.

LAURA RIDING

Probablemente, el viaje más importante que podamos emprender
es el viaje interior. Hasta que sepamos quiénes somos, ¿cómo sería posible ofrecer lo que tenemos?

Cada una de nosotras es una combinación única de herencia y de
experiencias. Nadie puede ofrecernos lo que nosotras tenemos que
ofrecer. Sin embargo, si no tenemos la conciencia de nosotras mismas
para hacernos responsables de nuestra singularidad, nunca podremos
aportar nuestra contribución.

Uno de los efectos más desastrosos de nuestra enfermedad es que
nunca tenemos realmente el tiempo para hacer el proceso de toma de
conciencia, y después, cuando lo hacemos, estamos demasiado exhaustas para preocuparnos de él.

Necesito conocer mi historia... Toda ella.

22 abril
AUTORRESPETO

Cuando el autorrespeto toma el lugar correcto en la psique
de una mujer, no se dejará manipular por nadie.

INDIRA MAHINDRA

Ser mujer no es siempre la cosa más fácil del mundo, pero es con
lo que tenemos que trabajar en estos momentos. ¡Hay tantos aspectos
nuestros que merecen autorrespeto! Somos increíblemente competentes en lo que hacemos. Somos flexibles y fuertes, y podemos ser las dos
cosas al mismo tiempo. Tenemos buenas ideas que son prácticas y creativas, y las podemos articular excelentemente. Tenemos la capacidad de
hacer varias tareas simultáneamente y atender cada una de ellas. Somos
organizadoras, creadoras y activas, y tenemos una gran capacidad de ser.
Tenemos muchas cosas con las que contribuir, incluida una perspectiva
de la vida que es diferente de la de los hombres que nos rodean. Estamos aquí para prestar apoyo, y tanto nosotras como los demás tenemos
que aceptar este hecho.

**Mi autorrespeto no es solo esencial para mí; es también im-
portante para el mundo.**

23 abril
CULPABILIDAD

Disimular es algo muy seguro. A cambio de hacerlo puedes obtener un precio desmedido…: el kilo de carne del mercado.

COLETTE DOWLING

Solemos ser expertas en culpabilidad. Ciertamente, lo hemos aprendido de nuestras maestras. Incuestionablemente y con gran tenacidad, hacemos nuestras tareas sin una queja ni un reproche.

Sin embargo, vamos armadas con nuestros suspiros, los dientes apretados, un aspecto patético de resignación y nuestros hombros caídos. Nuestra frase favorita es: «Está bien», pero realmente no es lo que queremos decir. Una de nuestras capacidades es la de sufrir, ¡y lo hacemos tan bien! Obtenemos nuestro kilo de carne, pero perdemos en ello nuestras almas.

Dime: ¿vale realmente la pena?, ¿estamos listas para abandonar el juego de la culpabilidad? Se hace infinitamente aburrido.

24 abril
ESTAR SIN PROYECTOS

Fuera de la tensión del Hacer, en la paz de lo Hecho.

JULIA LOUISE WOODRUFF

Cuando la mayoría de las mujeres terminan una labor, dan un suspiro de alivio, se recuestan y se otorgan un bien merecido descanso. Pero no es así para las mujeres que hacemos demasiado. La «paz de lo Hecho» simplemente no está computada. No existe ninguna experiencia con la que poder relacionar este concepto.

Afortunadamente, cuando vemos que no estamos hablando de hacer demasiado, empezamos a tomar una perspectiva diferente.

Empezamos a aprender que iniciar y acabar no es lo mismo. Empezamos a darnos cuenta de que el proceso de acabar un proyecto importante tiene todo el derecho a ser dignificado por un proceso natural de esfuerzo. Algo que exigía lo mejor de nosotras mismas ha terminado. Lo echaremos en falta.

Estar sin proyectos y no tener valor no son sinónimos.

25 abril

> La experiencia de Dios, o en todo caso la posibilidad de vivirlo, es innata.
>
> ALICE WALKER

Rogamos a un Dios «por ahí afuera», y nuestras voces vuelven como naves espaciales quemadas que han atravesado el universo. Preguntamos a las personas autorizadas cómo tener la experiencia de Dios y nos damos cuenta de que estas han llegado a adorar sus rituales y sus técnicas, pero que parecen saber poco de Dios. Ningún profeta de la antigüedad se ha sentido tan solo como nosotras cuando deambulamos por la selva de nuestras ciudades y organizaciones. ¿Cómo podría ningún dios salir adelante a través de toda esta trama de hormigón y de acero?

Pero cuando nos detenemos, tenemos un vislumbre de comprensión de lo que significa decir que «la posibilidad de vivir a Dios es *innata*». No necesitamos buscar esta posibilidad. Está ya dentro de nosotras.

La posibilidad de experimentar un poder más grande que yo ha estado siempre ahí llamando a mi puerta interior.

26 abril
OCUPACIONES

> Esta estación del año es variable, caprichosa y enloquecida, lo
> mismo que yo estos días, que están cubiertos con tantas obligaciones
> y cosas que atender.
>
> MAY SARTON

Cuando no reconocemos que hemos llegado al punto de estar demasiado ocupadas y que abarcamos demasiado, también nos encontramos «variables, caprichosas y enloquecidas». La falta de conciencia de nuestras necesidades y nuestra incapacidad para satisfacerlas establece una situación en la que nuestro único recurso es volvernos tan desagradables que los demás nos dejan solas. Entonces, no tenemos que tomar la responsabilidad de afirmar que necesitamos tiempo para nosotras mismas y tomarlo de verdad. Por supuesto, esta técnica singular para conseguir tiempo para estar solas suelen producir grietas que han de ser reparadas después.

Existen otros medios de conseguir lo que necesitamos. Podemos dejarnos saber a nosotras mismas que necesitamos tiempo para estar solas, y entonces podremos disponer las cosas para tenerlo.

Tomar el tiempo que necesito para mí misma puede ser menos excitante que crear una crisis, y en todo caso es menos confuso.

27 abril
OPCIONES / SENTIRSE ATRAPADA

> He descubierto que siempre tengo opciones y que, en ocasiones, se trata simplemente de optar por un cambio de actitud.
>
> JUDITH M. KNOWLTON

Una de las características más devastadoras del proceso de adicción es que nuestras percepciones, nuestro discernimiento y nuestro pensamiento se vuelven tan distorsionados que no tenemos más opciones y nos quedamos totalmente atrapadas. Tenemos la ilusión de que solo existen dos opciones (normalmente, continuar en lo que estamos o dejarlo) y ninguna de las dos nos atrae.

Pero tenemos opciones. Tenemos opciones incluso si la única posible por el momento es la de ver que estamos estancadas y aceptar ese «estancamiento». Sorprendentemente, cuando aceptamos de verdad nuestro estancamiento, nuestra situación comienza a cambiar. Con frecuencia no es la situación la que nos mantiene estancadas, sino nuestra *actitud* en relación con una situación concreta.

Las opciones son parte del ser humano. Cuando siento que no tengo elección, probablemente estoy actuando impulsada por mi enfermedad.

28 abril

BELLEZA

¡Oh, fue una mañana magnífica! Supongo que la mejor mañana de primavera es el mejor tiempo que Dios tiene para ofrecer. Con seguridad, nos ayuda a creer en Él [sic].

DODIE SMITH

¿Cuánto hace que no gozamos con un día hermoso? ¿Cuánto hace que ni siquiera nos permitimos observar que es un día hermoso?

Las que vivimos en ciudades nos ponemos obstáculos que nos desafían a hacer todavía un poco más de esfuerzo para notar qué día hace.

Para las mujeres que hacemos demasiado, un día hermoso solo vale la pena de ser apreciado si no presenta el inconveniente de la lluvia o la nieve. Un día hermoso se convierte entonces solo en un instrumento para hacer más cosas. Pero existen otras posibilidades.

Anhelo la conciencia de poder decir: «¡Oh, fue una mañana magnífica!».

29 abril
MIEDO / MANIPULACIÓN

> Todas las mujeres nos damos prisa. Las mujeres observamos las caras, las voces, los gestos, los cambios de humor. Somos personas que tenemos que sobrevivir a través de la astucia.
>
> MARGE PIERCY

La mayoría de las mujeres somos investigadoras consumadas. Hemos desarrollado capacidades para reunir datos que pondrían en evidencia a la mayoría de los investigadores. Estamos continuamente escudriñando rostros, cuerpos y situaciones para obtener claves sobre lo que es aceptable y sobre aquello de lo que tenemos que apartarnos. Desgraciadamente, nos hemos convertido en muchas ocasiones en personas que tienen que «sobrevivir a través de la astucia». Nuestro estado de alerta permanente proviene de nuestro miedo a que, hagamos lo que hagamos, nunca es suficiente —nuestro miedo de que *nosotras* no somos suficientes por mucho que hagamos—. Tenemos que ser astutas para sobrevivir, o eso es lo que hemos llegado a creer. Algunas personas han dicho que esta revolución de las mujeres es la única revolución en la que la vanguardia del enemigo está en nuestras propias cabezas.

Soy suficiente. Solo aceptaré lo que tengo para dar.

30 abril
AISLAMIENTO

Una de las razones por las que la sociedad se ha convertido en este barullo es porque estamos aislados unos/as de otros/as.

MAGGIE KUHN

El aislamiento es una de las características de la adicción. El aislamiento es una de las características de las mujeres que hacemos demasiado.

Podemos estar rodeadas por personas todo el día, pero nuestra dedicación decidida a nuestro trabajo nos aísla. No nos gusta ser interrumpidas por las amigas. Nos enfadamos cuando las cosas no salen bien, y entonces los demás tienen miedo de acercarse a nosotras.

Nos hemos encerrado tanto en nuestro trabajo, en nuestras ocupaciones y en nuestras prisas como cualquier persona alcohólica en su botella. Hemos olvidado cómo salir, y ni siquiera tenemos el tiempo para recordarlo. Creemos que si tuviéramos simplemente más tiempo para centrarnos en nuestro trabajo nos sentiríamos mejor, y en vez de ello nos sentimos exhaustas. El aislamiento es una pérdida de energía.

Necesito aprender la diferencia entre aislamiento y soledad.

1 mayo

HOY

Día ordinario, déjame ser consciente del tesoro que representas. Déjame aprender de ti, amarte, bendecirte antes de que te vayas. No me dejes pasar de largo en búsqueda de algún raro y perfecto mañana. Permíteme tenerte mientras pueda, porque puede que no siempre sea así. Un día clavaré mis uñas en la tierra, o enterraré mi rostro en la almohada, o me estiraré rígida, o levantaré mis manos hacia el cielo, y querré más que nada en el mundo que regreses.

MARY JEAN IRON

Este momento es solo ahora. Es lo que tenemos. ¡Cuántas veces hemos dilapidado el tesoro del hoy y soñado con las fortunas del mañana, solo para lamentarnos más adelante de la pérdida de este día! Hoy podemos observar el brillo en los ojos de un niño por un nuevo descubrimiento. Hoy podemos escuchar a una vieja amiga antes de pasar a la próxima actividad. ¿Hemos perdido el hoy no estando presentes con él? ¿Derramaremos más tarde lágrimas de lamento y deseo de su regreso? ¡Cuánto mejor seria vivirlo hoy!

Solo un día ordinario, ¡qué regalo!

2 mayo
VALOR

Recuerda, Ginger Rogers hizo todo lo que hacía Fred Astaire,
pero además lo hacia de espaldas y con tacones.

EAITH WHITTLESEY

¡Es verdad! Ginger Rogers era increíblemente buena en lo que hacía, y también lo somos nosotras. Las mujeres tenemos que tener valor para reconocer qué buenas somos en lo que hacemos. Estamos atrapadas en una extraña expectativa cultural de tener que ser al mismo tiempo competentes y pasivas. Con frecuencia esto produce una clase de humildad que es realmente una negación de nuestra cualificación.

Las mujeres que hacemos demasiado también parecemos vacilar entre exagerar nuestra competencia y sentir que no tenemos valor y que somos totalmente incompetentes. Este vacilar entre los dos extremos forma parte de la enfermedad de adicción.

La prueba real del valor es ser realista y dejarnos saber que realmente somos competentes en muchas cosas.

Ser buenas en lo que hacemos no es una maldición. Es un regalo que procede de nosotras mismas y de un poder mayor que nosotras.

3 mayo
DESESPERACIÓN

Hubo una época en la que solo los muertos podían sonreír.

ANNA AKHMATOVA

Nosotras hemos conocido épocas así. De hecho, el punto en el que nos dimos cuenta de que teníamos que admitir que hacer demasiado no era ya algo que hacíamos, sino algo que nos *hacía a nosotras,* fue nuestro momento de tocar fondo. Antes de que admitiéramos totalmente nuestra impotencia respecto a trabajar demasiado, nos desesperábamos temiendo que eso nunca podría cambiar.

Pero *hemos* cambiado. Hemos tocado el fondo de la desesperación y lo hemos vivido. Hemos ido al fondo del abismo y hemos descubierto que también Dios es la nada.

Recordamos nuestra desesperación y estamos agradecidas también porque el tocar fondo en medio de nuestra enfermedad ha preparado el camino de nuestra recuperación, ¡y la recuperación es algo extraordinario!

Yo nunca pensé que estaría agradecida por esta enfermedad, y esta me ha abierto la posibilidad de una vida completamente nueva.

4 mayo
VIVIR EL PRESENTE

El ayer es un cheque cancelado,
el mañana, una promesa de pago.
El hoy es pago al contado:
gástalo con sabiduría.

ANÓNIMO

¡Qué desafío vivir en el presente! Solemos estar tan ocupadas matando el momento actual con preocupaciones acerca del mañana o lamentos acerca del ayer que matamos cada día de hoy. Curiosamente, todo lo que podemos tener está en el presente.

Vivir en el presente significa darse cuenta: darse cuenta de cuándo se está cansada, darse cuenta de que necesitamos ir al cuarto de baño, darse cuenta de que tenemos que descansar.

Vivir el presente significa dar un paseo por el paseo en sí mismo, y no para ir a algún sitio. Vivir el presente significa darse cuenta de nuestro ahora y apreciarlo. Vivir el presente significa hacer nuestra vida, y no solo pensar en ella.

Si hago mi vida, no estaré perdida.

5 mayo
SENTIRSE SOBREPASADA

> Los trabajadores sociales han puesto nombre a un nuevo síndrome. Se llama «cansancio de la compasión». ¿Por qué suena tan familiar?
>
> ANNE WILSON SCHAEF

Las adictas a cuidar de los demás nunca sabemos cuándo ocurrió. Se nos había educado para creer que si cuidábamos de los demás, los escuchábamos y los comprendíamos, a su vez, los demás cuidarían de nosotras. Creemos firmemente que las relaciones se construyen sobre la base de que unas personas cuiden de otras, y si empezamos nosotras a hacerlo, obtendremos a cambio la misma moneda. ¡Qué decepción descubrir que esta creencia no la tiene todo el mundo, y que además cuanto más cuidamos a la gente, más quieren de nosotras!

Nos sentimos exprimidas, resentidas, sobrepasadas, y sentimos que se aprovechan de nosotras. Estos parecen ser los sentimientos normales de esta situación. Gracias a Dios, no tenemos por qué estancarnos ahí. Reconocer simplemente los sentimientos nos ayuda a empezar a comprobar nuestros postulados sobre el cuidado de los demás.

El amor no es cuidar de los demás, y cuidar de los demás no es amor. No podemos comprar el amor... porque este es un regalo.

6 mayo
GRATITUD

Haz una oración reconociéndote a ti misma como un vehículo de la luz y dando gracias por las cosas buenas que ha traído este día, y haz una afirmación de intentar vivir en armonía con todas tus relaciones.

DHYANI YWAHOO

Cuando empezamos a recuperarnos y a aclararnos, con frecuencia nos invaden momentos de gratitud. Empezamos a ver la posibilidad de que nosotras no seamos nuestra enfermedad. Tenemos la enfermedad de trabajar en exceso y de hacer demasiado, y esto no es lo que somos. Comenzamos a ver que tenemos momentos de claridad, y realmente nos gusta la persona que somos en esos momentos. Empezamos a ver lo bueno que hacemos cada día y lo bueno que cada día nos trae. Tenemos momentos de profunda gratitud de corazón y amor por nuestra familia, nuestras/os amigas/os y por el mundo que nos rodea. Incluso empezamos a tener un vislumbre de lo que significaría vivir en armonía con todas las personas que nos rodean. Nos estamos curando.

Puedo dar verdaderamente gracias por las cosas buenas que existen en mi vida. Puedo dar las gracias por ser yo.

7 mayo
SENTIMIENTOS

Tus conocimientos no te sostendrán en los momentos de crisis... La confianza proviene de la conciencia del Cuerpo, de saber
qué sientes en cada momento.

MARION WOODMAN

Vivimos en una cultura que rinde culto a los procesos de pensamiento lógico, racional y lineal, y desdeña e ignora los sentimientos.
Los sentimientos parecen incontrolables, peligrosos e innecesarios.

No obstante, son nuestros sentimientos los que nos hacen huma-
nas/os. Nuestros sentimientos nos advierten del peligro. Si estamos
desconectados de ellos, podemos perder las señales de peligro.

Son nuestros sentimientos, y no nuestras mentes, los que nos dicen
cuándo alguien nos está mintiendo. Cuando nos mienten, lo sentimos
justo en el plexo solar. Necesitamos nuestros sentimientos para tratar
con el mundo.

**Mis sentimientos son un regalo. Tengo mucha suerte de tener
una gran gama de ellos.**

8 mayo
ESTAR PRESENTE AL MOMENTO

Nos saludaba amablemente, e inmediatamente después parecía rodear la atmósfera caótica de la lucha mañanera con algo relacionado con el orden, la eficacia y la uniformidad silenciosa, de manera que una tenía el sentimiento de que la vida era pequeña y de que estaba curiosamente ordenada.

MERIDEL LESUEUR

¿No es un alivio saber que existe gente en el mundo que, con su sola presencia, cuando entran en una atmósfera caótica crean calma a su alrededor? Esta calma no nace de la manipulación o del control. Esta calma nace de la presencia.

Solo una persona que se hace presente lleva consigo el sentimiento de serenidad. Cuando trabajamos el Programa de los Doce Pasos, empezamos a experimentar esta clase de serenidad nosotras mismas.

El orden que procede del control está lleno de tensión. El orden que proviene de la rigidez está lleno de lucha. El orden que viene de la serenidad está lleno de paz.

9 mayo
Ocupaciones / Soledad

Puedes quedarte sola, al estar tan ocupada.

Isabel Lennart

Las personas adictas al trabajo somos personas solitarias. Nuestro trabajo es como un amante celoso. Cada vez pide más y más de nosotras. Nos vemos cada vez más aisladas de las personas que nos importan. Tomamos citas para almorzar con dos semanas de antelación para mantenernos en contacto con los/as amigos/as y después tenemos que cancelarías o posponerlas porque «ha surgido algún imprevisto». Nos ponemos ansiosas si se nos interrumpe; nos irritamos si alguien nos hace detenernos, porque queremos volver a nuestro trabajo. Frecuentemente no sabemos que estamos solas porque no nos paramos lo suficiente para saber qué es lo que sentimos.

Es bueno ser productivas, y el estar ocupadas no es un sustituto de la intimidad.

10 mayo
INTIMIDAD

Una intimidad tan instantánea solía ser seguida por la desilusión.

MAY SARTON

Vivimos en una época de cenas instantáneas, éxitos instantáneos, e intimidad instantánea. Esperamos encontrar a alguien y saber inmediatamente qué significamos el/la uno/a para el/la otro/a. Después de todo, en nuestras atareadas vidas no tenemos tiempo para cortejos largos y esmerados.

La intimidad instantánea es una de las características de las relaciones de adicción. De hecho, mientras se recuperan, las mujeres caen un poco en la cuenta de lo que significa esta intimidad instantánea. Esta clase de conexión normalmente no resulta.

La intimidad lleva tiempo. Es un proceso. Necesita ser alimentada, valorada, apoyada, y se le tiene que permitir desarrollarse. Cuando intentamos manipular la intimidad, la matamos. De hecho, frecuentemente utilizamos la intimidad instantánea para evitar la posibilidad de la intimidad real.

La intimidad lleva tiempo. Si no lo tengo, probablemente no tendré intimidad.

11 mayo

ANGUSTIA

> A cada mujer se le hace sentir que ella misma es su propia cruz
> que tiene que llevar si no puede ser una clónica perfecta del super-
> mán varón o la clónica perfecta de la mística femenina.
>
> BETTY FRIEDAN

No es de extrañar que a veces nos sintamos llenas de angustia. Hay demasiado por hacer. Se nos piden demasiadas cosas. Se nos exige ser muchas personas, algunas de la cuales somos y otras no. La angustia es probablemente una respuesta normal a dicha situación.

Afortunadamente, no tenemos que detenernos ante la angustia. Es importante sentirla, atravesarla y continuar. Una de las maneras en las que quedamos atrapadas es bloqueando nuestros sentimientos y negándonos a admitirlos. A veces, parecería como si la vida nos atornillase a fondo. En esas ocasiones descubrimos que podemos movernos y continuar cuando nos dejamos sentir nuestros sentimientos de dolor y angustia.

Un tornillo es parecido a un cinturón: podemos deshacernos de él.

12 mayo
AMOR

Desearía haber conocido a más personas. Las hubiera amado a
todas. Si hubiera conocido a más personas, hubiera amado más.

TONI MORRISON

Todo el mundo tiene una capacidad infinita de amor. A veces nos
confundimos acerca del amor y pensamos que somos las únicas en tener
tanto. Entonces empezamos a pensar en términos de sumas de ceros.
Creemos, que al ser las únicas que tenemos amor, si damos un poco
tendremos eso de menos. Empezamos a dividir nuestro amor lo mismo
que pagamos las facturas a final de mes. Cumplimos con todas nuestras
«obligaciones de amor» e intentamos tener ahorrado un poco para casos de emergencia. El amor controlado no es amor. El amor obligatorio
tampoco es amor. El amor es algo que fluye a partir de nuestro sentimiento profundo de amor por nosotras mismas. No es posible amar a
otra persona si no nos amamos a nosotras mismas.

Cuando nos queremos a nosotras mismas, no existe ningún límite
a la cantidad de amor que podemos compartir. Pero el amor nunca
puede ser manufacturado, porque necesitaríamos o querríamos un poco
a cambio. El amor es una energía que es compartida porque la tenemos.

**Amar a las personas que conozco me permite conocer a las per-
sonas que amo.**

13 mayo
Maternidad / Paternidad

La cuestión sobre tener un bebé es simplemente tenerlo.

Jean Kerr

¡Vaya choque! Nuestros hijos/as no siempre se ajustan a nuestras fantasías. No siempre nos proporcionan la «pequeña familia feliz». No siempre se ajustan a nuestros esquemas y planes. Y lo peor es que no pueden ser moldeados/as de la manera en que querríamos y esperar que permanezcan así.

Cuando damos a luz a un/a hijo/a, damos a luz un proceso que continúa de una u otra manera por el resto de nuestras vidas. De alguna manera, parece que hemos perdido el concepto de que la maternidad/paternidad es un proceso íntimo e interactivo que continúa.

Cuando dejamos de intentar que nuestros/as hijos/as se ajusten a nuestras fantasías sobre lo que deberían ser, ¡empezamos a ver quiénes son en realidad!

14 mayo
RESPONSABILIDAD / CULPABILIDAD

Si crees que tienes la culpa de todo lo que va mal, insistirás en no detenerte hasta que lo arregles.

SUSAN FORWARD

Las mujeres que hacemos demasiado somos *responsables*. Esta es una de nuestras grandes virtudes, o al menos eso es lo que creemos. Estamos dispuestas de hacernos responsables y a culpabilizarnos de *todo*. Cuando ocurre algo en el trabajo, debe de ser por culpa nuestra. Si fallan nuestras relaciones, debe de ser porque hemos hecho algo mal. Si nuestros/as hijos/as tienen dificultades, la culpa es nuestra. Culpabilidad y reproche son viejos amigos. Es inconcebible para nosotras no ser la causa de... cualquier cosa. Esta es una de las formas de nuestra manera de creernos el centro de todo. Nos ponemos de lleno en medio de cualquier desastre. Por supuesto, el otro lado de este dualismo es ser completamente inocente y víctima. Pasamos de una a otra posición continuamente.

¡Qué diferencia actuar dentro de una actitud de responder de nuestros actos, desde un lugar interno en el que la culpabilidad no tiene sentido y en donde la capacidad de respuesta es la clave!

El hacerme responsable y culpable de todo dificulta mi capacidad para responsabilizarme en su justa medida.

15 mayo
ENFADO

Soy una mujer en la primavera de la vida, con ciertos poderes, que están gravemente limitados por autoridades de rostros que apenas puedo ver.

ADRIENNE RICH

¡Ya es hora! Como mujeres hemos sido limitadas respecto a lo que podemos hacer, decir, pensar y sentir. Algunas odiamos reconocer este hecho. Pero muy en el fondo sabemos que hay muchas fuerzas que limitan nuestras vidas, fuerzas sobre las que tenemos muy poco poder. Solo una persona sin sentimientos y sin conciencia no sentiría el rescoldo del enfado, o incluso de la rabia, que surge a veces desde lo más profundo.

Parece que nosotras, como mujeres, solo tenemos dos opciones: acomodarnos a las autoridades, y de esta manera sostenerlas, o luchar contra ellas y sostenerlas igualmente. Con cualquiera de las dos opciones seguimos perdiendo.

Afortunadamente, existe una tercera opción. Podemos ser nosotras mismas. Podemos ver lo importante que es para nosotras y hacerlo. Para hacer efectiva esta tercera opción, tal vez tengamos que pasar primero por el enfado.

Cuando respetamos nuestro enfado y lo «trabajamos», descubrimos puertas que antes no podíamos ver.

16 mayo
PEDIR AYUDA

Un consejo es lo que pedimos cuando ya conocemos la respuesta pero nos gustaría no conocerla.

ERICA JONG

¡Exacto! Normalmente, cuando pedimos un consejo es porque ya somos conscientes de la respuesta dentro de nosotras, pero no queremos enfrentar nuestro conocimiento interno. Entonces dejamos que otra persona nos dé un pequeño empujón.

Además, cuando pedimos consejo, hay una parte de nosotras que teme que cualquier persona nos lo dé. Cuando lo hace, nos quita la presión de encima, aunque sepamos que no funcionará y en el fondo lo rechacemos internamente.

Por otra parte, pedir ayuda es ya otro asunto completamente diferente. La mayoría de las mujeres que hacemos demasiado tenemos mucha dificultad en pedir ayuda. Por lo general, podemos hacer las cosas solas, sea lo que sea, y nos sentimos más a gusto haciéndolas por nosotras mismas. Podemos dar órdenes y *decir* a los demás cuáles son las cosas que hay que hacer. Podemos organizar y supervisar. Hemos aprendido muchas maneras de obtener ayuda sin pedirla y sin reconocer que la necesitamos. Sin embargo, es infinitamente más auténtico pedir ayuda cuando la necesitamos.

Pedir ayuda no significa que somos débiles o incompetentes. Habitualmente indica un nivel elevado de honestidad e inteligencia.

17 mayo
Toma de conciencia

> Sentía como si yo fuera niebla. Sabía que estaba desesperadamente buscando algo de gran importancia, cuya pérdida era vital, pero no podía ver con claridad.
>
> JUDY NESS

Nos mantenemos tan ocupadas y con tanto trabajo que no tenemos tiempo de ver en la niebla y buscar algo de mucha importancia.

Miramos a nuestro trabajo, al dinero, a nuestras familias para que nos llenen, pero todas estas «soluciones» parecen pobres.

Incluso si tenemos éxito, cuando nos detenemos lo suficiente nos damos cuenta de la existencia de un sentimiento de soledad y vacío. Se nos ha pasado el darnos cuenta de que nada de lo de afuera puede llenarnos y que la persona que añoramos encontrar somos nosotras mismas. No tenernos ni estar en contacto con nosotras mismas es una amenaza para nuestra vida. Cuando nos abandonamos, somos más vulnerables a las influencias externas y menos conscientes de lo que realmente necesitamos.

¡Qué entusiasmante es empezar a ver cómo se levanta la niebla y saber que lo que andábamos buscando tan desesperadamente estaba todo el tiempo dentro de nosotras!

Lo que ando buscando no está «ahí afuera». Está en mí. Soy yo.

18 mayo
UN SOLO DÍA CADA VEZ / CONFIANZA / CONTROL

> Vivir es una manera de no estar segura, de no saber qué es lo
> que sucederá a continuación ni cómo. En el momento en que sabes
> cómo, empiezas a morir un poco. El artista nunca sabe exactamente.
> Adivinamos. Tal vez nos equivoquemos, pero damos salto tras salto
> en la oscuridad.
>
> AGNES DE MILLE

¡Qué arrogancia e ignorancia nuestra la de creer que podemos hacer otra cosa que vivir un solo día cada vez! Estamos tan engañadas por nuestros espejismos de control que realmente creemos que podemos controlar el futuro, hacer que sucedan las cosas como nos gustaría que sucedieran y controlar totalmente nuestras vidas. Cuando lo hacemos, dejamos de vivir.

Vivir plenamente es vivir una vida de fe. Hagamos nuestros proyectos de trabajo, nuestros planes y, después, dejémoslos solos. Vivir plenamente es dar un salto de fe y, antes de que nuestros pies estén totalmente en el suelo, saltar de nuevo. Cuando pensamos que tenemos todo bajo control, empezamos a «morir un poco».

Se necesita mucha fe para vivir un día cada vez, y las alternativas no parecen muy atractivas.

19 mayo
DESVALORIZACIÓN / OPCIONES

La lección más machacona que mi madre me enseñó es que no vales nada si no estás haciendo algo.

FERRAND

La adicción al trabajo no es algo que crezca espontáneamente en medio de la vida. Las semillas han sido plantadas frecuentemente en nuestra infancia, y simplemente nos limitamos a vivir las reglas y expectativas que nuestros padres y madres instalaron en nosotras.

¿Cuántos padres y madres creían realmente que el ocio era obra del diablo y que, si no nos mantenían constantemente ocupadas, podíamos caer en algo horrible? ¿Cuántas de nosotras estamos asustadas de la ociosidad, de los momentos de tranquilidad en los que no tenemos nada programado?

Un alcalde de una gran ciudad del Medio Oeste afirmaba públicamente que cuando miraba su agenda, si la noche del martes había quedado libre, pensaba que su personal estaba tonto. También reconocía que su adicción al trabajo había arruinado su matrimonio y su salud.

¿No es alentador saber que no tenemos por qué vivir nuestras programaciones infantiles? Como personas adultas, podemos elegir.

20 mayo
REACCIONAR AL MOMENTO

La nobleza de carácter se manifiesta en las rendijas, cuando no existen amplias puertas.

MARY WILKINS FREEMAN

Las oportunidades no siempre llegan en el momento y en la forma que habíamos esperado. En lugar de rayos deslumbrantes de luz, frecuentemente se presentan como pequeñas voces que nos susurran en los momentos más inesperados.

Nuestro potencial para la grandeza está vinculado a nuestra capacidad para reaccionar al momento. Darnos cuenta tal vez sea una de nuestras principales capacidades. Cuando estamos presentes para darnos cuenta de la oportunidad pequeña e insignificante, quizá descubramos que hemos hecho un giro importante en el sendero de nuestra vida.

Cualquiera puede atravesar una gran puerta. Espero tener la nobleza de carácter para ver la rendija.

21 mayo
CONFLICTO

Es mejor ser un león por un día que dormir toda tu vida.

ELIZABETH HENRY

El conflicto es inevitable en nuestras vidas. Nos sentimos en conflicto cuando tenemos que tomar una opción, y el conflicto está dentro. Creemos con firmeza cómo debe tomarse una decisión empresarial y entramos en conflicto con nuestros/as iguales.

Algunas creemos que solo hay dos salidas cuando surge el conflicto: rugir como un león e imponer nuestra voluntad o retroceder como una corderita y ceder (e intentar imponer de manera *sutil* nuestra voluntad). Ninguna de las dos opciones se sostiene a sí misma.

Afortunadamente, tenemos otra opción. Podemos comprobar qué es lo que nos pasa por dentro. Podemos escuchar lo que dicen los demás. Podemos aclararnos nosotras mismas y ver lo que tenemos que aprender.

El conflicto es inevitable. Luchar es una elección.

22 mayo
CAPACIDAD DE CONEXIÓN / CONFUSIÓN / SOLEDAD

Las mujeres que tienen una baja valoración de sí mismas hacen
la vida difícil a todas las demás mujeres.

NELLIE McCLUNG

Como mujeres, tenemos una gran capacidad de conexión entre nosotras. Nos han educado para ser competitivas con otras mujeres y verlas
como enemigas y competidoras. También hemos sido educadas para
ver a las demás mujeres como inferiores, y se nos ha dicho que, si queríamos salir adelante, necesitábamos identificarnos con los hombres,
o incluso volvernos como ellos o ser como ellos quieren que seamos.
Todo ha sido muy confuso. Frecuentemente, nos hemos sentido solas
y aisladas.

Un factor principal de nuestra curación ha sido reconocer que somos mujeres y buscar la conexión con las demás. Nos vemos reflejadas
en sus historias, y nuestra soledad cambia entonces en sentimiento de
relación.

**No estoy sola. Otras mujeres comparten mis experiencias. Cu-
ración y actitud de conexión son lo mismo.**

23 mayo
CONTROL / ARROGANCIA

> La pasión por intentar enderezar a la gente es en sí misma una
> penosa enfermedad.
>
> MARIANNE MOORE

Las mujeres que hacemos demasiado pensamos con inusitada frecuencia que nos corresponde a nosotras enderezar a los demás. Tras
reunir mucha información y adquirir conocimientos, hemos llegado
realmente a creer que sabemos qué es lo mejor para la gente. Puesto
que sabemos qué es lo mejor, no tenemos dificultades en compartir
esta importante información con cualquiera que esté dispuesto/a a escuchar —y, a veces, con quien no lo está—. Algunas somos incluso *pagadas* por saber qué es lo mejor para los/as demás y enderezarlos/as.

¡Ufff!, no parece tan bueno cuando se escribe, ¿verdad?

**Tal vez hoy sería un buen día para considerar mi arrogancia.
La arrogancia benevolente sigue siendo arrogancia.**

24 mayo
SUEÑOS Y ESPERANZAS

Mientras pensemos que los submarinos constituyen la única posibilidad —que es lo único real o que puede ser real—, nunca veremos el barco y nunca sentiremos soplar al viento.

SONIA JOHNSON

Las mujeres que hacemos demasiado hemos crecido asustadas de soñar. Sabemos cómo codiciar —el dinero, el poder, la seguridad, las relaciones—, pero hemos olvidado cómo soñar.

Soñar no se limita a lo irreal. Soñar es ampliar lo real más allá de los límites del presente. Soñar no es estar atadas a lo que es simplemente posible. Soñar no es seguro para nuestro espejismo de control, pero es *infinitamente* seguro para nuestras almas.

Cuando nos privamos de nuestras esperanzas y de nuestros sueños, nos reducimos a mantener nuestros ojos en el suelo, calculando cuidadosamente cada paso, y perdiéndonos las imágenes formadas por las nubes y los arcoíris dobles.

Esperar y soñar no es ignorar lo práctico. Es vestirse de colores y de arcoíris.

25 mayo
CURACIÓN

> El corazón humano no está mucho tiempo fuera de lo que le
> hace sufrir más. Existe siempre un viaje de regreso a la angustia que
> pocas de nosotras se han liberado de hacer.
>
> LILLIAN SMITH

Las heridas y dolores que experimentamos en la infancia no se eva-
poran por arte de magia cuando nos hacemos adultas. Rondan dentro
de nosotras, y cuando alcanzamos un nivel de fuerza, madurez, comprensión y conciencia para manejarlos, vuelven para ser trascendidos.
Esta es una de las maneras en que nuestro ser interno nos quiere. Nos
da toda clase de oportunidades para curar las heridas que necesitamos
curar, y nos ofrece también la oportunidad para sobrellevarlo, cuando
somos suficientemente fuertes.

Cuando éramos niñas, con frecuencia hemos tenido experiencias
en las que no teníamos la fortaleza suficiente para enfrentarnos a ellas
sin mucha ayuda y sostén, y muchas veces sin ayuda ninguna. Así que
las reprimimos en la memoria y esperamos. Cuando están listas, vuelven
a salir. Esto nos proporciona la oportunidad de avanzar a través de estas
angustias, cuando tenemos lo que necesitamos para esta tarea.

**Cuando esté preparada, tendré la oportunidad de hacer estos
viajes hacia las viejas heridas con la certeza de que puedo curarlas
y continuar.**

26 mayo
VIVIR PLENAMENTE

Y llegar a través de nuestras vidas… de toda la vida… al corazón
del cosmos que son nuestras propias almas.

SONIA JOHNSON

Cada una de nosotras es un cosmos. Cuando vivimos la vida plenamente, somos personas separadas entre sí, y también somos unas con el universo. Somos nosotras mismas con nuestros límites, y también estamos conectadas con todas las cosas.

Afortunadamente, no se nos pide que vivamos la vida de otra persona. Todo lo que tenemos que hacer es vivir nuestra propia vida, y esto parece que ya es suficiente.

Cuando vivimos plenamente, nos permitimos saborear toda la gama de nuestras experiencias. Vemos lo que vemos, sentimos lo que sentimos y sabemos lo que sabemos. Aceptamos cualquier oportunidad de vivir conforme a nuestras propias almas.

Por suerte, vivir la vida plenamente no es una tarea. Es una oportunidad.

27 mayo
CONCIENCIA DEL PROCESO

> Él me ha enseñado un poco a fluir, a elegir el momento oportuno
> para cada cosa, a disfrutar el presente.
>
> ROBYN DAVIDSON

A veces, nuestras/os maestras/os aparecen en las formas más inverosímiles. Robyn Davidson está hablando de un viejo aborigen que viajó con ella durante un tiempo. Aunque sus culturas eran muy diferentes, él le enseñó un poco de sabiduría elemental, que tenía que ser reconocida y experimentada en su cultura.

Todas necesitamos saber algo acerca de cómo fluir. Nada queda hecho de una vez aunque lo queramos. El trabajo y la vida fluyen en una serie de acontecimientos no lineales.

La medición del tiempo también es importante. No podemos corregir y editar un informe hasta que está escrito. Cuando nuestro jefe tiene un mal día, no es el momento de hablar de un problema interpersonal que ocurrió la semana anterior. No podemos controlar a los demás eligiendo «el momento adecuado», y es posible elegir el momento que nos conviene más. Y siempre tenemos la oportunidad de pararlo todo y disfrutar del presente.

Cuando permanezco en mi presente, tengo la oportunidad de experimentar el flujo de mi vida.

28 mayo
Ocupaciones / Agotamiento / Sueño

Tengo los nervios tan de punta que no puedo ir a dormir por las noches. Simplemente no puedo relajarme. Con suerte llego a dormir cinco horas por la noche.

BARBIE

Uno de los efectos laterales de nuestras vidas como mujeres que hacemos demasiado es que tenemos los nervios tan de punta que no podemos descansar y dormir todo lo que necesitamos. Estamos continuamente atareadas. Incluso cuando nuestros cuerpos van a desplomarse de fatiga, no podemos relajarlos y dejarles experimentar la regeneración tranquilizante de un sueño profundo. A veces, incluso cuando queremos dejarlo todo, es tan doloroso que descubrimos que no somos capaces. Nos privamos de la curación que se produce durante la fase alfa del sueño. Nos movemos con los nervios rotos, como si fueran calcetines que no han sido remendados por manos cuidadosas. Nos hemos privado de la experiencia inconsciente de tejer reunidos los hilos descosidos y desgarrados de nuestras almas y volver a coser los agujeros producidos por las escaramuzas de nuestra cortesía cotidiana. Necesitamos nuestro descanso.

El sueño es uno de los regalos regenerativos de la vida. Solo lo echo en falta cuando no lo tengo.

29 mayo
PRISAS / FRENESÍ / DESVALORIZACIÓN

Mis pautas se van, se van, se van... y se desmoronan.

ROSIE

Cuando somos adictas a trabajar, a estar ocupadas, a hacer las cosas deprisa y a cuidar de los demás, la única manera que tenemos de permitirnos descansar es desmoronándonos.

Se ha dicho que la adicción al trabajo es la adicción que eligen las personas que se valoran a sí mismas. Se nos impulsa tanto a probarnos a nosotras mismas y a hacernos un sitio que, hagamos lo que hagamos, nunca hacemos lo suficiente. Si hacemos suficiente, tal vez podamos justificar nuestra existencia. Tenemos problemas para aceptar que solo nuestro ser puede ser suficiente.

Todas necesitamos la soledad, y las que hacemos demasiado solo podemos justificar el permitírnosla cuando estamos al borde del colapso.

Hacer las cosas deprisa y después desmoronarme no solo es agotador para mí, sino que agota también a todas las personas que me rodean.

Hacer las cosas deprisa y desmoronarse es una conducta cruel e inhumana. Practicarlo conmigo es cruel e inhumano.

30 mayo
VERGÜENZA

Nadie puede hacerte sentir inferior sin tu consentimiento.

ELEANOR ROOSEVELT

La vergüenza es una respuesta aprendida. Existe mucho interés hoy día en la vergüenza relacionada con la adicción y la recuperación de la adicción. Cuando empezamos a sentirnos avergonzadas, nos abandonamos y funcionamos lo mismo que una persona drogada o borracha. No puede entrarnos ninguna claridad. Tampoco puede salir ninguna claridad.

Es importante recordar que la vergüenza es aprendida, y que todo lo que ha sido aprendido puede ser desaprendido. La vergüenza fue utilizada para controlarnos cuando éramos jóvenes, y ahora la utilizamos con frecuencia para controlar a los demás. Cuando empezamos a sentirnos avergonzados, no puede llegarnos ninguna nueva información, ni podemos procesarla con claridad, y tampoco podemos comunicarnos con claridad. Estamos en medio de nuestra enfermedad de adicción.

Es importante ver el papel que ha jugado la vergüenza en nuestras vidas. También es importante no quedar atrapadas en ella.

31 mayo
ACEPTACIÓN

> Es del conocimiento de las verdaderas condiciones de nuestras vidas de donde debemos sacar nuestra fuerza y nuestras razones para vivir.
>
> SIMONE DE BEAUVOIR

¡Qué bella expresión de la profundidad y aceptación de nuestras vidas! Con frecuencia, estamos tan atareadas corriendo de un lado a otro que no nos damos el tiempo de aceptar simplemente lo que somos y lo que tenemos. Paradójicamente, es en esta aceptación total como nuestras vidas cambian.

Nuestras vidas tienen un sentido... tal como son. Son nuestros espejismos los que nos roban el sentido, no nuestra realidad. Cuando acepto mi realidad, recupero mi fuerza y mis razones de vivir.

Mi vida es lo que es. Puede cambiar, pero ahora mismo es lo que es.

1 junio
LIBERTAD

No hemos disfrutado de nuestra libertad durante suficiente tiempo para saber exactamente cómo debe utilizarse. .

PHYLLIS MCGINLEY

A medida que las mujeres hemos luchado para ser libres, hemos intentado varias formas de libertad. Solíamos pensar que éramos libres cuando nos convertíamos en la clase de mujer que los hombres querían que fuésemos. Después pensamos que éramos libres cuando podíamos ser como los hombres. Pensábamos que éramos libres cuando podíamos tratar a los hombres del mismo modo que habíamos sido tratadas.

Pensábamos que éramos libres cuando tuvimos acceso a los trabajos en los que podíamos reducir nuestra expectativa de vida mediante enfermedades relacionadas con el estrés. Pensábamos que éramos libres cuando formamos equipos y pudimos jugar a juegos que no tenían ningún interés. Pensábamos que éramos libres cuando tuvimos dinero, poder e influencia.

Toma tiempo evolucionar hacia la libertad. Todavía tenemos tiempo.

2 junio
OCUPACIONES / TAREAS DOMÉSTICAS

Hay días en los que las tareas domésticas parecen la única salida.

ADRIENNE RICH

Una de las cualidades reconfortantes de las tareas domésticas es que siempre están ahí. Cuando nos sentimos perplejas para alimentar nuestra necesidad de estar ocupadas, siempre podemos sumergirnos en las tareas domésticas. Para algunas de nosotras eso significa estar casi desesperadas. A este respecto, la mujer adicta al trabajo es comparable a la alcohólica que prefiere un buen whisky y se toma una cerveza en caso de apuro.

Es duro para nosotras admitir lo adictas que nos hemos vuelto a estar siempre ocupadas. Nuestro atareamiento nos permite el mismo estado de entumecimiento que otras personas obtienen con las drogas. Algunas perseguimos una alta segregación de adrenalina, lo mismo que otras personas drogadictas persiguen «colocarse». Enfrentémoslo: estamos enganchadas.

¡Qué alivio admitir que soy adicta a mi atareamiento! ¡Ahora sé que la recuperación es posible!

3 junio
AGOTAMIENTO

Vosotros los blancos sois tan extraños... Nosotros pensamos
que es algo muy primitivo para un niño tener solo dos padres.

ANCIANO ABORIGEN AUSTRALIANO

Las generaciones pasadas tuvieron el lujo y el apoyo de vivir en familias muy amplias. Los abuelos estaban cerca y a veces compartían historias de su vida y de su época. Cuando los niños se sentaban a escuchar,
sus padres sentían el brillo cálido del reconocimiento y de la familiari-
dad, y se reían para sus adentros cuando se contaban una y otra vez las
viejas historias.

Pero ahora, la mayoría estamos aisladas de las grandes familias, o
no tenemos el tiempo para ellas. Somos la única familia de nuestras/os
hijas/os. Tenemos que ser el pasado, el presente y las guías del futuro.
Esto es agotador.

**En Hawai la gente siempre se toma tiempo para «contar his-
torias». Podemos aprender algo de ellos.**

4 junio
METAS

> Fuimos educadas en la idea de que, tal como fuimos plantadas, así maduraríamos. Descartábamos la idea de que cualquier cosa que hiciéramos era nuestro propio mérito.
>
> JANET HARRIS

Vivimos en una sociedad orientada hacia la consecución de metas. Normalmente, estamos tan ocupadas intentando escalar lo alto de la montaña que olvidamos observar las rocas y los líquenes, las flores alpinas, e incluso a las personas que se cruzan en el camino. Estamos gobernadas por el culto al orgasmo. Los preparativos son solo medios para llegar a un fin. Pero para muchas mujeres, el tocar, sostener, hablar, acariciar e intimar son igualmente importantes, si no más, que el momento mismo del orgasmo. Los orgasmos y las metas pueden ser divertidas, pero no si se obvia todo lo que precede.

Fijar metas puede ser útil e importante, en especial si estamos dispuestas a abandonarlas cuando ya no son relevantes, y si recordamos que el camino en sí mismo es importante.

Si solo miro a la cima de la montaña, puedo perderme los fósiles que se encuentran en la ladera y que pueden enseñarme algo sobre mi tiempo y mi lugar en el universo.

5 junio
RESPONSABILIZARSE

Nunca te retractes, nunca expliques, nunca te disculpes… Consigue que las cosas se hagan y deja que los demás griten.

NELLIE MCCLERY

Hay tantos niveles a los que una podría responder a esta cita... A un nivel, suena como un consejo de cómo ser una apisonadora y aplastar a cualquiera que presente oposición. Yo no lo recomiendo.

A otro nivel una podría suspenderse por el tiempo empleado en explicar; pedir disculpas y retractarse, mientras la casa se está quemando. Habría que decir algo solo para salir adelante.

Y a otro nivel, cuando sentimos claramente la dirección que tenemos que tomar y el trabajo que queremos que se haga, existe cierta serenidad que emerge cuando estamos dispuestas de verdad a que «los demás griten».

¡Qué maravilla que cada asunto tenga tantos niveles de verdad! Esto hace que la vida sea cualquier cosa menos aburrida.

6 junio

Te invito a que te pongas sobre tus rodillas oxidadas y molestes
a Dios; se encerrará en sus habitaciones privadas cerrándote la puerta
de un portazo. Eso es lo que piensa de ti y de tus plegarias.

ZORA NEALE HURSTON

Muchas de las mujeres que hacemos demasiado hace tiempo que hemos olvidado a nuestro «Dios» de la infancia y no hemos encontrado nada para reemplazarlo. Cuando hemos recurrido a «Él», estábamos seguras de que se iba a «sus habitaciones privadas» y cerraba la puerta de un portazo. El sonido de esta puerta cerrándose ha producido eco y ha atravesado nuestra soledad. Nos encontrábamos en nuestro propio ahora. Teníamos que vivirlo nosotras solas. ¡Qué dualistas hemos sido! Si el Dios de nuestra niñez no funcionaba, no teníamos ningún contacto con ningún tipo de espiritualidad. Pero la pérdida real es nuestra pérdida de contacto con nuestro yo espiritual. Necesitamos tiempo para la oración, la meditación y la reflexión que es congruente con lo que somos. Cuando nos tomamos ese tiempo, descubrimos que existe algo que está más allá de nosotras mismas.

La fe no es siempre algo fácil para mí. Sobre todo, porque mis pensamientos se interponen en el camino.

7 junio
CAUSAS / AMOR

Las personas que sirven a una causa no son siempre aquellas que la aman. Son aquellas que aman la vida que hay que llevar para servir dicha causa…, excepto en el caso de las más puras, que son muy raras.

SIMONE WEIL

Tomar algo a cargo es dedicarse a ello. Cuando nos damos a algo, sea nuestras familias, nuestro trabajo, nuestra iglesia o nuestras causas, llevamos un caparazón vacío.

Hemos confundido demasiado nuestra educación religiosa hasta llegar a pensar que, para ser personas puras, no tiene que haber ninguna persona dentro, ningún ser. Lo que la mayoría de las disciplinas espirituales preconizan es la necesidad de abandonar el ego, la necesidad de dejar ir el yo adicto, la necesidad de reconocer nuestra singular unidad con todas las cosas. Cuando amamos una causa y nos dedicamos a ella, sacamos lo mejor de nosotras.

Aprender a acceder a mi verdadero ser y a mi unidad con todas las cosas me permite amar.

8 junio
CREATIVIDAD

El desorden es como un aluvión que obstruye la corriente del
río y entorpece el flujo libre de la mente.

MAY SARTON

El desorden parece una constante en nuestras vidas. Nuestras casas están desordenadas, nuestros escritorios están desordenados, nuestras mentes están desordenadas. Esta es la condición de las mujeres que hacemos demasiado.

Nunca podemos encontrar nuestro ser creativo hasta que reduzcamos el desorden en nuestras vidas. La mente tiene que tener la oportunidad de fluir libremente si queremos fluir sanamente.

Somos mujeres fuertes, bellas e inteligentes. El mundo necesita lo que tenemos que ofrecer.

La recuperación es como un dragaminas drenando una corriente obstruida.

9 junio
COMPETITIVIDAD / COMPARACIÓN

Son ellos los que se aprovechan y obtienen las ventajas en este mundo.

GEORGE ELIOT

Desgraciadamente, se nos ha enseñado que para salir adelante es necesario compararse, competir y aprovecharse de los demás. Y vemos pruebas de estos comportamientos a nuestro alrededor.

Cuando empezamos a recuperarnos de nuestras adicciones, empezamos a ver que la comparación y la competitividad son formas externas de relacionarse. Cuando nos comparamos, nos volvemos celosas, nos sentimos mal con nosotras mismas, nos encontramos resentidas y acabamos no queriéndonos demasiado. Cuando competimos, tratamos a los demás como objetos, nos hacemos rudas y justificamos nuestra conducta destructiva. Cuando nos aprovechamos de los demás, perdemos la oportunidad de relacionarnos, nos convertimos en personas que no queremos ser y, al final, salimos perdiendo. Cualquiera de estos comportamientos amenaza nuestra serenidad y nuestra recuperación.

Continuamos aprendiendo lo que significa estar dispuesta a presentar primero nuestra sobriedad. No es siempre fácil, pero es un asunto vital.

10 junio
SATISFACCIÓN

A pesar de la pobreza de mi experiencia externa, siempre he significado algo para mí misma, y he tenido todas las posibilidades de tropezar en mi sendero estrecho y recto, y de orar a los pies de mi Deidad; ¿qué más puede pedir un ser humano?

ALICE JONES

La satisfacción con la propia vida es como ser untada con aceite cálido. ¡Es tan calmante escuchar las palabras de una persona contenta! Con frecuencia, equiparamos estar contenta y satisfecha con estar estancada. ¡Pero no es en absoluto lo mismo! La verdadera satisfacción con la propia vida es una aceptación de lo que es, y un prepararse para lo que pueda ser, soltando lo que pensábamos que debería ser.

La satisfacción es un lugar activo de quietud, un lugar atareado de calma. La satisfacción es un alivio en medio de la vida que, en muy raras ocasiones, sentimos las mujeres que hacemos demasiado. La satisfacción es el alma soltando un suspiro de alivio.

A veces, cuando hago balance, solo miro a lo que no está hecho. También necesito lo que tengo, lo que se ha hecho y lo que se está haciendo.

11 junio
BELLEZA

El adorno no es otra cosa que un reflejo del corazón.

COCO CHANEL

Todo el mundo se fija mucho en cómo se visten las mujeres: «Deberíamos llevar trajes de tres piezas, exactamente como los hombres, y vestirnos para el éxito». «Las mujeres que son violadas lo estaban pidiendo por la manera como estaban vestidas.» «A los hombres les gustan las mujeres que se visten de manera femenina. Les hace sentirse masculinos.»

¿Puede así extrañar que a veces nos sintamos confusas acerca de lo que parece que es correcto ponernos?

¿Qué pasa si la manera de vestirnos es simplemente un reflejo de nuestro corazón? ¿Y qué tal si nuestro principal criterio de belleza es sentirnos bien con nuestros cuerpos y reflejar lo que somos? ¿Y si llevamos colores porque nos gustan y no porque son «nuestros colores» o nos hacen parecer más delgadas? Esto nos abre toda clase de posibilidades, ¿verdad?

Si me vistiese para reflejar mi corazón, ¿qué llevaría?

12 junio
AUTOCONCIENCIA

> Los hombres se miran a sí mismos en los espejos. Las mujeres se buscan a sí mismas.
>
> ELISSA MELAMED

«Espejo, espejo en la pared»... ¿Dónde fui? Parece que fue solo ayer cuando miraba en el espejo y vi a alguien a la que reconocía. Esos pedazos de mí misma de los que me fui desprendiendo uno a uno parecían insignificantes en ese momento. ¿Qué había sido de mí?

Muchas de nosotras que hacemos demasiado tenemos la experiencia de desaparecer ante nuestros propios ojos. Parecía simplemente que sucedía con los años.

Pero, si todavía queda alguien a quien mirar en el espejo, quiere decir que no nos hemos ido del todo.

Necesito mirar más cerca. El espejo podría ser mi amigo. Me podría ayudar a traerme de vuelta.

13 junio
VIVIR LA VIDA PLENAMENTE / CURIOSIDAD

La vida se hizo para ser vivida y la curiosidad debe mantenerse
viva. No se debe nunca volver la espalda a la vida por ninguna razón.

ELEANOR ROOSEVELT

Cuando miro hacia atrás a los/as maestros/as de mi vida, una de
las características que destacaba era su curiosidad. A veces, pensamos
que la curiosidad está reservada a la juventud y que solo es natural en
los niños pequeños.

Pero estoy segura de que si pensamos en la gente que hemos conocido, en aquellas personas que recordamos más vivamente, resultan
ser las personas que permanecían incurablemente curiosas a lo largo de
sus vidas.

Existe un vínculo íntimo entre curiosidad y viveza. La curiosidad
es parte del banco genético de la especie humana. Mi curiosidad no
está muerta, aunque parezca haber estado profundamente dormida por
un tiempo.

¡Ojalá no me «cure» nunca de mi curiosidad!

14 junio
CONCIENCIA DEL PROCESO / SABIDURÍA

> Los acontecimientos de nuestras vidas se suceden en secuencias
> de tiempo, pero, en su significado para nosotras/os, siguen su propio
> orden... el hilo continuo de la revelación.
>
> EUDORA WELTY

¿No sería aburrido si nuestras vidas fueran completamente lineales? ¡Qué tontería haber desperdiciado cada experiencia y cada trauma justo cuando estaba sucediendo! ¡Qué pena que los acontecimientos que ocurrieron a los cinco años comiencen a estallar a los treinta y cinco! ¡Qué perturbador es el momento en el que los recuerdos de la memoria, escondidos en la conciencia durante mucho tiempo, nos avisan de que están listos para ser integrados!

¿Podemos creer que nuestro propio proceso interno sabe cuándo estamos preparadas para tratar con viejos temas? ¿Podemos confiar en que el mismo hecho de que estén surgiendo es una indicación de lo mucho que hemos evolucionado y de lo fuertes que somos?

Hay algo dentro de mí que sabe más de lo que yo sé. Confiar solo en ello no puede producir sino la curación.

15 junio
CONFUSIÓN / NEGATIVIDAD

¿Por qué cuando no sé lo que quiero siempre hay alguien esperando para decirme qué es lo que quiero? Supongo que simplemente soy afortunada.

ANNE WILSON SCHAEF

He oído que muchas mujeres dicen: «He tenido un buen matrimonio. Mi marido no me pega, no se gasta el dinero en apuestas, ni anda persiguiendo a otras mujeres». O dicen: «Bueno, mi trabajo no es tan aburrido, me mantiene ocupada y me sirve para pagar las facturas». De alguna manera, lo bueno se convierte en la ausencia de lo horrible. Si algo en nuestras vidas no es demasiado destructivo, debe de estar bien.

¡Estamos tan confusas sobre lo que queremos realmente y sobre lo que es bueno para nosotras! ¡Estamos tan acostumbradas a hacer lo que se espera de nosotras que hemos perdido nuestra capacidad de saber lo que queremos!

A menos que sepa lo que quiero y lo que está bien para mí, no existe ninguna posibilidad de ser una persona auténtica.

16 junio
CONTROL

La guerra es el desarrollo de los errores de cálculo.

BÁRBARA TUCHMAN

Estamos tan inmersas en el espejismo de control que rara vez miramos con perspectiva y nos damos cuenta de lo persistente y destructivo que es este espejismo. Gran parte de lo que ocurre a nivel internacional entre las naciones está basado en la ilusión de control. Cuando creemos que podemos controlarlo todo o que podemos mantener las cosas bajo control, después quedamos aterrorizadas por nuestros errores de cálculo. Los errores de cálculo a nivel personal pueden ser tan devastadores como los errores de cálculo a nivel internacional. El problema no son los *errores,* sino el cálculo. Cuando funcionamos conforme a un sistema de creencias que establece que deberíamos ser capaces de entenderlo todo y que cuando lo hacemos podemos controlarlo todo, nos encontramos con graves problemas.

Las guerras son desastrosas, tanto si ocurren en mi interior, como si se producen entre individuos o entre países.

17 junio

AUTOCONCIENCIA

Quiero descubrir quién soy y acabar con el hecho de ser definida
por los demás.

JUDITH

Como mujeres, hemos sido educadas para buscar nuestra identidad
fuera de nosotras mismas. Hemos sido enseñadas a ser la hermana, la
esposa o la compañera de otra persona. Somos lo que otros han pensado que somos. Incluso cuando somos mujeres profesionales de éxito,
nos vemos buscando afuera la identidad y la valoración. Este hábito está
profundamente impreso en la médula de nuestros huesos aun cuando
parezcamos fuertes y con personalidad.

Una parte importante de nuestra recuperación es averiguar quiénes
somos *realmente,* no quiénes se nos ha *dicho* que deberíamos ser, no
qué *pensamos* que deberíamos ser, ni qué imaginamos ser.

¿Quién es esta persona que llamo «yo»? Tiene el potencial de ser
una de las personas más interesantes que nunca haya encontrado. Sin
embargo, apenas la conozco.

**Hoy tengo la oportunidad de empezar o continuar un viaje in-
terior que puede durar el resto de mi vida.**

18 junio

VIVIR EL PRESENTE

> Conozco la solución. Cuando tenemos un mundo compuesto únicamente por el ahora, sin sombras del ayer ni nubes del mañana, decir lo que podemos hacer funciona.
>
> GOLDIE IVENER

Imagina empezar cada día fresca, sin «sombras del ayer ni nubes del mañana». Cuando estamos en nuestros estados de humor más negativos y cínicos, oímos una idea como esta y nos burlamos diciendo que es imposible. No es posible dejar el pasado y no preocuparse por el futuro. Y, sin embargo, esto es lo que todos/as los/as grandes maestros/as espirituales de este planeta han enseñado de una u otra manera. De hecho, el regalo más grande que nuestros/as maestros/as nos han dado ha sido con frecuencia vivir en el presente, cómo estar simplemente totalmente presente al momento.

¿Con cuánta frecuencia perdemos nuestra vida centrándonos en el pasado o anhelando el futuro. Perdemos la mirada de nuestros/as hijos/as porque estamos pensando en cómo llevarlos al dentista mañana. Perdemos la idea interesante que atraviesa en este momento nuestra mesa de trabajo, porque estamos preocupadas con lo que dijimos en la reunión de ayer. ¡Alto!, relájate, ¡mantente aquí y ahora!

El presente es todo lo que tenemos: abandonarlo es matarlo.

19 junio
ACEPTACIÓN DEL SER

No hagas nada porque sea correcto, digno de elogio o noble hacerlo; no hagas nada porque parezca que sea bueno hacerlo; haz solo lo que debas hacer y lo que no puedas dejar de hacer.

ÚRSULA K. LE GUIN

Estamos tan acostumbradas a hacer lo que otras personas quieren que hagamos, o a hacer lo que es correcto, o lo que nos proporciona aprobación, que las palabras de Le Guin nos piden hacer solo lo que tenemos que hacer, y no hacerlo sería irrealista. Pensamos: eso es fácil de hacer para ella, que es una escritora y puede hacer su propio horario.

Sin embargo, ¿qué hay de verdad para nosotras en sus palabras? Ciertamente podemos admitir que hemos hecho muchas cosas por razones equivocadas, y con frecuencia es muy amargo en nuestros corazones el precio de nuestra adecuación, «nobleza» y búsqueda de aprobación. Muchas veces hacemos algo porque nos parece bueno hacerlo, y hacemos perder el tiempo a todo el mundo, incluidas nosotras mismas.

¡Qué alivio creer que somos suficientes como somos y que nuestra única manera de cumplir una tarea es hacer solo lo que necesita hacerse!

Adoptaré estas ideas. Después de todo, ¡ninguna otra persona podría aportar mi contribución por mí!

20 junio

EXPECTATIVAS

> La vida no tiene ninguna obligación de darnos lo que espera-
> mos de ella.
>
> MARGARET MITCHELL

¡Las expectativas son verdaderas asesinas! Son montajes para la decepción. A causa de nuestras expectativas, muchas veces pasamos totalmente por alto lo que está ocurriendo realmente en una situación. Estamos tan casadas con lo que pensamos que *debería* estar pasando, o
con lo que queremos que pase, que no vemos lo que *está* pasando.

Muchas posibles relaciones han sido abortadas porque estábamos
demasiado determinadas a convertirlas en *una relación*.

Las expectativas también nos mantienen en el espejismo. Construi-
mos expectativas sobre alguien, las proyectamos en otra persona y empezamos a reaccionar frente a nuestras expectativas como si fueran
reales. Las expectativas y el espejismo de control están estrechamente
unidos.

**Cuando estamos atadas a nuestras expectativas, normalmente
nos perdemos lo que está sucediendo... Esto es, nos perdemos la
vida misma.**

21 junio
BELLEZA / COMPARACIÓN

Soy como me hizo mi Creador, y puesto que Él [sic] está satisfecho, también yo lo estoy.

MINNIE SMITH

Qué bello y qué simple es aceptarnos sencillamente como somos. Las mujeres, en especial, tenemos dificultades en ver simplemente la belleza que somos. Siempre estamos comparándonos con las/os demás; con independencia de lo que tengamos o de lo que seamos, nunca nos parece suficiente. Siempre somos demasiado, o demasiado poco, demasiado gordas o demasiado delgadas, demasiado inteligentes o no lo suficiente, demasiado agresivas o no suficientemente afirmativas. Siempre que nos comparamos con los/las demás, perdemos.

El mismo acto de comparar es parte del problema. La comparación es uno de los elementos de la adicción. En este proceso, nos abandonamos y perdemos. Existen otras opciones.

Imagino un día —hoy por ejemplo— en que estoy simplemente satisfecha con lo que soy.

22 junio
CONCIENCIA DEL PROCESO

> La vida llega en oleadas; oleadas de soledad, y después más oleadas, cuando apenas tenemos tiempo de respirar.
>
> MAY SARTON

Las adictas al trabajo, las adictas a estar siempre ocupadas y las adictas a las prisas se sienten mucho más a gusto y en confianza en los periodos en los que apenas tenemos tiempo para respirar. Sabemos cómo funcionar bajo presión y con plazos colgando sobre nuestras cabezas. En estos periodos es cuando brillamos.

Por desgracia, lo que nos asusta son los periodos de calma y de soledad potencial cuando los proyectos se acaban. Estar sin proyectos o plazos fijos nos mete el miedo en el cuerpo. Por suerte, casi nunca tenemos que enfrentarnos a este terror porque hemos dispuesto nuestras vidas de tal manera que rara vez tenemos un momento para respirar.

Si nos permitimos el tiempo para darnos cuenta, podemos ver que esta marea ascendente y descendente en la vida tiene su razón de ser. Necesitamos tener momentos de respiro. Nuestros cuerpos necesitan descansar de las subidas constantes de adrenalina o, en caso contrario, explotan.

Cuando nos permitimos estar más sanas, empezamos a experimentar y atesorar las «oleadas» de nuestra vida, y a darles la bienvenida como ejemplos de sabiduría infinita.

El océano nunca se cansa del flujo y reflujo de sus mareas. Tengo que aprender algo del océano.

23 junio

TOMA DE CONCIENCIA

En los Estados Unidos de hoy día, la gente está en contra de descubrir cómo beber de su propio manantial.

LYNN R. LAURENCE

Parte de nuestra enfermedad consiste en buscar fuera de nosotras mismas algo que nos solucione la vida. A veces, incluso creemos que Dios o un poder superior a nosotras puede hacerlo todo bien, que solo tenemos que tumbarnos y esperar a que suceda; pero no es así.

Cuando reconocemos que la fuerza que creemos que está fuera de nosotras está realmente en nuestro interior, empezamos a curarnos. La curación es la experiencia de la unidad de todas las cosas y nuestra capacidad para ocupar nuestro lugar en esa unidad.

Para nuestra sociedad, ha sido muy destructivo nuestra actitud de estar orientados/as hacia el otro. El cambio a centrarnos en el «yo», en nosotros/as mismos/as, tampoco ha servido de mucho. Reconocer que somos uno/a con todo y aceptar nuestro lugar en esa unidad nos hace actuar dentro y fuera de nosotros/as.

Mi sed solo puede ser saciada a partir de mi propio manantial y mi toma de conciencia de que dicho manantial es mío y compartido por todo el mundo.

24 junio
VALOR

Este es el arte del valor: ver las cosas como son y creer aún que la victoria no se halla en los que evitan lo malo, sino en los que saborean cada gota de lo bueno con una conciencia viva.

VICTORIA LINCH

¡Qué exactitud en las palabras! El valor no consiste simplemente en ver las cosas tal como son —lo cual es enormemente importante, sino que estriba en aceptar la realidad con la ingenuidad de continuar viendo y experimentando las muchas cosas buenas que nos suceden.

Recuerdo que cuando estaba estudiando el bachillerato me pusieron el apodo de «Pollyanna», porque siempre podía ver algo interesante y emocionante en todo lo que nos sucedía. No siempre me gustaban aquellos informes aburridos y aquella especie de exámenes sádicos, pero, si he de ser honesta conmigo misma, he de reconocer que siempre había aprendido algo cuando habían acabado. A causa del apodo y del sutil juicio que comportaba, empecé a cuestionarme a mí misma. Después de reflexionar un poco, me di cuenta de que Pollyanna era alguien que rechazaba lo negativo y solo veía lo positivo. Yo no lo hacía. Yo veía y aceptaba lo negativo y me deleitaba en lo que era positivo. Como resultado, acabar el bachillerato no fue difícil para mi. Tampoco lo ha sido nunca trabajar.

Una sonrisa, un saludo en el ascensor, unos pocos minutos de tranquilidad... significan saborear cada gota de lo bueno.

25 junio
DESVALORIZACIÓN

He cambiado mi pensamiento negativo por mi adicción al trabajo. Así es como continúo maltratándome.

JUDY

Nuestros sentimientos de desvalorización pueden tomar muchas formas, y una de las más obvias es el automaltrato. Muchas mujeres están empezando a ver que su adicción al automaltrato es su adicción principal.

Es dañino para el ser trabajar demasiado. Es dañino para el ser mantenerse tan ocupado que no tenemos tiempo para nosotras mismas. Es dañino para el ser estar tan ocupado cuidando de los demás que no tenemos conciencia de nuestras propias necesidades. Es dañino para el ser estar tan volcada hacia fuera que hemos perdido el sentido del mismo.

Cuando nos maltratamos a nosotras mismas, es inevitable el maltratar a los demás. Ambas formas de daño son destructivas.

Aunque nos hemos acostumbrado a dañarnos a nosotras mismas, realmente no creo que está bien para mí. Trataré de abrirme a lo que está bien para mí.

26 junio

VIVIR LA VIDA PLENAMENTE

> Cuando hablo de lo erótico, me refiero a la afirmación de la fuerza de vida de las mujeres; a esa energía creativa acrecentada, cuyo conocimiento y utilización estamos recuperando ahora en nuestro lenguaje, nuestra historia, nuestro movimiento, nuestro amor, nuestro trabajo y nuestras vidas.
>
> AUDRE LORDE

¡Qué maravillosa oportunidad la de hoy de poder celebrarnos a nosotras mismas como mujeres! Celebrarnos a nosotras mismas no significa que no nos gustan los hombres o que los echamos por tierra. Simplemente nos celebramos a nosotras mismas y es la única contribución que las mujeres hemos hecho, estamos haciendo y podemos hacer.

Todas nosotras tenemos cualidades que nos son únicas. Nadie más tiene la combinación de cualidades que cada una de nosotras puede ofrecer, y muchas de ellas no las tenemos *a pesar* de ser mujeres, sino porque somos mujeres. No compartir la totalidad de nuestras cualidades de mujer es una forma de ser hiriente y a nadie le gusta serlo.

¡Bravo! ¡Yo me celebro a mí misma!

27 junio
ACCIÓN

Si quieres algo bien hecho, consigue una pareja de mujeres experimentadas para hacerlo.

BETTE DAVIS

Si hay algo que sabemos hacer las «mujeres experimentadas» es conseguir que las cosas se hagan. Las mujeres somos muy prácticas. Poseemos una extraña capacidad para ver cuáles son las necesidades, arremangarnos y responder a ellas.

A veces se nos pasa por alto lo importante que es nuestra cotidianeidad práctica. Añoramos una gran inspiración, un amplio reconocimiento o un salto adelante importante. Pero toda nuestra vida está hecha de tareas ordinarias que tienen que ser hechas. Cuando algo es común y ordinario, solemos no ver su importancia real. Lo que hacemos es importante, y lo hacemos bien. No verlo es una especie de falta de honestidad. Y queremos ser auténticas, ¿verdad?

Soy una «mujer experimentada» competente. Por lo menos, Bette Davis me apreciaba. Tal vez pueda apreciarme a mí misma.

28 junio
TOTALIDAD

¿No te das cuenta de que el mar es el hogar del agua? Todo el
agua está de viaje a menos que esté en el mar, tiene nostalgia y
está obligada a volver a su casa algún día.

ZORA NEALE HURSTON

Todos/as somos como el agua. Estamos de viaje de regreso a nos-
otros/as mismos/as. Algunas de nuestras jornadas nos han llevado muy
lejos, y muchos de nuestros días han estado absorbidos por las orillas
arenosas que nos contienen. Pero continuamos fluyendo como una corriente —abundante y crecida en la primavera de nuestra vidas, y redu-
cida a un hilo, a medida que nos aproximamos al otoño de nuestros
años—. «Retorno, retorno, retorno», murmuramos cuando saltamos
sobre las piedras de nuestros senderos, sabiendo siempre que aunque
podamos atravesar tierras extrañas, nuestro destino es un retorno.

**El agua tiene que retornar al mar, lo mismo que yo tengo que
retornar a mí.**

29 junio
AUTOAFIRMACIÓN / PODER

Piensa en ti misma como un poder incandescente, iluminado tal
vez, y con el que hablan Dios y sus mensajeros [sic].

BRENDA UELAND

Cuando empezamos a estar más en contacto con nosotras mismas
y a aceptarnos por lo que somos, empezamos a alimentar el pensamiento de que podríamos ciertamente ser un «poder incandescente».
Empezamos a sentir nuestro poder, y no como un poder sobre los demás, sino como un poder personal con brillo interno.

Cuando limpiamos la basura de nuestra adicción maniaca, descubrimos un ser espiritual que yace dentro de nosotras, dormido pero no
muerto. Tenemos la sensación de estar en armonía con el infinito, y la
vida parece fácil y fluida. Este sentimiento de unidad no es una ilusión;
es real. Solo cuando aprendemos a afirmar lo que somos, vamos más
allá de nosotras mismas.

**Cuando afirmamos lo que somos, nos convertimos en quienes
somos.**

30 junio
RECUPERACIÓN

La recuperación es un proceso, no un acontecimiento.

ANNE WILSON SCHAEF

Ahora que empezamos a reconocer que trabajar en exceso, andar cuidando siempre de los demás, ir con prisas y mantenerse siempre ocupadas son manifestaciones del proceso de adicción, y es tan enfermizo como las adicciones químicas, queremos pararlo inmediatamente. Desgraciadamente, no es tan fácil. La misma definición de una adicción o de una consulta compulsiva significa algo que nos tiene agarradas y sobre lo que nos sentimos impotentes. No podemos «decir simplemente no». No podemos dejar de hacer lo que hacemos. Esta enfermedad está en las células de nuestros músculos y en la médula de nuestros huesos.

Necesitamos darnos cuenta de que la recuperación es un proceso. Nos llevó tiempo llegar a ese estado, y nos llevará tiempo salir de él. Parte de nuestra enfermedad consiste en querer que todo suceda al mismo tiempo. Necesitamos paciencia con nosotras mismas y apoyo de las demás personas para progresar en nuestro proceso de recuperación.

«Tengo que hacerlo [recuperarme] por mí misma; no tengo que hacerlo sola», son afirmaciones que se oyen con frecuencia en los círculos de recuperación.

1 julio
Amabilidad

No he sido amable..., he sido una gallina.

Claudia

Como mujeres, no se nos ha educado para ser amables. *Hacemos* cosas «agradables» para la gente, *decimos* cosas agradables y *somos* «amables». Muchas de nosotras creemos que si dejamos de ser amables, tenemos que ser desagradables. Habiéndonos aburrido de nuestra amabilidad, muchas hemos experimentado con la posibilidad de ser desagradables.

Las que intentamos aclararnos con nosotras mismas y con las demás personas, hemos descubierto que nuestra amabilidad está íntimamente vinculada a nuestra falta de autenticidad. Si queremos ser más auténticas, tenemos que estar dispuestas a soltar nuestra «amabilidad». Al soltar nuestra amabilidad, descubrimos que somos más honestas. Ser honestas con nosotras mismas y con nuestras vidas es un paso esencial hacia la salud. Para ser más auténticas, tenemos también que abandonar el ser «gallinas» y arriesgarnos.

Con frecuencia, cuando decimos que estamos siendo amables para proteger a otras personas, la persona que estamos realmente protegiendo es a nosotras mismas.

2 julio
VIVIR LA VIDA PLENAMENTE

He hecho un gran descubrimiento. Lo que amo me pertenece.
Pero no las sillas y las mesas de mi casa, sino las obras maestras del
mundo. Solo es una cuestión de amarlas suficientemente.

ELIZABETH ASQUITH BIBESCO

Nos quedamos demasiado atrapadas en las posesiones. Nos descubrimos de repente necesitando poseer lugares, personas y cosas. Intentamos poseer nuestras vidas, y creemos que podemos poseerlas. Tenemos que aprender de la mariposa que brilla posada en nuestra mano. Si la contemplamos y la admiramos mientras ella decide permanecer por un instante, somos bendecidas por su belleza. Si intentamos retenerla, la matamos. Es en la ausencia de intentar poseer cuando realmente tenemos.

Imagina lo que significa realmente que podemos tener todos los tesoros del mundo: no poseerlos, sino apreciarlos, disfrutarlos..., vivir con ellos.

¿Soy capaz de amar tanto que puedo apreciar lo que no poseo? Espero que sí.

3 julio
HUMOR

Oye tú, viejo pellejo negro, me dejas fría; me pareces un viejo
paquete de plástico arrugado, con tus grandes orejas aleteando a los
lados de tu cabeza como las alas de un buitre.

ZORA NEALE HURSTON

Me gustan los escritos de Zora Neale Hurston. Tienen la cualidad
de ir al meollo de las cosas, y lo hace con humor y claridad. ¿Cuántas
veces hemos tenido pensamientos similares a los expresados en la cita,
y no nos hemos permitido disfrutar las cosquillas y las risas en nuestra
cabeza? Hacemos la vida tan *seria* y que las cosas sean tan *importantes*,
que no nos atrevemos a reír por miedo a ofender.

Para no ofender a nadie, nos convertimos en personas sin humor y
con vidas sin gracia. ¡Qué tonto!

**Pienso que puede ser útil recordar que nuestro humor añade
color a un mundo que se ha hecho gris y desatento.**

4 julio
AUTOESTIMA

Las personas me llaman feminista cuando expreso sentimientos
que me diferencian de un felpudo o de una prostituta.

REBECCA WEST

Cuando una mujer cree que es igual, se la mira con lástima. Cuando afirmamos lo que conocemos y lo que creemos, se nos llama agresivas y poco femeninas. Cuando afirmamos que las mujeres son maravillosas y que estamos orgullosas de ser mujeres, se nos dice que estamos contra los hombres.

Cuando manifestamos nuestras percepciones, se nos dice que no entendemos la realidad. Cuando ponemos por delante nuestros valores, se nos llama locas y se nos reprocha que no entendemos la manera en que funciona el mundo. ¿Es así de extrañar que a veces tengamos dificultades con la autoestima?

El apaleamiento adopta muchas formas. Mi autoestima es constantemente asaltada, pero es realmente mía cuando llego a su esencia.

5 julio
AISLAMIENTO

Yo creo mis propias prisiones. Nadie más me está cercando con estos muros.

MICHELLE

Raras veces reconocemos la construcción de nuestras celdas hasta que están construidas. Somos engañadas por su apariencia ilusoria: aparentan seguridad, prestigio, poder, influencia, dinero y aceptación. Solo cuando su construcción se ha completado, nos damos cuenta de que estamos encerradas en un espléndido aislamiento. ¿Cuándo ocurrió? Miramos hacia atrás a nuestro trabajo y a nuestras vidas por solo un segundo y acabamos descubriendo que nuestras ilusiones de seguridad se han convertido en una prisión benévola. Las prisiones tienen espacio para las fantasías, pero no para los sueños.

Hemos valorado mal nuestras prioridades. No queremos el aislamiento del éxito a toda costa. De alguna manera, pensábamos que podíamos «tenerlo todo» y ahora todo nos tiene a nosotras.

Mi aislamiento ha sido producido por mis actos; por lo tanto, salir afuera a pedir ayuda también puede ser otro acto mío.

6 julio
EL PERDÓN / ENMIENDAS

> Le dolían los pechos y los brazos con la belleza de su propio
> perdón.
>
> MERIDEL LE SUEUR

Dolerme algo perdonándome es aceptarme totalmente. Todas necesitamos el perdón. En nuestra enfermedad hemos dañado a las personas que estaban más cerca de nosotras. Este es uno de los aspectos más dolorosos de las enfermedades de adicción: herimos a las personas que más queremos. Y nos herimos nosotras cuando herimos a las personas que amamos. Cuando nos preparamos para rectificar con los demás, primero tenemos que rectificar hacia nosotras mismas y perdonamos por los errores que hemos cometido. Solo entonces podemos estar realmente preparadas para rectificar con los demás.

Sin duda, existe una gran belleza en el perdón de nosotras mismas. Podemos ser directas y sin ostentación en nuestro propio perdón.

Tengo necesidad de perdón. Tengo necesidad de perdonarme.

7 julio
AMIGAS

> Desde la primera vez que encontré a la pequeña niña hasta el momento de su muerte reciente, fuimos amigas durante setenta años.
>
> SRA. MARY E. ACKLEY

«Éramos amigas», una afirmación tan simple, pero tan poderosa: «Éramos amigas». Cuántas de nosotras pueden decir realmente que éramos amigas.

Una de las realidades devastadoras de estar siempre ocupadas y de hacer demasiado es que tenemos cada vez menos tiempo para la amistad.

Tenemos que organizar citas para cultivarla. Pasar simplemente el tiempo con una amiga parece un lujo, o incluso algo inadecuado. O también asumimos que somos amigas, pero no hacemos nada para alimentar la relación. Tratamos a las amigas como nos tratamos a nosotras mismas, y esto no es muy agradable.

No es posible vivir una vida rica y plena sin amigos/as. Tengo que ser una amiga para tener al menos una amistad.

8 julio
EVOLUCIÓN

Lo que más me gusta es ir donde nunca he estado.

DIANE ARBUS

Ir donde nunca hemos estado, sea interna o externamente, siempre es excitante. Esta excitación puede ser ocultada por el miedo y una sensación trepidante. Pero siempre he encontrado que en alguna parte profunda dentro de nosotras nos animamos cuando tenemos la oportunidad de explorar lo desconocido.

Los hombres no son los únicos exploradores. Las mujeres también somos exploradoras. Tal vez nuestras exploraciones adopten formas diferentes: a nosotras nos encanta intentar nuevas recetas; nos gusta poner en práctica una nueva idea o una nueva ideología; adoramos visitar sitios nuevos y aprender de culturas diferentes. Somos especialmente adeptas a lanzarnos con valor en las zonas desconocidas de nosotras mismas y de los demás. A pesar de nuestros miedos, existe una búsqueda de la verdad en cada una de nosotras.

Prefiero un mapa de carreteras para mis viajes, pero estoy dispuesta a viajar sin ninguno si es necesario.

9 julio
ENTUSIASMO

Se necesita algo en lo que creer, algo en lo que se pueda poner todo el entusiasmo a corazón pleno. Necesitamos sentir que la vida tiene un sentido, de que se nos necesita en el mundo.

HANNAH SENESH

Hace varios años tomé una decisión drástica. Decidí que solo trabajaría en aquello que me entusiasmase. Yo era psicoterapeuta, conferenciante, y dirigía seminarios prácticos. Esta decisión me aterrorizó, puesto que yo era madre sin pareja y tenía responsabilidades económicas.

Decidí no aceptar ningún/a cliente que no me entusiasmase. No daría ninguna conferencia ni dirigiría ningún seminario práctico o taller por el dinero, el prestigio o el ego. Solo haría lo que me pareciera *justo* hacer. Solo haría las cosas que me parecieran intuitivamente relacionadas con el sentido y propósito de mi vida. Yo temía acabar siendo una marginada, una mujerzuela y morirme de hambre, a pesar de que ingresaba más dinero que antes desde que tomé esta decisión. Todavía vivo mi vida basada en esta decisión.

No digo que esto funcione para todo el mundo, pero ha funcionado para mí.

10 julio
AGOTAMIENTO

> Vinisteis como un ejército solemne a aportar una nueva vida al hombre [sic]. Arrancasteis esa vida de la que ignorabais todo de su meollo y les dijisteis cómo tenía que ser. Les quitasteis cada hora, cada minuto, cada nervio y cada pensamiento hasta en los más remotos rincones de sus almas; y les dijisteis cómo tenía que ser. Vinisteis y prohibisteis la vida a los seres vivos.
>
> AYN RAND

Parece que Ayn Rand está hablando sobre este sistema masculino de hombres blancos y adictivo en el que vivimos, un sistema que es ajeno a las mujeres por nacimiento, y del que hemos llegado a creer que es necesario participar para sobrevivir. Pero esta no es la realidad: es un sistema, y como sistema no contiene más verdad que otro sistema diferente. Por desgracia, hemos sido enseñadas en que dicho sistema es la realidad, a pesar de que, a ciertos niveles, sabemos que no lo es. Además, desgraciadamente, este sistema se alimenta de adicciones y las necesita para que podamos tolerarlo. Afortunadamente, tenemos otras opciones.

Estoy cansada de ser alguien que no soy.

11 julio
METAS

Es bueno tener un final en cada jornada; pero, al final, es la jornada lo que importa.

ÚRSULA K. LE GUIN

Cuando recordamos que la vida es un proceso, este recuerdo nos ayuda a plantear nuestro establecimiento de metas en perspectiva. El propósito de establecer las perspectivas es el de ofrecernos una estructura temporal en la que actuar. Lamentablemente, cuando empezamos a creer que la estructura es sólida y real, perdemos el contacto con el proceso de llegar a ella. Es por eso por lo que con frecuencia nos sentimos tan deprimidas y nos desplomamos cuando alcanzamos nuestras metas. No nos hemos permitido disfrutar la experiencia de la jornada, y cuando alcanzamos el fin, hemos perdido la jornada.

Estar en el presente nos permite experimentar la jornada y responder a su proceso. Cuando actuamos de esta manera, vemos que todas nuestras metas son solo ideas temporales que cambian a medida que nos acercamos a ellas.

Cada día es una jornada. Cada día es un proceso.

12 julio
Culpabilidad / Tiempo para estar sola

> Quería llegar aquí sola y varias personas me pidieron si podían venir conmigo. No os puedo ni decir lo difícil que ha sido llegar por mí misma.
>
> Mary

Con frecuencia nos sentimos culpables cuando hacemos algo solas. Hemos aceptado tanto el mandato de estar conscientes de los sentimientos de los demás, de cuidarlos y de ponernos las últimas, que muchas veces nos sentimos incómodas incluso de *tener* necesidades. ¡Qué egoísta parece negarnos a recoger a alguien en el coche cuando de todas maneras vamos en la misma dirección. Seguramente podíamos salir de nosotras un poco. Incluso si nos negamos a la demanda, ¿no nos vamos a ver sobrepasadas por la culpabilidad, y de todas maneras tampoco disfrutaríamos? ¡Qué situación de «pierde pierde»!

Tal vez podríamos utilizar este tiempo de estar solas para explorar nuestra culpabilidad y aprender de ella. Incluso tener tiempo para explorar la culpabilidad requiere tiempo para estar sola. Quizá necesitemos esta exploración desesperadamente.

Cuando digo «no» a una demanda de mi tiempo, no estoy separándome de la persona que me lo pide, sino que me estoy permitiendo actuar para mí misma.

13 julio
RESPONSABILIZARSE

No voy a limitarme solo porque la gente no quiere aceptar el
hecho de que puedo hacer algo diferente.

DOLLY PARTON

Existe una gran diferencia entre intentar controlar nuestras vidas y
responsabilizarnos de ellas. Intentar controlar nuestras vidas nos coloca
en una posición de fracaso antes de empezar, y causa un dolor y un sufrimiento innecesario y sin fin.

Responsabilizarnos de nuestras vidas significa poseer nuestras vidas
y tener la «responsabilidad» de las mismas, y después dejarlas fluir.
Responsabilizarnos dentro de nuestras vidas significa que no actuamos
para impresionar, conformándonos con lo que los demás quieren que
seamos. También significa que no aceptamos su juicio de lo que no podemos ser, y que no nos detenemos ahí.

**Cuando abandono mi necesidad de control, estoy en mejor po-
sición para responsabilizarme y recibir información de mi poder
superior a mí misma.**

14 julio
ESTAR DESGARRADAS

Cuando estás en el trabajo, piensas en los hijos que has dejado en casa. Cuando estás en casa, piensas en el trabajo que dejaste inacabado. Esta lucha se desencadena dentro de ti. Tu corazón está alquilado.

GOLDA MEIR

Estar desgarrada significa algo que se da por hecho en las mujeres que llevan un hogar y además tienen otro trabajo. Muchas de nosotras han intentado ser supermujeres y casi lo hemos logrado. Pero incluso cuando resulta que lo «estamos haciendo» con éxito en ambos campos, nos damos cuenta de que internamente nos sentimos desgarradas y culpables en relación con la familia. Frecuentemente, el resultado es que ponemos nuestra frustración en nuestros/as hijos/as, lo cual aumenta nuestra culpabilidad. Nos sentimos como una cuerda de violín tensa y a punto de saltar.

Tal vez ya es hora hablar con nuestras familias y decirles cómo nos sentimos. Probablemente, necesitan oír que realmente *queremos* estar con ellas y que no sabemos cómo equilibrar nuestras vidas. Quizá, incluso se sientan aliviadas de saber que sentimos que nuestras vidas están sobrepasadas (lo cual todo el mundo, salvo nosotras, ya ha admitido).

La simple honestidad funciona para muchas cosas. Tal vez no debería escatimarla utilizándola solo en ocasiones especiales.

15 julio
CREATIVIDAD

Creo que una receta es solo una melodía que una cocinera inteligente puede tocar cada vez con diferentes variaciones.

MADAME BENOIT

Suena muy simple: solo dos requisitos para que la creatividad encuentre su vía.

Tranquilidad —la palabra suena familiar—. Apenas podemos recordar momentos de tranquilidad. ¿O fueron en los momentos en que estábamos durmiendo?

Un estiramiento ininterrumpido del tiempo... Tiempo simplemente para nosotras mismas, sin agenda, ni plazos, ni necesidades de los demás imponiéndosenos.

Añoramos la tranquilidad y el tiempo sin interrupción. Sin ambos requisitos la recuperación no es posible. El contacto con nuestro Poder Superior es imposible sin ambos.

Nadie va a procurarme un tiempo de tranquilidad. Tengo que procurármelo por mí misma.

16 julio
EQUILIBRIO

Las mentes creativas siempre se han conocido por ser capaces
de sobrevivir a cualquier clase de mal adiestramiento.

ANNA FREUD

Aunque su padre creía que nuestras vidas quedan determinadas en los primeros cinco años, Anna Freud parece haber ido más lejos. Si bien estamos afectadas por nuestro pasado y nuestra educación, cada persona tiene dentro de sí la posibilidad de ir más allá.

Desgraciadamente, cuando intentamos no ser como nuestros padres, quedamos atrapadas en la misma trampa que cuando *tenemos* que ser como ellos. En cualquiera de los dos casos, estamos determinadas por nuestro pasado y controladas por nuestras reacciones a nuestro pasado. Algunas personas pasamos toda nuestra vida dudando entre estas dos posiciones.

Pero tenemos otra elección. Dicha elección consiste en reconocer nuestro pasado y ser nosotras mismas.

La tercera opción es ser yo. Ahí es donde reside mi creatividad.

17 julio
CONTROL

Siendo el cambio la única certidumbre de nuestra vida, y yendo este cada vez más deprisa en una especie de juego tecnológico de salto de la rana, la velocidad ayuda a la gente a creer que se mantiene al día.

GAIL SHEEHY

Nuestro espejismo de control muere lentamente. Cuanto más cambiantes e inciertas son nuestras vidas, más caemos en nuestra ilusión favorita de que si no podemos responsabilizarnos simplemente, por lo menos podemos controlarlo todo. Hemos olvidado de que hay una diferencia entre controlar y facilitar un buen trabajo. Los consultores de gestión Robert Blake y Jane Mouton desarrollaron el concepto del estilo de retroceso para los directores de empresa. Con independencia de cuántos directores de empresa estén formando o de lo inteligentes y educados que sean, en condiciones de estrés recurren al estilo de retroceso, que frecuentemente consiste en querer controlar la situación. Por desgracia, el control nunca funciona. Ni siquiera es posible. Esta es una de las razones por las que sentimos estos fracasos.

Poner una situación bajo un Poder Superior no es fácil en condiciones de estrés, aunque probablemente es cuando más necesario es hacerlo.

18 julio
IMPOTENCIA

> He descubierto que puedo acortar mi semana laboral hasta llegar a las quince horas por semana, y que todavía puedo seguir siendo una adicta al trabajo.
>
> MICHELLE

A las adictas al trabajo, a las prisas y a estar siempre ocupadas, nos es casi imposible admitir que somos impotentes respecto a nuestra enfermedad. Con lentitud y, frecuentemente, con dolor tomamos conciencia de que simplemente *no podemos parar,* incluso aunque quisiéramos hacerlo. Si no estamos ocupadas haciendo algo, nos sentimos ansiosas y sin valor. Hemos organizado nuestras vidas en torno al trabajo y simplemente no podemos parar. Esto es impotencia. Nos damos cuenta progresivamente de que nuestro estado de ocupación permanente y nuestro trabajo interfieren en nuestras vidas. Nuestras vidas se vuelven ingobernables. Hay demasiadas cosas por hacer.

Para nosotras es difícil admitir la impotencia, porque podemos hacer más que los demás y estamos orgullosas de tener todo bajo control. A medida que nos hacemos conscientes de que nuestro control es un descontrol, tal vez estemos listas para empezar un camino de recuperación de nuestras vidas.

Solo reconociendo mi impotencia respecto a mi trabajo y a mi estado de ocupación permanente puedo empezar a curarme.

19 julio
TIEMPO PARA ESTAR SOLA / SER RESPONSABLE

Por cada cinco personas americanas centradas y que funcionan bien, existen dos que nunca han tenido la oportunidad de descubrirse a sí mismas. Tal vez se deba a que nunca estuvieron solas consigo mismas.

MARYA MANNES

Siempre se oye a las supermujeres decir: «Sé que tener tiempo para mí es importante. Pero no me es posible. Tengo demasiadas responsabilidades».

Una siempre se pregunta por qué las mujeres que parecen tan poderosas y estar en la cima de sus vidas pueden volverse tan impotentes respecto a determinar qué hacer con su tiempo. Nuestra impotencia parece ser permanente y con frecuencia solo emerge en relación con *nuestras* necesidades.

Como mujeres de éxito, solemos a menudo tener menos éxito en cuidar de nosotras mismas. Necesitamos una educación en autoayuda.

Las elecciones que hago acerca de mi tiempo son mías (¡incluso aunque no lo parezcan!).

20 julio

INTIMIDAD / EXCUSAS

> A causa de esa necesidad de concentrarse totalmente en su trabajo, George Sarton había desarrollado una enorme resistencia a cualquier cosa que pudiera perturbarla, como, por ejemplo, la salud o la falta de salud de mi madre.
>
> MAY SARTON

¡Qué fácil es centrarnos en nuestro trabajo y no ver las necesidades de las personas que nos rodean! A menudo utilizamos nuestro trabajo como una excusa para evitar la intimidad con nosotras mismas y con los demás. No importa de qué trabajo se trate, si es «trabajo» ya está justificado.

Con frecuencia pedimos a las personas que amamos hacer enormes sacrificios en nombre de nuestro trabajo, y nos volvemos insensibles y egoístas al pedirlo. El trabajo es lo que importa. Las mujeres adictas a sus tareas domésticas son tan maniacas como las adictas a los negocios. Ambas vías pueden ser escapatorias de la intimidad.

La recuperación nos ofrece la posibilidad de intimidad con nosotras mismas y con los demás. Sin embargo, para experimentar la alegría de la recuperación tenemos primero que admitir lo que estamos haciendo.

La intimidad es como un vaso de agua fresca para un alma dedicada al trabajo. Incluso un solo sorbo puede hacer crecer flores en el desierto.

21 julio
CONCIENCIA DEL PROCESO / MIEDO

Ahora algunas personas, cuando se sientan para escribir y no les viene ninguna inspiración, ninguna buena idea, se aterrorizan tanto que beben enormes cantidades de café bien fuerte para acelerarlas, o fuman paquetes y paquetes de cigarrillos, o toman drogas, o se emborrachan. No saben que las ideas vienen lentamente, y que cuanto más clara, tranquila y sin estímulos se esté, más lentamente vienen las ideas, pero las que vienen son mucho mejores.

BRENDA UELAND

Uno de los efectos secundarios de nuestra actividad excesiva es que empezamos a tomar sustancias químicas y otras sustancias que crean adicción para mantenernos en marcha. Así, nuestra adicción a hacer demasiado se complementa con una colección compleja de otras adicciones.

Otro de los efectos secundarios de ser mujeres que hacemos demasiado es que nos encontramos progresivamente sin contacto alguno con nuestra creatividad y productividad.

Brenda Ueland utiliza el recurso de convertirse en escritora para volvernos a nosotras mismas. La verdad de lo que dice no solo se aplica a las escritoras, sino a todas nosotras. Nuestra creatividad y nuestra productividad siempre sufren cuando utilizamos sustancias que crean adicción con el objeto de forzarlas.

No necesito *hacer* nada para que emerja mi creatividad. Probablemente necesito *dejar de hacer* algunas cosas.

22 julio
ÉXITO

La vida es una sucesión de momentos. Vivir cada uno de ellos es triunfar.

CORITA KENT

Tal vez el problema no sea el concepto de éxito, es la manera en que lo definimos. Si definimos el éxito como tener una gran cantidad de dinero, alcanzar lo alto de la escala en una organización, dos BMW en el garaje y una casa de diseño, el éxito puede ser peligroso para nuestra salud.

Si definimos el éxito como vivir cada momento sucesivo con toda su plenitud, podemos tener dinero, prestigio y posesiones, y este éxito puede que *no* sea desastroso para nuestra salud. La diferencia es la actitud y las creencias que están detrás de dicha actitud.

De hecho, suele ser más fácil juntar los ingredientes del éxito que vivir una vida plena de éxitos. Vivir una vida así exige presencia, nuestra presencia en cada momento.

El éxito confunde. ¿Es lo que tengo o lo que me tiene? Probablemente, ninguna de las dos cosas.

23 julio
ACEPTACIÓN / AUTOCONFIANZA

Un descubrimiento chocante, dado que esas ciento cuarenta y
tres mujeres tenían un coeficiente intelectual normal, fue su falta de
confianza en sus capacidades y la creencia de que su parte intelectual
era efímera o no estaba desarrollada.

CAROL TOMLINSON-KEASEY

La gente ha dicho que el movimiento de las mujeres es la única revolución en la que la avanzadilla del enemigo está en nuestras propias
mentes (lo cual no quiere decir que tengamos que pensar en términos
de enemigos). Nos gusta pensar que las mujeres hemos superado nuestra programación negativa y que realmente nos sentimos bien con nosotras mismas. Entonces leemos un estudio como el realizado por Carol
Tomlinson-Keasey y sentimos una profunda tristeza por un grupo de
mujeres inteligentes que no creen en ellas mismas ni en sus capacidades.

Somos conscientes de que esas mujeres que desconfían de sí mismas
y de su intelecto, en el fondo, no son muy diferentes a nosotras mismas.

Tal vez mostremos un buen frente, pero sabemos que todavía quedan escondidos esos pequeños miedos nimios de que quizá no seamos
lo suficientemente buenas.

**Me pongo triste cuando las mujeres no se valoran a sí mismas.
Me pongo triste cuando no me valoro a mí misma. Me permitiré
sentir mi tristeza.**

24 julio
ACEPTACIÓN / HUMILDAD

> Pero si vas tú y le preguntas al mismo mar, ¿qué te dice? Murmura, murmura, se agita, se agita. Siendo el mar, está demasiado ocupado para decir algo de sí mismo.
>
> ÚRSULA K. LE GUIN

Nadie que se haya sentado alguna vez a la orilla del mar y que haya experimentado su poder eterno y su gentileza puede tener alguna duda de que el mar sabe justamente que él es eso, el mar. La naturaleza tiene una enorme capacidad de ser exactamente lo que es, sin ninguna pretensión... y ni siquiera tiene que detenerse a pensar sobre ello.

Cuando tenemos que hacer un alto y pensar en quiénes somos, no estamos siendo lo que somos. Cuando intentamos ser alguien que creemos que deberíamos ser, no estamos siendo lo que somos. Cuando intentamos ser alguien que se nos ha dicho que deberíamos ser, no estamos siendo nosotras mismas. Para ser yo misma, tengo que *ser*.

La naturaleza enseña grandes lecciones de humildad. Para aprender de ella, tengo que estar en ella.

25 julio
MARAVILLA

Tomo el sol y escucho las horas, haciéndose y deshaciéndose bajo los pinos, y huelo la resma de las altas horas encubiertas de medianoche. El mundo está perdido en una neblina azul de distancias, y lo inmediato duerme en un delgado sol finito.

ZELDA FITZGERALD

Leo esta cita y me siento perdida en la maravilla, la maravilla de la belleza de las palabras y de las frases. Lo leo y recuerdo la maravilla de tomar el sol espontáneamente encima de unos troncos bañados de luz, mientras que el sol sobre mi piel acrecentaba el olor mezclado del perfume del bosque y del acre del pino impregnando mi piel. Puedo recordar al principio las horas deshaciéndose a mi alrededor, y después desapareciendo en un murmullo, mientras que mi cuerpo se relajaba en la tierra y en mí misma. El mundo parecía muy lejano, y no había necesidad de acercarlo más.

La maravilla es un don de la vida. Vivir es el don de la maravilla.

26 julio
CONFIANZA

La naturaleza nos ha creado con la capacidad de conocer a Dios, de vivirlo.

ALICE WALKER

A menudo pensamos que tenemos que esforzarnos para conocer a Dios y que tenemos que tener expertos que nos enseñen cómo conocer nuestro Poder Superior.

Qué maravillosa sorpresa es descubrir de repente que la capacidad de conocer a Dios y de conectar con nuestro Poder superior actúa dentro de nosotras, y darnos cuenta de que, en lugar de tener que trabajar esta conexión, solo tenemos que admitir que existe. Tal vez hayamos perdido nuestra conciencia de nuestra relación con nuestro Poder Superior, pero la conexión nunca ha cesado. Ocurría simplemente que nuestra conciencia había disminuido y se había oscurecido.

Tengo todo lo que necesito dentro de mí para conocer y experimentar mi Poder Superior. Todo lo que tengo que hacer es salir de mi rutina.

27 julio
Perfeccionismo / Soledad

«Resulta que pertenece a un tipo [de mujer americana] que yo solía encontrar… de las que van a conferencias. Y, después de todo…, sorprendentemente, su energía…» Y continuó diciendo: «Son perfectamente capaces de tener tres o cuatro hijos, llevar la casa, estar al tanto del arte, de la literatura, de la música —superficialmente, por supuesto, pero, ¡por Dios, ya es algo!— y, además de todo ello, mantener un empleo. Algunas han pasado también por dos o tres maridos, solo para evitar el estancamiento».

DODIE SMITH

Pone los nervios de punta verse representadas por escrito. Hemos aprendido a salir adelante. Hemos aprendido a ser «supermujeres». Así pues, ¿qué hay de extraño si no podemos profundizar en nada? ¿Cómo podríamos hacerlo? Simplemente, no tenemos tiempo. Nuestro mayor miedo es no saber suficiente o no ser suficientes. Nos sentimos inadecuadas cuando no podemos hablar inteligentemente sobre casi cualquier cosa y hacerlo todo. Nos gustaría tener más relaciones íntimas, pero no tenemos el tiempo, porque somos mujeres «perfectas».

Somos mujeres «perfectas», y ser perfectas es aburrirnos a nosotras mismas y a los demás.

28 julio
REALIDAD / RECHAZO

¡Llenamos nuestras mentes de palabras! Estas nos hipnotizan
enmascarando la verdad, incluso cuando la verdad se presenta cru-
damente ante nuestros ojos. Para descubrir la realidad que subyace,
he aprendido a escuchar únicamente a la acción.

JUDITH M. KNOWLTON

Abandonar nuestra capacidad de discernir la realidad es una de las
características de la adicción. Como dice la bien conocida psicoterapeuta
Marion Woodman, «en la adicción creas una fantasía e intentas vivir en
ella». A menudo, las mujeres que hacemos demasiado somos muy cré-
dulas a un nivel muy profundo. *Queremos* creer lo que los demás nos dicen y no queremos tener que estar a la defensiva todo el tiempo. Como
consecuencia, muy frecuentemente nos sentimos tristes y resentidas
porque descubrimos que estamos tratando con nuestras ilusiones y no
con la realidad. No es que no percibamos la realidad. La percibimos.
Simplemente, no queremos enfrentarnos a ella. Por el contrario, nos que-
jamos y quedamos heridas. Siempre que quitamos nuestros filtros, podemos ver la realidad. Y, a largo plazo, la realidad es siempre más fácil
de enfrentar que la fantasía.

**Las acciones dicen más que las palabras, y cuando creo en lo
que los demás hacen y no escucho mucho lo que dicen, me siento
más sana.**

29 julio

Dime,
Madre,
¿qué es lo que te
ha quitado el alma
de una manera
tan cruel?

CHUNGMI KIM

Uno de los efectos de la enfermedad adictiva es que destroza tu integridad. Nos vemos haciendo cosas en el trabajo que están en contradicción con nuestro sistema de valores, y no decimos nada. Somos regañadas por algo de lo que no éramos responsables, y no decimos nada. Actuamos de maneras que no están en armonía con nuestra moral personal.

La adicción a hacer demasiado es exactamente como cualquier otra adicción, en el sentido de que nos coloca en una posición en la que estamos dispuestas a hacer cualquier cosa para conseguir nuestro «subidón de adrenalina», para obtener nuestra «dosis». Nos vemos participando en decisiones que son erróneas para nosotras, nos descuidamos y descuidamos a nuestras familias. Hemos perdido nuestra integridad.

Cuando pierdo mi integridad, lo mismo que la madre de Chungmi Kim, he perdido mi alma (o por lo menos la he colocado en un lugar que no le corresponde).

30 julio
CONTRADICCIONES

> Si pudiera saber lo que está pasándome tan bien como veo lo
> que pasa a los demás, ya estaría «centrada».
>
> PAT

Gran parte de nuestras vidas está formada por contradicciones flagrantes. Juramos que nunca seremos como nuestras madres, y después nos encontramos desafinando la misma nota. Sabemos que no queremos manipular a nadie, y después nos pillamos haciéndolo.

Parecemos ver tan claro «afuera», mientras que «dentro» es un lío. Calma, todo forma parte del proceso de adicción. Se llama rechazo. Trascender el rechazo en lo que sucede realmente en nuestras vidas es el primer paso de la recuperación.

Tal vez lo que percibimos «fuera» es lo que necesitamos ver «dentro». Lo comprobaré.

31 julio
FELICIDAD / DEPRESIÓN

Siendo niña… pensaba que el éxito reflejaba la felicidad. Estaba equivocada; la felicidad es como una mariposa que aparece y nos deleita durante un breve instante, pero muy rápidamente se desvanece.

ANNA PAVLOVA

No hay diferencia entre felicidad y depresión. Ambas tienen el mismo proceso. Solo el contenido es diferente. Ambas van y vienen. La mayor diferencia entre las dos es lo que *hacemos* con ellas.

Siempre estamos buscando la felicidad. Cuando la vemos venir decimos: «Oh, ven aquí, te he visto. Permanece conmigo para siempre». La felicidad se ríe y dice: «Oh, ella me ha visto, ahora me puedo ir». Y se va.

En cuanto a la depresión, la vemos venir y decimos: «Vete, no te quiero conmigo». Y la depresión saluda y dice: «Aquí estoy de nuevo. Voy a crecer cada vez más, hasta que ella me oiga y aprenda lo que tengo que enseñarle». Así pues, nos da un golpecito en el hombro y dice: «Por aquí, por aquí», hasta que capta nuestra atención. Entonces se va.

Tanto la felicidad como la depresión tienen algo que enseñarnos. Ambas vienen y se van. Ambas volverán. Es nuestra respuesta y la apertura a aprender de ambas lo que marca la diferencia.

Mi felicidad es un regalo. Mi depresión es un regalo. Ambas son como mariposas en mi vida.

1 agosto
ALEGRÍA

> No todas las canciones son religiosas, pero apenas hay tarea, ligera o pesada, apenas un acontecimiento, grande o pequeño, que no tenga la canción que le corresponde.
>
> NATALIE CURTIS

¿Cuánto tiempo ha pasado desde que nos permitimos por última vez saborear la alegría pura de escuchar música? No estoy hablando de las canciones en la radio que se amontonan mientras conducimos por la autopista. Estoy hablando de la alegría jubilosa de dejarnos bañar por la música que más nos gusta.

Igualmente, ¿cuándo fue la última vez que nos permitimos escuchar la melodía de la tarea que estábamos haciendo? Cuando hacemos demasiado, perdemos nuestra alegría de hacer y solo vemos la tarea por hacer y los plazos en los que tenemos que acabarla. Pero, aunque no nos demos cuenta de la música de nuestro trabajo, sigue estando ahí. No tenemos más que escuchar.

Hoy tengo la oportunidad de abrirme con alegría a la música que me rodea.

2 agosto
FIESTAS / VACACIONES

Los viajes no solo activan la sangre... También fortalecen el
espíritu.

FLORENCE PRAG KAHN

Parte de la destructividad de ser mujeres que hacemos demasiado
es que no nos damos tiempo para las cosas que «activan la sangre» y
«fortalecen el espíritu». Simplemente, no nos damos tiempo para tomar
unas vacaciones y hacer algún viaje con las personas que queremos.
Y cuando lo hacemos, solemos hacerlo como el resto de nuestra vida:
corriendo, con prisas y frenéticas.

Las vacaciones significan un cambio de ritmo, ser cariñosas con nosotras mismas, un periodo de reposo y renovación, una época para
abrirnos y conocer personas nuevas, países nuevos, nuevos caminos y
nuevas opciones. La misma novedad abre la posibilidad de ampliar nuestro espíritu y de expulsar las partículas estancadas de nuestra sangre.

**Tomar unas vacaciones es algo que nos debemos a nosotras
mismas y a las personas que nos rodean.**

3 agosto
LIBERTAD

> ¿Acaso venderías los colores de tu puesta de sol y la fragancia
> de tus flores, y la maravilla apasionada de tu bosque por un credo
> que no te permitiera danzar?
>
> HELENE JOHNSON

¿Lo harías? ¿Lo has hecho? ¿Qué clase de credo hemos aceptado que nos dice que no valemos nada salvo si trabajamos hasta reventar? ¿A qué clase de credo nos hemos adherido que nos dice que *hacer* es superior a *ser*? ¿Qué creencia hemos aceptado que sugiere que si nos estamos moviendo de un lado a otro y apresurándonos no tenemos ningún valor?

No tenemos tiempo para puestas de sol, fragancias de flores o «maravillas apasionadas de nuestros bosques». ¿Existen todavía todas estas cosas?

Danzar debe ser seguramente cosas de paganos que no tienen que ganar dinero. Solíamos bailar antes de convertirnos en personas tan importantes.

Cuando un credo no está articulado como tal y es asumido como si fuera la realidad, no tenemos mucha libertad de elección.

4 agosto
TRABAJO / VERDAD

Yo fui educada para creer que lo único que valía la pena hacer
era añadir al mundo la suma de una información precisa.

MARGARET MEAD

Vivimos en una época en que la información es tan intensa y su intercambio tan rápido que la mente queda titubeante. Somos bombardeadas constantemente con nuevos temas, nueva información científica, nuevas ideas y nuevas posibilidades. ¿Dónde podemos colocarlas? ¿Cuál es nuestro lugar en todo esto?

Como mujeres, muchas veces dejamos de lado nuestro saber e intentamos adaptar nuestra información o nuestras percepciones para que sean aceptables por los demás. Al hacerlo, nos quedamos sin el mundo de nuestro conocimiento acumulado. La información correcta es importante en el mundo. La información correcta procedente de una gran variedad de perspectivas es *esencial*.

Yo ocupo un lugar en el mundo y mi información es importante.

5 agosto
AMBICIÓN

> ¿Por qué escalas montañas filosóficas? Porque valen la pena ser
> escaladas… No hay ninguna montaña que se pueda caminar hacia
> abajo, excepto que comiences por la cumbre.
>
> MARGARET THATCHER

Una de las características de una persona inteligente es ser capaz de distinguir lo que vale la pena hacer y lo que no, y poder establecer las prioridades. Lo importante de escalar tal vez no sea alcanzar la cima. Se puede ir montaña abajo a partir de la mitad o de los tres cuartos del camino hacia arriba. O quizá sea más interesante ir rodeando la montaña.

Para tener la oportunidad de explorar la montaña filosófica, tenemos primero que poner un pie en ella. A partir de este primer paso, la sabiduría llega mientras caminamos dándonos cuenta de las rocas, las plantas y las personas desconocidas que nos cruzamos en el camino.

Alcanzar la cima no es malo, y probablemente se hace mejor si se ha pensado posteriormente y no como el objetivo principal.

6 agosto
GRATITUD

Gran Espíritu de la Montaña Azul,
que habitas la casa de las nubes azules…,
estoy agradecido/a por tu bondad.

CANTO APACHE

Es imposible entrar en contacto con la espiritualidad nativa americana y no estremecerse por la inmensidad de la gratitud que expresa. Es una forma de gratitud gentil, silenciosa, fluida, tan profunda como los lagos tranquilos y que se remonta hasta las cumbres de las montañas. La forma de gratitud de los nativos americanos es pacífica. Esta paz impregna todas sus leyendas y todas sus historias.

A veces, sentimos que todo no es perfecto, que no podemos estar agradecidas por cada cosa. Con facilidad, caemos en el pensamiento de «o todo, o nada». Cuando nos pasa esto, nos perdemos el amanecer y las otras formas de bondad que nos rodean.

Estoy agradecida. Tal vez sea suficiente. Estoy agradecida.

7 agosto
EVOLUCIÓN PERSONAL

> La formación del carácter empieza en nuestra infancia y continúa
> hasta la muerte.
>
> ELEANOR ROOSEVELT

De alguna manera, siempre tenemos la secreta esperanza de que podemos centrarnos, resolver todas las cuestiones, descubrir todos nuestros talentos, aceptar el trabajo de nuestra vida, y después relajarnos y poder continuar de esta manera.

¡Qué choque supone el reconocer al final que la «formación del carácter» y la evolución personal son procesos que duran toda la vida! Justo cuando pensamos que tenemos clara la dirección de nuestras vidas y nos asentamos en esta seguridad (estancamiento), sucede algo que sacude nuestra autocomplacencia. ¡Cuánto más fácil es reconocer en primer lugar que la vida es un proceso y abrirnos a los ciclos de nuestra evolución personal!

Crecer y evolucionar constituye el estado normal del organismo humano... y yo soy un organismo humano. Sería lógico, por lo tanto, asumir que el crecimiento y la evolución personal son cosas normales para mi.

8 agosto
ENTUSIASMO

Siempre que tengo que elegir entre dos males, siempre escojo
el que no he probado nunca.

MAE WEST

Mae West fue una mujer de una actividad frenética, que siempre
mostraba entusiasmo y pasión por la vida. Siempre que vemos una de
sus películas o alguna de sus entrevistas, quedamos impresionadas por
su impetuosa vitalidad. En algunos aspectos constituye un buen modelo.

No necesitamos ser impetuosas para aprender algo sobre nuestro
entusiasmo. El entusiasmo no es redondo. Tiene esquinas puntiagudas
y, a veces, irrita a las personas que no lo comparten. Muchas mujeres
hemos intentado dominar nuestro entusiasmo para no ofender. Es posible incluso que hayamos intentado deshacernos de él con la madurez.
¡Qué despilfarro! ¡Otro pedazo de nosotras cortado de un tajo!

**Mi entusiasmo y mi vivacidad están íntimamente conectados.
Y para mí es perfecto tener las dos cosas.**

9 agosto
ESTAR PRESENTE AL MOMENTO

Morir es una noche agreste y un nuevo camino.

EMILY DICKINSON

Emily Dickinson estaba presente en el proceso de su agonía cuando dijo estas palabras. Parecía estar totalmente consigo y, al mismo tiempo, abierta a lo que estaba sucediendo. Cuando pensamos en nuestra propia muerte, la mayoría de nosotras esperamos estar abiertas al momento.

Para la mayoría de las adictas, la idea de morir y la experiencia de estar matándonos lentamente por medio del exceso de trabajo es algo que nos deja a gusto. Es vivir nuestras vidas cada momento lo que nos aterroriza y lo que intentamos evitar.

Afortunadamente, podemos trascender este terror y llegar a saber que tenemos todo el apoyo que necesitamos para vivir nuestras vidas.

Este es mi momento. Viviré cada momento. Así la muerte será una culminación, no un final.

10 agosto

METAS

Realizar tu sueño te hace sentirte perdida.

ORIANA FALLACI

Hace varios años, una de mis amigas me llamó presa de pánico y me dijo: «Anne, ¡tienes que hacer algo inmediatamente! Hay algunas mujeres que se están haciendo daño a sí mismas y no lo saben».

Ella había estado haciendo entrevistas a mujeres que ocupaban altos cargos desde hacía entre siete y diez años. Mi amiga me decía que era como si constituyeran un equipo, y cada día se vestían, se montaban en el autobús e iban al partido, pero... nunca salían a jugar. Al principio tenían esperanza, pero después de algunos años se habían resignado a una realidad que no les pertenecía en absoluto.

Decía que había encontrado más alcoholismo, depresión clínica, anorexia y bulimia en este grupo de mujeres de lo que había conocido en toda su vida.

No es la realización de nuestros sueños lo que nos hace sentirnos perdidas. Es lo que nos sucede cuando nuestros sueños se convierten en pesadillas.

11 agosto
OCUPACIONES

> Siempre estamos haciendo algo…, hablando, leyendo, escuchando la radio, planeando la próxima actividad. La mente continúa ocupada y aturdida por cualquier cosa externa, fácil e insignificante que pasa durante el día.
>
> BRENDA UELAND

¡Qué lejos vamos con tal de mantenernos apartadas de nosotras mismas! ¡Tenemos tal incapacidad de relajarnos…! Siempre hay algunas tareas más que queremos hacer. A veces, parecería como si estuviéramos asustadas de lo que podría suceder si dejásemos ociosas nuestras mentes por un momento. Llenamos cada hueco y cada grieta con actividades. En ocasiones, incluso intentamos acumular dos o más actividades a la vez, como hacer una lista de las tareas pendientes mientras miramos el telediario, o dirigir las actividades de los/as niños/as mientras trabajamos en un informe.

Nos hemos vuelto adictas a las ocupaciones, y si no estamos ocupadas nos sentimos sin valor, perdidas e incluso asustadas.

Darme cuenta de lo ocupada que me mantengo es el primer paso. Tomar conciencia de lo impotente que soy al respecto es el segundo. El siguiente paso es reconocer que mi atareamiento permanente está afectando mi vida de manera negativa.

12 agosto
ESTAR A LA DEFENSIVA

Estoy a la defensiva, incluso cuando lo que pasa no tiene nada
que ver conmigo. Solo sé que de algún modo debo estar equivocada.

ELIZABETH

Estar a la defensiva es parte de esta taimada, incomprensible, poderosa y paciente enfermedad. Si alguien nos ofrece un consejo o una crítica constructiva, inmediatamente nos sentimos atacadas y necesitamos
defendemos. O sentimos la necesidad de disculparnos cuando *algo no
va bien*. Si algo va mal, debe de ser por nuestra culpa. A veces, casi parece como si nos disculpásemos de nuestra propia existencia. Es como
si no tuviéramos derecho a existir.

Nuestra actitud defensiva, como cualquier otro defecto del carácter,
disminuirá a medida que progrese nuestra recuperación. No tenemos
más que seguir el programa de los Doce Pasos y hacer nuestro trabajo.

**Recuerdo que mi actitud defensiva no es lo que yo soy, es lo
que hago cuando funciono como adicta. Es una bandera roja que
me da un toque de atención.**

13 agosto
CONTROL

A las personas que mantienen los labios apretados les resulta
endiabladamente difícil sonreír.

JUDITH GUEST

Las mujeres que hacemos demasiado disfrutamos sin duda nuestra
ilusión de control. De hecho, es una de mis ilusiones favoritas. Trate
de lo que se trate, podemos «tenerlo agarrado». No podemos permitirnos relajarnos, porque perderíamos nuestro tenaz mantenimiento de
las riendas.

Intentamos controlarlo todo. Creemos que podemos engañar a
nuestro cuerpo haciéndole trabajar más y prevenir el colapso, participando en los seminarios adecuados sobre el estrés de los altos cargos,
y haciendo las prácticas pertinentes de manera regular. Comemos los
alimentos adecuados para poder así abusar de nuestro cuerpo haciéndole trabajar de más. Hacemos todo lo que hay que hacer para «mantener nuestras vidas bajo control». Y después leemos las estadísticas que
dicen que las muertes producidas por crisis cardiacas están aumentando
en las mujeres profesionales, y que está descendiendo la edad media de
mortalidad. Pero, claro, si hacemos lo necesario, podemos controlar...
nuestro cuerpo, nuestras vidas y las vidas de los demás.

¡No es extraño que no sonriamos mucho!

14 agosto
EXPECTATIVAS / ÉXITO

> Mis expectativas —que aumento cuando me acerco a la consecución de mis objetivos— siempre impidieron sentirme satisfecha con el éxito.
>
> ELLEN SUE STERN

Mucho nunca es suficiente para las mujeres que hacemos demasiado. Siempre que parece que hemos llegado a terminar un proyecto con éxito, añadimos alguna contingencia y establecemos la posibilidad de hacer más de lo que en un principio habíamos pensado que era posible.

A veces, incluso llevamos a cabo tareas de un modo más complicado de lo que requiere la tarea en cuestión, solo para mantenernos ocupadas. Nos sentimos seguras cuando estamos trabajando. Sentimos pánico cuando disponemos de un tiempo sin actividad. Sentimos que es casi imposible que saboreemos el éxito. Y, para ser sinceras, tenemos muchos.

Está bien tener éxitos. Incluso está bien ser una persona de éxito.

15 agosto
OCUPACIONES

> Soy una adicta al trabajo. Si no estoy trabajando, estoy haciendo
> ejercicio. Si no estoy haciendo ejercicio, estoy comiendo. No paro
> desde por la mañana a la noche.
>
> TERRY

Algunas hemos moldeado nuestras vidas conforme al modelo del correcaminos de los cómics: saltar de la cama, bip, bip. Poner un montón de ropa en la lavadora para poder mientras tanto hacer ejercicio y ducharnos, bip, bip. Nueve minutos para maquillamos y peinarnos, bip, bip. Siete minutos para preparar el café, vestirnos y tostar el pan. Cinco minutos para tomar el desayuno y escribir una lista de las cosas que tenemos que hacer hoy, bip, bip. Poner la ropa en la secadora, ponernos el abrigo, coger el bolso y el maletín y correr hacia la puerta, bip, bip.

Cuando hemos acabado la rutina de la mañana, la mayoría de las personas estarían agotadas, pero nosotras acabamos de empezar, bip... bip...

Tal vez sea importante recordar que no fui creada para ser una correcaminos, aunque tengamos algunas cosas en común.

16 agosto
PEDIR AYUDA / REALIDAD

Sin embargo, una no puede poner un cuarto de litro en una taza
de ciento cincuenta centímetros cúbicos.

CHARLOTTE PERKINS GILMAN

Existe una historia zen acerca de un profesor de universidad que
acudió a una maestra zen en busca de conocimiento. La vieja maestra
observó al profesor cuidadosamente y después pidió a un estudiante
que le trajera una tetera y dos tazas. Luego colocó una taza frente al
profesor y empezó a servirle. El té desbordó la taza y comenzó a derra-
marse por la mesa. Al verlo, el profesor gritó: «Pare, ¿no ve que la taza
está llena? ¡No cabe más!». La vieja maestra zen sonrió y le dijo: «Lo
mismo le ocurre a usted. Su mente está llena de cosas. Solo cuando la
vacíe, habrá sitio para que entre más conocimiento».

Pedir ayuda es una manera de «vaciar» nuestras vidas. Detenernos
y ver que nuestras vidas están demasiado llenas puede ser muy bien el
principio de un proceso que nos puede vaciar y abrir una vía para nuevas
maneras de ser.

**Mi taza desbordada puede ser en algunos contextos una decla-
ración de desastre. Vaciar es realmente tan importante como llenar.**

17 agosto
SOBRECOGIMIENTO

> Pero lo que nunca, nunca cambia, es la maravilla, la indescriptible
> maravilla que es para mí ver la tierra reposando en el espacio como
> en el hueco de la mano de Dios.

> ZENNA HENDERSON

El sobrecogimiento es un sentimiento muy raro en nuestras atareadas vidas. Sobrecogimiento significa detenernos y darnos cuenta. El
sobrecogimiento es, al menos momentáneamente, dejarnos recordar y
vivir la vastedad del universo o el diseño asombrosamente intrincado
del pétalo de una pequeña flor.

Una de mis amigas alemanas llegaba con regalos cuando me visi-
taba. El más fascinante era una lupa diminuta que se desplegaba, que-
dando una pequeña distancia entre la base y el cristal; justo la necesaria
para ver en detalle las nervaduras más finas de una hoja, el detalle de la
espalda de una mariquita o el centro de una minúscula flor. Este pequeño
instrumento abría un universo entero a mi conciencia. Lo que me había
realmente regalado era el don del sobrecogimiento.

**La vida sin sobrecogimiento es como comida sin hierbas ni es-
pecias. Solo tengo que mirar a mi alrededor para recordar el sentimiento de sobrecogimiento.**

18 agosto
SOLEDAD

Lo que te hace más excepcional, si es que lo eres, es inevitablemente lo que te causa más soledad.

LORRAINE HANSBERRY

Nos da tanto miedo experimentar nuestra soledad que nos mantenemos llenas de citas y ocupadas constantemente. A menudo, nuestro miedo a la soledad produce más limitaciones que la soledad misma. Nos asusta tanto estar solas que siempre nos las arreglamos para no estarlo.

Pero experimentar nuestra soledad y atravesarla es frecuentemente la puerta a las partes de nuestro ser que son creativas y excepcionales.

Recientemente me regalaron una camiseta de la tienda de una mujer que decía: «Haz gala de tu singularidad». Tememos que si dejamos realmente ver a la gente quiénes somos realmente, quedaremos aisladas. No nos damos cuenta de que la soledad y el aislamiento son cosas distintas a estar sola.

Recordaré que estar sola no es morir. Mi soledad es mía. Tal vez pueda incluso aprender algo de ella.

19 agosto
AGOTAMIENTO

> Yo me sirvo de la adicción a la comida y a la cafeína para seguir adelante cuando estoy demasiado cansada para hacer el trabajo o cumplir los plazos.
>
> ANÓNIMO

Nadie tiene solo una adicción. Las adicciones vienen en racimos. Frecuentemente utilizamos una adicción para apoyar o enmascarar a otra. Cuando nuestro cuerpo está cansado de trabajar demasiado, utilizamos las sustancias químicas o la comida para seguir adelante. Cuando estamos demasiado alteradas para recostarnos y descansar, tras haber cumplido un plazo, nos servimos de la comida, del alcohol o de recetas médicas para calmarnos.

Incluso hemos utilizado actividades positivas para apoyar nuestro atareamiento y nuestra adicción al trabajo. El ejercicio es bueno para nosotras. Desgraciadamente, cuando lo hacemos de una manera frenética o cuando lo utilizamos para lograr que nuestros cuerpos estén más saludables para poder trabajar más, algo positivo se ha convertido en parte del problema. Podemos utilizar cualquier cosa para «proteger nuestra dosis» y permitirnos permanecer en nuestra adicción.

No es lo que hago, sino la manera de hacerlo, lo que al final acaba atrapándome.

20 agosto
Tristeza / Continuar

Si hubiera tenido un buen espíritu, se habría perdido en el camino. Parezco estancada, y me doy cuenta de que no estoy utilizando ninguna capacidad al máximo.

Resignación..., desesperación..., la tristeza de las posibilidades perdidas. Es hora de hacer un balance y establecer de nuevo las prioridades. Parece que nos hemos salido de nuestro camino. Tal vez hemos olvidado incluso cuál era.

Quizá sea el momento de sentir el dolor de las oportunidades perdidas y de las mentes estancadas. La vida nos enseña muchas veces a través de los giros equivocados y de las posibilidades desperdiciadas. Este sentimiento de tristeza tal vez sea la puerta de un nuevo comienzo. Pero nunca atravesaremos la nueva puerta si no nos permitimos vivir el dolor y la tristeza.

Cuando nos dejamos sentir nuestra aflicción y nuestro dolor, tenemos realmente la oportunidad de empezar un nuevo camino y de explorar nuestra vida.

Mi aflicción y mi dolor son míos. Me los he ganado. Forman parte de mí. Solo sintiéndolos me abro a las lecciones que pueden enseñarme.

21 agosto
DEBER

El deber debería ser un subproducto.

BRENDA UELAND

El pensamiento de adicción desemboca normalmente en poner el carro delante de los bueyes. Una de las habilidades fascinantes de la adicción es que nos permite tomar algo relativamente neutro, o incluso positivo, y deformarlo poco a poco, hasta que se convierte en algo horrendo.

No hay nada de malo en el deber. Basta con no dejar que el deber oscurezca nuestros sentimientos e intuiciones llenas de claridad. El deber no puede ponerse antes que nuestra claridad interna. Cuando lo hace, se convierte en un tirano. El deber tiene que seguir a nuestra claridad, lo mismo que hacer cosas por las personas que queremos tiene que ser una expresión de amor, en lugar de una conducta ritualizada. El deber tiene que ser un derivado de lo que realmente somos, de lo que valoramos y de lo que es importante para nosotras.

¡El deber ritualizado es una vergüenza!

22 agosto
CAPACIDAD DE ASOMBRO

Para que un/a niño/a conserve su sentido innato de la maravilla
sin que sea un don de las hadas, necesita la compañía de al menos
un adulto que pueda compartirla, que pueda redescubrir con él/ella
la alegría, la exaltación y el misterio del mundo en el que vivimos.

RACHEL CARSON

¡Qué suerte si conseguimos ser esa persona adulta que tiene la oportunidad de ser la compañera de un/a niño/a y apoyar su capacidad de asombro! Somos afortunadas porque ese/a niño/a puede ofrecernos la oportunidad de volver a encender nuestra toma de conciencia de que la capacidad de asombro permanece activa dentro de nosotras. Ese/a niño/a nos recuerda que todavía tenemos la capacidad de mirar las formas de las nubes con nuevos ojos y vibrar de entusiasmo con cada nuevo descubrimiento. ¿Cuánto tiempo hace desde que nos reímos a mandíbula batiente, sobre todo de nosotras mismas? ¿Cuánto tiempo hace desde que miramos un arcoíris en una gota de lluvia? ¿Cuándo fue la última vez que observamos el progreso de una mariquita roja y negra en nuestra mano?

Me asombro preguntándome dónde está nuestra capacidad de asombro.

23 agosto
LUCHA

> Sales de ti persiguiendo la riqueza, el amor o la libertad; haces
> todo lo que puedes para obtener un derecho, y una vez que has ob-
> tenido algo de esto, no lo disfrutas.
>
> ORIANA FALLACI

De vez en cuando olvidamos lo que es importante. Luchamos tanto tiempo para establecernos que nos volvemos adictas a la lucha. Empezamos a pensar así, que si no estamos luchando no estamos vivas. De hecho, la intensidad y la excitación de la batalla se convierte en nuestro principal foco de interés, y olvidamos el objetivo original.

No hay duda de que como mujeres hemos tenido que luchar individualmente y en grupo. Pero si nos volvemos como las personas contra las que luchamos, tal vez descubramos que nos hemos perdido a nosotras mismas en todo este proceso.

A veces tenemos que luchar..., a veces no. La cuestión no es lo romántico de la lucha; la cuestión es: ¿quiénes somos cuando empezamos a luchar?

24 agosto
SECRETOS

A medida que aumenta la conciencia, casi disminuye proporcionalmente la necesidad de mantener secretos personales.

CHARLOTTE PAINTER

Como dice Isak Dinesen, «un secreto es algo feo». En el programa de los Doce Pasos de Alcohólicos Anónimos, solemos oír esta frase: «Estás tan enferma/o como los secretos que mantienes».

A menudo se nos pasa por alto darnos cuenta de los secretos que tenemos en nuestras vidas. Son como un cáncer silencioso que va royendo nuestras almas y devorando nuestras relaciones. Cuando hacemos un pacto de secreto con alguna persona, nos desprendemos de una parte de nosotras mismas. Cuando entregamos muchas partes, somos devoradas, lo mismo que la heroína de la novela de Margaret Atwood, *La mujer comestible*.

Una parte importante de la recuperación del proceso de adicción es abandonar la actitud de mantener secretos. Solo cuando vivimos nuestra vida abiertamente, aceptamos la responsabilidad de las decisiones que tomamos, y nos responsabilizamos de nuestro comportamiento, podemos empezar a conocer la salud.

Como dicen los franceses, «nada es tan oneroso como un secreto».

25 agosto
FELICIDAD / CONTROL

De repente, parecían ser tan felices como si hubieran sorprendido una mariposa en los bosques de invierno.

EDITH WHARTON

La felicidad, como la mayoría de los procesos importantes de la vida, no puede ser planificada. A menudo llegamos a creer que seríamos felices con solo tener un empleo importante, mucho dinero, la relación adecuada, hijos/as inteligentes y guapos/as y una casa adorable. Cuando alcanzamos estas metas y nos sentimos aún deprimidas en secreto, o no totalmente llenas, inmediatamente nos preguntamos: «¿Qué es lo que hago mal?».

Hemos hecho todo lo que se supone que nos debería aportar la felicidad y no nos sentimos mejor. ¿En qué nos hemos equivocado? Siempre nos lo preguntamos y creemos que hay algo que funciona mal en nosotras desde el nacimiento. Nos lleva mucho tiempo detenernos y cuestionar el sistema que nos enseñó que la acumulación y el control son los vehículos de la felicidad.

La felicidad es un regalo. Llega como «una mariposa en los bosques de invierno». Dejémosla que esté un rato con nosotras.

26 agosto
MATERNIDAD / PATERNIDAD

Así pues, aprender (hacer, devenir) en lugar de lograr es la solución de la maternidad/paternidad.

POLLY BERRIEN BERENDS

¡Qué confusas/os estamos respecto a cómo hacer de madres/padres! Muchas veces estamos estancadas/os en la extraña creencia de que nuestra responsabilidad es la de *enseñar* a nuestros/as hijos/as. Olvidamos que es igualmente importante *aprender* de ellos/as. Algunos/as de nuestros/as hijos/as no toman la responsabilidad de enseñarnos en serio, pero también es cierto que las madres y los padres somos notoriamente lentas/os en aprender.

Nos es difícil aprender algo cuando creemos que toda la enseñanza ha de ir en una sola dirección. ¡Cuánto nos perdemos a causa de esta arrogancia!

Tal vez una de las razones de que mi hijo/a me escogiera como madre/padre fue porque había muchas cosas que yo tenía que aprender.

27 agosto
SOLEDAD

> Por haberse separado de su fuente interna de poder, realmente
> se sienten solas y perdidas.
>
> SHAKTI GAWAIN

Cuando pensamos qué es lo que falta en nuestras vidas, tal vez llegamos a la conclusión de que *¡somos nosotras!* Oh, desde luego funcionamos bien. Hacemos lo que hay que hacer. Incluso somos eficientes e imaginativas en ocasiones, pero muchas veces nos sentimos como zombis llevando nuestra rutina sobre raíles bien engrasados. Hemos perdido el contacto con nosotras mismas, y no hay nada más solitario que esto.

Cuando hemos perdido el contacto con nosotras mismas, nada externo nos puede ayudar. Esposos, amigos/as, trabajo... nada puede sustituir lo que falta cuando nos hemos separado de nuestra «fuente interna de poder». Faltamos *nosotras,* y la única manera de remediar este problema es encontrarnos de nuevo. Encontrarnos toma tiempo. Es un arduo trabajo *y* vale la pena hacerlo.

Yo buscaba por todas partes lo que faltaba en mi vida, y entonces descubrí que era yo.

28 agosto
HUMOR / REACCIONES

Cuando ves con lo que [sic] se casan algunas mujeres, te das
cuenta de cuánto deben odiar trabajar para vivir.

HELEN ROWLAND

¡Vaya broma! Algunas de nosotras pensábamos que si nos casába-
mos con el hombre adecuado, o encontrábamos la pareja ideal, no tendríamos que trabajar. ¿Pero hemos considerado alguna vez cuánto trabajo supone estar casada con alguien para no tener que trabajar? ¿Hemos
pensado alguna vez cuánto trabajo supone *no* hacer *nuestro trabajo*?

¡Qué tentador es vender nuestras almas por lo que pensamos que
es un buen precio! Las mujeres hemos estado demasiado dispuestas a
ser objetos... a hacernos objetos sexuales y a hacer de los hombres (o
de otras mujeres) objetos de matrimonio. Al hacerlo, hemos perdido
las posibilidades de relaciones verdaderas. No es posible relacionarse
con un objeto.

**Recuerda, una tiene que *actuar* para obtener el precio. Pero
hay que ser para relacionarse.**

29 agosto
GUARDAR LAS APARIENCIAS

La virtud de las mujeres es la mayor invención del hombre.

CORNELIA OTIS SKINER

¿Cuánto nos distorsionamos a nosotras mismas para intentar agradar a los demás? Las mujeres hemos sido históricamente controladas por las demandas y las expectativas de los demás. Hemos estado tan dispuestas a dejarnos definir por los demás y tan ansiosas por encajar en sus definiciones que hemos perdido las huellas de quiénes somos.

A medida que nos ponemos en contacto con nosotras mismas, nos damos cuenta de que muchas de las definiciones de quiénes somos «por naturaleza» las mujeres son creadas para que cuidemos a los demás. Por ejemplo, una verdad aceptada de la psicología es que las mujeres somos «habitantes naturales de nidos». Pero recientemente, cuando las mujeres han empezado a divorciarse, parece que son los hombres los que se encuentran rápidamente a otra mujer para que les haga el nido, mientras que las mujeres se convierten en nómadas. Muchas de las definiciones de lo que somos han sido inventadas por nosotras para los demás, para agradarles y satisfacer sus necesidades —y hemos intentado desesperadamente ajustar sus imágenes de lo aceptable.

Una mujer virtuosa es alguien que es ella misma.

30 agosto
INTERRUPCIONES

Es la distracción y no la meditación lo que se convierte en lo
habitual; la interrupción y no la continuidad; el trabajo espasmódico
y no el trabajo constante.

TILLIE OLSEN

¡Cómo odiamos las interrupciones, especialmente cuando estamos trabajando en algo importante! De hecho, todo se convierte en una interrupción en estos casos. Como dice Tillie Olsen, la distracción, la interrupción y lo espasmódico parece que es nuestro destino en algunas ocasiones.

¡Qué difícil es engranar el proceso de nuestra vida con el del trabajo! ¡Pero qué agradable es cuando sucede!

Una de las razones por las que esa «meditación», «continuidad» y «trabajo constante» no han sido posibles es porque no creemos que merezcamos nuestro propio tiempo para hacer nuestro trabajo. Lo mismo que la adicta que solo se mira a sí misma no está en contacto consigo misma, la adicta al trabajo que está absorbida por su adicción no está en contacto con su trabajo.

Cuando confío en mi proceso, confío en el proceso de mi trabajo.

31 agosto
TIEMPO DE SOLEDAD

Ya ves, la imaginación necesita cambios de humor, holgazanear mucho tiempo, de manera ineficaz y feliz.

BRENDA UELAND

¡Qué palabras más maravillosas: cambios de humor, holgazanear...! Tengo una amiga que dice que le gusta «holgazanear». La palabra suena como lo que es: holgar, no hacer nada.

Yo tenía un gran perro llamado Bubber que era uno de mis principales maestros. Solía sentarse en nuestra cabaña en lo alto de la montaña y se limitaba a mirar. Para mí era difícil imaginar qué es lo que se pasaba mirando todo el tiempo, así que un día me senté a su lado a observar. Estuve a su lado mucho tiempo y experimenté lo que significa simplemente sentarse y simplemente mirar. Aprendí a darme el tiempo de sentarme y de mirar. Se ve mucho cuando se limita una a sentarse y mirar. Sin hacer nada más... solo mirar.

Bubber ha muerto, pero todavía vive la sabiduría que me enseñó de sentarme sencillamente y mirar.

No todas nosotras podemos tener Bubbers, pero todas nosotras podemos desarrollar la capacidad de sentarnos y mirar.

1 septiembre
AUTENTICIDAD

A veces me doy consejos admirables, pero soy incapaz de seguirlos.

MARY WORTLEY MONTAGU

¡Qué refrescante es cuando podemos ser auténticas con nosotras mismas, aunque sea con humor! Frecuentemente estamos tan ocupadas en protegernos que no nos atrevemos a arriesgarnos a dejar que los demás sepan que no somos perfectas. Por supuesto, normalmente somos las únicas engañadas por nuestros disfraces, pero nos hacemos creer a nosotras mismas que los demás también han sido engañados.

Cuando podemos ser auténticas con nosotras mismas, normalmente sabemos muy claramente lo que necesitamos y lo que nos resulta destructivo. El truco consiste en lo siguiente: ¿somos capaces de escucharnos?, ¿podemos dejar ver nuestros puntos flacos y reírnos de ellos? Después de todo, nadie nos conoce tan bien como nosotras mismas. Así pues, somos por naturaleza las personas más capaces de vernos con claridad. ¿Somos lo suficientemente valientes para dejarnos ver y ser auténticas con lo que vemos?

Los consejos son difíciles de seguir; incluso cuando proceden de nosotras mismas. Pero incluso si no podemos poner en práctica nuestros consejos, no tenemos por qué castigarnos por ello.

2 septiembre
ALEGRÍA / CONTROL

Buscando el jardín de mi madre, encontré el mío.

ALICE WALKER

Una de las grandes alegrías de la vida es hallarse a la búsqueda de algo y encontrar una cosa distinta.

Antes de empezar nuestra recuperación, éramos tan controladoras que las sorpresas nos aterrorizaban, incluso aunque fueran maravillosas. Simplemente, no queríamos nada que no hubiéramos planificado, estructurado y que no estuviera bajo control. Ahora nos damos cuenta de que intentar controlarlo todo ha sido una de las maneras de robarnos a nosotras mismas la alegría de vivir.

No es de extrañar que la vida parezca sombría a veces: la hemos hecho así. No es que no existiera el potencial para la alegría, sino que estábamos demasiado ocupadas y en actitud de controlarlo todo para darnos cuenta.

La pura alegría de lo inesperado puede ser para mí una fuente de asombro.

3 septiembre
EN CONTACTO CON UN PODER MÁS GRANDE QUE YO

Las personas que dejan de soñar están perdidas.

PROVERBIO DE LOS ABORÍGENES AUSTRALIANOS

Si hemos de tener alguna esperanza de estar en contacto con el proceso del universo o con un poder más grande que nosotras, debemos aprender a ir más allá de nuestras mentes racionales y lógicas y a dejarnos soñar.

Esto no significa que exista un problema con nuestras mentes racionales y lógicas, sino que tenemos problemas en conectar con una fuerza superior a nosotras cuando nos dejamos *conducir* por nuestras mentes racionales.

Hay muchas cosas en el universo que nos afectan y con las que estamos conectadas. A veces la única manera en la que podemos ser conscientes de esta conexión es permitirnos soñar más allá de nuestro conocimiento. Tenemos mucho que aprender de todo lo que nos rodea; basta con abrirnos a lo que sea.

Admito que todavía no conozco todo. El aprendizaje llega de muchas maneras.

4 septiembre
APRENDIZAJE

> Los patrones del pasado hacen eco en el presente y resuenan en el futuro.
>
> DHYANI YWAHOO

Somos un proceso, y la clave para vivirlo es aprender. Los errores no son una prueba de que no valemos; son puertas para aprender y continuar. Se dice a veces que las adictas no aprenden de su pasado porque no tienen memoria. Si no tenemos pasado, no tenemos presente y carecemos de futuro.

Cada cosa de nuestra vida es una oportunidad para aprender. A menudo, nuestras experiencias más dolorosas abren puertas que tenían que estar abiertas antes de que pudiéramos dar el próximo paso. Esto no significa que no tengamos que caminar a veces sobre lo que parece un lecho de carbones ardiendo para alcanzar la puerta. Pero, una vez que alcanzamos el otro lado, nos encontramos con el aprendizaje.

Kurt Vonnegut habla de los «pinchestiranos» de nuestras vidas, que son grandes maestros que aparecen en nuestro camino. Las lecciones que nos imparten son enormemente importantes, y nos enseñan mediante la lucha, el dolor, las pruebas y la tribulación. Sin embargo, son maestros importantes.

La próxima vez que aparezca un «pinchetirano» en mi vida puedo optar por reconocer a esa persona como a una maestra.

5 septiembre
CONCIENCIA / CONTROL

Los descubrimientos producen reverberaciones. Una nueva idea sobre una misma o sobre algún aspecto de las relaciones con los otros modifica todas las demás ideas, incluso las relacionadas superficialmente con aquella. Aunque sea imperceptiblemente, nos cambia toda nuestra orientación. Y, de alguna manera, entre sus consecuencias se encuentran cambios de nuestro comportamiento.

PATRICIA MCLAUGHLIN

¡Qué curiosos somos los seres humanos! Un pequeño cambio en cualquier aspecto de nuestra vida afecta a muchas otras facetas de nuestro ser de maneras nunca soñadas ni imaginadas, y que no sabemos adónde nos puede conducir. Nos negamos a algo en el trabajo que durante muchos meses hemos rechazado y, en lugar de recibir la reprimenda que esperábamos, percibimos una sutil indicación de respeto. Entonces nos respetamos sin duda más a nosotras mismas.

Nos partimos el espinazo por obtener respeto y admiración, y descubrimos que no tenemos realmente control sobre lo que los demás perciben de nosotras. El abandono de nuestra ilusión de control, aunque sea solo un poco, tiene consecuencias en nuestra vida.

Sé que poco a poco, siempre tan poco a poco, estoy evolucionando y cambiando. Mi vida se parece mucho más a un ascensor que a una escalera. Cada nuevo descubrimiento afecta cada aspecto de mi ser.

6 septiembre
COMPETITIVIDAD / OPCIONES

La única manera que teníamos de atraer la atención de nuestro padre era hacer una A mayúscula bien hecha, y entonces nos daba tres dólares. Puedes imaginar que me avergonzaba de mí misma, pero ni siquiera era por el dinero. Así pues, las semillas de mi adicción al trabajo fueron plantadas muy temprano.

MARY

¡Con qué sutileza se nos da el mensaje de que somos lo que producimos! La aceptación y la aprobación eran muy importantes para nosotras cuando éramos niñas, y solo podíamos obtenerlas «avergonzándonos de nosotras mismas». Desgraciadamente, por mucho que hiciéramos, nunca parecía suficiente. Al menos, nunca cuidé de esa añoranza interna que es a veces tan intensa que hace daño.

Obtener recompensas y reconocimiento puede aliviar momentáneamente el dolor interno creciente, pero siempre vuelve. Podemos obtener nuestra recompensa de tres dólares siendo niñas, o podemos conseguir sueldos impresionantes y puestos importantes como adultas, pero, de alguna manera, el vacío interno sigue subterráneo. No desaparece.

Las semillas de nuestra adicción al trabajo y de nuestro atareamiento constante fueron realmente plantadas muy temprano. Sin embargo, debemos recordar que podemos desaprender cualquier cosa que hayamos aprendido. No fuimos creadas para trabajar hasta matarnos. Hemos *aprendido* a trabajar hasta matarnos.

Tengo opciones en mi vida, y una de las opciones es verlas.

7 septiembre
PEDIR DEMASIADO DE UNA MISMA

Yo creo que el coeficiente intelectual cambia, y que el mío disminuyó considerablemente. Ya no soy muy competente en ningún campo. Mis hijos salieron muy bien adelante, pero no gracias a mí, sino a un padre estricto que no permitía ninguna tontería.

ANÓNIMO

¿Qué le pasó a esta mujer? ¿Adónde había llegado? Cuando leemos lo que dice de sí misma, tenemos la sensación de que está desapareciendo ante nuestros propios ojos. Muchas de nosotras hemos tenido la experiencia de ser devoradas por nuestras familias, nuestros hogares, nuestros trabajos y nuestras vidas. Una vez conocí a una mujer que solía mirar hacia atrás buscando huellas en la acera, porque tenía la extraña sensación de que su alma se escapaba por las plantas de sus pies y quería ver las pruebas de este hecho sobre la acera.

Puedo recordar un sentimiento de no existir como persona separada cuando solía trabajar en la mesa de la cocina y mis hijos estaban a mis pies creciendo. También me sentía desaparecer cuando empezaban a gatear y pasaban de un lado del sofá al otro por encima de mí como si yo no estuviera. La vida puede, a veces, invitarnos a desaparecer.

Nos sentimos desaparecer. Pero ¡qué arrogancia supone para la mujer citada aceptar que sus hijos salieron bien adelante y que ella no tuvo nada que ver con ello! ¡Qué dedicación a la abnegación!

Hoy estaré dispuesta a admirar la posibilidad de que mi autocastigo sea una actividad arrogante y concentrada en mí misma que no es útil para mí ni para nadie.

8 septiembre
AMBICIÓN

A veces te preguntas cómo llegaste a lo alto de esta montaña.
Pero en ocasiones te preguntas: «¿Cómo puedo bajar de ella?».

JOAN MANLEY

La ambición ha sido importante para muchas de nosotras. Siendo todavía unas niñas, nos dimos cuenta de que era importante que trabajásemos duro para convertirnos en alguien de peso. Queríamos salir adelante y estábamos dispuestas a ir muy lejos para ser competentes e importantes. En los últimos años las mujeres hemos tenido muchas más opciones para nuestras vidas, y hemos querido aprovecharnos de estas oportunidades.

¿Cuándo cambiaron las cosas? ¿Cuándo cruzamos la línea de tener ambición —lo cual es bueno— a ser poseídas por nuestra ambición —que nos está matando?

Frecuentemente, a causa de las adicciones, las mismas capacidades que nos mantenían vivas cuando éramos jóvenes (como la de no ser sinceras, controlar y manipular) son ahora mortales y están robándonos la vida. Esto puede que sea también así respecto a la ambición. Si es esta la que maneja ahora nuestras vidas, es hora de cambiar de perspectiva.

Lo que era bueno para nosotras en una fase de nuestra vida, puede ser ahora mortal. Necesitamos hacer un balance y ver dónde estamos en nuestras vidas.

9 septiembre

SABIDURÍA

Las mujeres han sido siempre las guardianas de la sabiduría y de la humanidad, lo cual las hace gobernantes de manera natural, aunque secreta. Ahora les ha llegado la hora de gobernar abiertamente, pero junto con los hombres y no contra ellos.

CHARLOTTE WOLF

Es hora de escuchar, de escucharme a mí misma y de escuchar la antigua sabiduría que me rodea.

Las mujeres tenemos una gran maestría en la sabiduría práctica y vivimos en un mundo que está muriendo por falta de espíritu práctico. ¿Para qué sirve el mejor invento del mundo si no funciona? ¿Para qué sirven las mejores ideas del mundo si no podemos servirnos de ellas?

Si somos las guardianas de la sabiduría, nos corresponde compartirla.

Como dice Meridel Le Sueur, «los ritos de la antigua maduración hacen que mi carne se purifique y aligere».

10 septiembre
EMPEZAR DE NUEVO

> Las dos cosas más importantes que aprendí fueron que tú eres tan poderosa y fuerte como te permites ser; y que la parte más difícil de cualquier tarea es dar el primer paso, tomar la primera decisión.
>
> ROBYN DAVIDSON

Estas palabras fueron escritas por una mujer que aprendió a conducir camellos y que viajaba sola con ellos cruzando las tierras interiores australianas. De alguna manera, la intensidad de las circunstancias bajo las que reunió sus aprendizajes los hacen más profundos todavía. ¿Qué pasaría si creyésemos que cada una de nosotras es «tan poderosa y fuerte» como nos permitimos ser? ¿Qué pasaría si dejamos de intentar ser aceptadas por todo el mundo y dejamos de intentar alienar a cualquier persona, y nos permitimos ser tan fuertes y poderosas como somos? Nada extraordinario, no te preocupes; solo ser tan maravillosamente poderosas como somos de manera natural.

¿Y qué tal si damos el primer paso hacia lo que realmente queremos? No pasaría nada enorme... ningún toque de trompeta... Simplemente, ¡da ese paso!

Recuerdo que hoy *es* realmente el primer día del resto de mi vida.

11 septiembre
SERENIDAD

El silencio de un parque cerrado no suena como el silencio del campo; es tenso y está encerrado.

ELIZABETH BOWEN

Cuando no estamos actuando desde nuestra enfermedad de hacer demasiado, solemos estar silenciosas y nada serenas. Solo nos hemos callado por un momento pero todavía nos sentimos «tensas y encerradas», como un parque cerrado a toda actividad.

La serenidad sería más bien como si tuviéramos un «campo silencioso» dentro de nosotras. La serenidad es una aceptación de lo que somos y un *ser* lo que somos. La serenidad es una toma de conciencia de nuestro lugar en el universo y una unidad con todas las cosas.

La serenidad es activa. Es una participación amable y firme con confianza. Serenidad es relajar nuestras células en lo que somos y celebrar silenciosamente esta relajación.

En alguna parte remota, recuerdo cómo es tener un «campo silencioso» por dentro. Puedo estar agradecida por esta sensación de saber.

12 septiembre
ALCANZAR NUESTROS LÍMITES

Ya he tenido suficiente.

GOLDA MEIR

¡Qué palabras más bellas, y qué poco las pronunciamos las mujeres que hacemos demasiado! Parte de nuestra locura consiste en no reconocer que tenemos límites y no saber cuándo los hemos alcanzado. De hecho, muchas de nosotras tal vez hayamos visto los límites como una indicación de desadaptación. No podemos perdonarnos a nosotras mismas por no ser capaces de continuar cuando estamos exhaustas o en cualquier circunstancia.

Reconocer que estamos llegando a nuestros límites y aceptarlos puede ser el comienzo de la recuperación

Todo ser humano tiene límites, y yo soy un ser humano.

13 septiembre
VIVIR PLENAMENTE LA VIDA

Ella quiere vivir de una vez. Pero no sabe en absoluto lo que esto significa. Se pregunta si lo ha hecho alguna vez y si quiere hacerlo.

ALICE WALKER

La mayoría de nosotras querría vivir la vida plenamente. Pero cuando se trata de poner estas palabras en práctica, no sabemos cómo hacerlo. Nos preguntamos si sabemos realmente lo que significa vivir plenamente, o si lo hemos sabido alguna vez.

Estamos tentadas de salir corriendo y precipitarnos sobre libros del estilo *Cómo llegar a...* Si encontramos el libro adecuado, sabemos lo que hacer. Cuando ya hemos leído suficiente, estamos listas para seguir instrucciones. O empezamos a asistir a conferencias y talleres prácticos. Intentamos la meditación, la danza de tambores, los cantos, dietas especiales, ejercicios concretos y terapias especiales. Siempre mirando fuera de nosotras mismas para encontrar fórmulas y respuestas.

En algún punto nos damos cuenta de que, a pesar de lo bueno que sean estos enfoques, tenemos que volver a comprender que solo *nosotras* sabemos cómo vivir *nuestras vidas* plenamente. Podemos aceptar indicaciones que nos guíen, pero, en última instancia, vivir nuestras vidas depende de nosotras.

Incluso si nunca lo hemos hecho, el conocimiento de cómo vivir nuestras vidas plenamente reside totalmente en lo más profundo de nosotras mismas.

14 septiembre
SENTIRSE SOBREPASADA

> ¿No es sorprendente sentirse sobrepasado? Lo es sentirse sorprendida de ello.
>
> ANNE WILSON SCHAEF

¿Tiene algo de extraño que nos sintamos a menudo sobrepasadas? Solo las facturas de todas las «necesidades» de la vida parecen a veces más de lo que podemos manejar. Y después están los impuestos federales, los impuestos estatales, las deducciones del cambio de moneda, las inversiones, las rebajas, las oportunidades, las revisiones de los diez mil kilómetros de nuestros coches, las limpiezas de dientes, las manchas de papilla, los preparativos de viajes, la planificación de las vacaciones familiares, si es que nos atrevemos a tomarnos unas vacaciones.

Recientes estimaciones sobre el índice de información muestran que cada pocos minutos procesamos más información de lo que se procesaba a lo largo de toda una vida durante la Edad Media.

Sentirse sobrepasada parece que es una reacción totalmente normal.

A veces es útil saber simplemente que no puedo hacerlo todo. Un paso cada vez es todo lo que se puede dar en cada momento, aunque sean dados a la carrera.

15 septiembre

SENTIMIENTOS

La pena es tranquilidad recordada con emoción.

DOROTHY PARKER

¡Qué maravilla! Todos los sentimientos son igualmente maravillosos.

Nos hemos hecho un flaco servicio hablando de sentimientos «positivos» y «negativos». Los sentimientos son simplemente sentimientos, y, como cualquier otro aspecto de nuestro ser, constituyen regalos de los que podemos aprender.

La pena y la congoja son sentimientos que intentamos evitar. Toman tiempo y no son fáciles. Pero los empeoramos evitándolos. Nos sentimos tristes cuando no nos promocionan. Nos sentimos apenadas cuando perdemos a las personas que amamos. ¡Qué bello es pensar que se trata simplemente de «tranquilidad recordada con emoción»!

La congoja es real y humana. Nos afligimos por nuestras pérdidas, sean cuales sean. La aflicción es un proceso que se desarrolla en muchos niveles. Es importante para nosotras aceptar nuestro paso a través de los diversos niveles de la aflicción. Incluso es normal sentir aflicción cuando acabamos un proyecto interesante, o cuando se reestructuran nuestra familia o nuestras empresas.

Es luchar contra nuestros sentimientos lo que causa nuestro sufrimiento, no estos en sí mismos.

16 septiembre
ESTAR OBSESIONADA

Creo que cuando la gente dice «mejor y más grande», debería decir «más grande y peor».

MARIE ELIZABETH KANE (13 años)

Las mujeres que hacemos demasiado hemos abrazado la expectativa cultural de más, más, más. Queremos más dinero, más poder, más reconocimiento, más aceptación, más... Llegamos a estar obsesionadas por obtener cualquier cosa que creemos que debemos tener. A medida que progresan nuestras adicciones, disminuyen nuestros valores.

Es fácil ver cómo una alcohólica o una drogadicta hacen cualquier cosa para obtener su dosis. Pero las adictas al trabajo y a cuidar de los demás se vuelven casi tan moribundas como aquellas cuando su dosis se ve amenazada. La piedra angular de cualquier comportamiento adictivo es la pérdida de contacto con nuestra propia moral y nuestra espiritualidad. Llegamos a estar en «bancarrota espiritual». Llegamos a ser «más grandes y peores».

Es un alivio saber que la recuperación de cualquier adicción está garantizada con solo hacer el trabajo que necesito hacer. Realmente no quiero ser una «mala chica».

17 septiembre
REGALOS / PREOCUPARSE

Pienso que esos tiempos difíciles me ayudaron a entender mejor
que antes lo infinitamente rica y bella que es la vida en todos los sen-
tidos, y que muchas cosas de las que nos preocupamos no tienen
ninguna importancia.

ISAK DINESEN

No se trata de que tengamos que buscar el dolor y el sufrimiento
para entresacar las ricas enseñanzas de la vida. Sin embargo, cuando llegan, aprendemos mucho más si vemos estas situaciones como oportunidades enriquecedoras de aprendizaje. Gastamos mucho tiempo en
preocuparnos, pero preocuparse no es sino un intento de control remoto.
A menudo, aquellas cosas de las que nos preocupamos nunca suceden.
Desgraciadamente, puede que estemos tan preocupadas con la preocupación misma que perdamos los regalos que la vida nos presenta en
cada momento.

¿Cuándo nos daremos cuenta de que el proceso evolutivo de nuestra vida es mucho más rico de lo que habíamos planificado? Los regalos
no planificados e incontrolables que recibimos añaden color al tapiz de
la vida.

**Nunca sé por adelantado lo que será un regalo para mí. Por
ello me corresponde a mí estar abierta a todas las posibilidades.**

18 septiembre
CULPABILIDAD

Me siento culpable incluso de sentirme culpable.

NICOLE

Las mujeres estamos siempre en primera fila para defender una buena causa. Podemos movilizar un ejército de voluntarias para salvar un sistema escolar deficiente, una iglesia que se desmorona, o una empresa a punto de hundirse. Estamos dispuestas a poner todo nuestro peso detrás de cualquier causa políticamente correcta y somos capaces de hacerlo. Nos importan realmente las personas sin techo, las que se mueren de hambre, las que sufren violencia de algún tipo, y las que son olvidadas, y hacemos mucho bien. ¿Quién sabe cuántas de nuestras causas están motivadas por la culpabilidad? Solo nosotras podemos saberlo, cuando miramos hacia dentro.

La única causa que nos cuesta apoyar es la de las mujeres. Estamos cubiertas de culpabilidad cuando tomamos posición a nuestro favor. Creemos que deberíamos poner siempre nuestras energías «afuera», distribuirlas entre las personas que las necesitan más. Las mujeres somos conocidas por no reconocer y defender nuestras propias necesidades y, cuando lo hacemos, rápidamente somos inmovilizadas cuando alguien nos llama egoístas.

Abandonar la culpabilidad es como compartir una manzana llena de gusanos. Tenemos que cuidarnos nosotras mismas antes de que podamos dar a los demás limpiamente y con claridad.

19 septiembre
ESTAR PRESENTE AL MOMENTO

Lo que ellos tomaban por falta de atención era un milagro de concentración.

TONI MORRISON

¿Has observado alguna vez a un gato acechar a un pájaro? Cada músculo, cada tendón, cada latido del corazón está concentrado en la presa.

¿Has observado alguna vez a un gato estirarse después de echarse un sueñecito? Cada músculo, cada tendón, cada latido del corazón está totalmente implicado en el estiramiento.

A veces, cuando estamos totalmente concentradas en una tarea, podemos parecer rudas y carentes de atención. Pero estamos totalmente presentes. Estamos presentes a nuestro momento de concentración.

Estos momentos de completa concentración son momentos mágicos y, frecuentemente, hay ocasiones en las que experimentamos la unidad con nuestro Poder Superior y con el proceso del universo. Estamos totalmente dentro de nosotras, y totalmente más allá de nosotras.

Me regocijo por los momentos de total unidad. Soy verdaderamente yo misma cuando estoy dentro y más allá de mí misma.

20 septiembre
CONTROL / VALOR

Incluso las personas cobardes pueden soportar la adversidad;
solo las personas valientes pueden soportar el suspense.

MIGNON MCLAUGHLIN

Antes de que empezáramos nuestro programa de recuperación, nunca pensamos que tendríamos que tolerar el suspense de vivir. Creíamos que si podíamos controlarlo todo —cómo nos ve la gente, cómo evolucionan nuestros hijos, cómo progresa un cliente—, estaríamos a salvo.

A medida que hemos empezado a abandonar nuestra ilusión de control, descubrimos que la vida es ciertamente atemorizante a veces (por supuesto que también lo era antes, pero simplemente no nos permitíamos sentir nuestros sentimientos al respecto). También descubrimos que la vida posee el potencial de sorpresas nunca soñadas y de momentos de suspense que vivimos con facilidad y que nos sirven para evolucionar.

Siempre pensé que sufrir es tener verdadero valor. Ahora veo que estar viva es una especie de valentía.

21 septiembre
CLARIDAD

Las mujeres sabemos un montón de cosas que no leemos en los periódicos. A veces es muy divertido ver cómo las mujeres sabemos un montón de cosas y nadie entiende cómo las sabemos.

MERIDEL LE SUEUR

¡Qué lucha ha sido para nosotras reprimir durante todos estos años nuestro saber... durante todos estos siglos! Nuestra adicción a hacer demasiado nos permite ignorar nuestra sabiduría, para adecuarnos más fácilmente en una sociedad adictiva.

¿Con cuánta frecuencia hemos mantenido la boca cerrada en consejos de administración o de personal, porque compartir nuestros conocimientos hubiese suscitado un enorme clamor y llantos, o hubieran sido completamente ignorados?

Hemos intentado con tanta fuerza adaptarnos a una sociedad que no hemos creado, y llegar a ser aceptables para dicha sociedad, que nos hemos convertido en mujeres asombrosamente desaparecidas. Pero sabemos, y sabemos que sabemos.

El mundo necesita nuestro conocimiento y nuestra sabiduría. Las empresas necesitan nuestra claridad. Nuestras familias necesitan nuestra claridad. Nosotras necesitamos nuestra claridad.

22 septiembre
CONFUSIÓN

Me parece que tengo un montón de gente dentro de mí.

DAME EDITH EVANS

Con frecuencia son las personas que llevamos dentro de nosotras las que nos incitan a nuestra adicción al trabajo, a estar siempre ocupadas y a cuidar de los demás.

Tenemos pocas voces en nuestro interior que digan: «Eres prescindible. Los empleadores pueden deshacerse de las personas que no tienen mucha rentabilidad. Eres lo que haces. Si no estás haciendo algo, no eres nadie. Nadie te querrá solo por lo que eres. Te tienes que hacer indispensable y entonces te sentirás segura. No eres lo *suficientemente* inteligente». Voces, voces, voces.

No es de extrañar que muchas veces nos sintamos confusas. Tenemos un coro activo las veinticuatro horas del día.

Madurar y recuperar nuestras propias vidas es en parte un proceso de escuchar nuestras propias voces y distinguirlas de la multitud que nos habita, especialmente cuando el comité interno es un grupo de adictas.

23 septiembre
CONFUSIÓN / HACERLO TODO

Ser una «buena madre» no exige las mismas cualidades que ser
una «buena» ama de casa, y la presión sobre las dos funciones al
mismo tiempo puede ser una carga insoportable.

ANN OAKLEY

Intentar serlo todo para todos es característico de las mujeres que hacemos demasiado. Aceptamos un gran número de papeles que son contradictorios en sus demandas sobre nosotras y en las capacidades que requieren. Descubrimos que las capacidades que necesitamos para comunicar en el mundo de los negocios son desastrosas cuando las utilizamos con nuestras/os hijas/os. Y las capacidades que necesitamos para ser buenas madres no son valoradas en nuestro lugar de trabajo. ¿Es de extrañar así que nos sintamos confundidas?

Gracias a Dios, la recuperación nos ofrece un modelo para actuar según nosotras mismas y no intentar ajustarnos a papeles y convertirnos en dichos papeles.

Cuando me aporto a mí misma en una situación determinada, es lo mejor que puedo ofrecer.

24 septiembre
EQUILIBRIO

Hay un tiempo para trabajar y un tiempo para amar. Y esto hace que no quede tiempo para nada más.

COCO CHANEL

Bueno, por lo menos Coco Chanel reconocía que una tiene que hacer algo más aparte de trabajar. ¿Cuántas de nosotras hemos desechado de nuestras vidas el amor, y lo hemos visto como algo de lo que se puede prescindir? Incluso si estamos casadas, actuamos como si el amor fuera un lujo que difícilmente nos podemos permitir. Nuestra enfermedad de hacer demasiado nos ha aislado cada vez más de nosotras mismas y de los demás.

Lo mismo que la naturaleza necesita equilibrio, las personas también lo necesitamos. Necesitamos tiempo para ser personas completas, y esto significa equilibrio. Somos constantemente vaciadas. Por ello, necesitamos ser alimentadas y necesitamos tiempo para digerir el alimento. Trabajar y amar es mejor que solo trabajar y... hay más cosas.

Un ser humano es multidimensional. El quehacer humano puede ser a veces más como una línea dibujada que como una gema tallada.

25 septiembre
PENSAMIENTO CONFUSO

Cada vez que no sigues tu guía interna, sientes una pérdida de
energía, una pérdida de poder, una sensación de muerte espiritual.

SHAKTI GAWAIN

A veces simplemente pensamos demasiado. Tenemos un problema
que resolver y creemos que, si podemos resolverlo, todo estará bien.
Cuanto más pensamos cómo resolverlo, más confusas nos quedamos,
hasta que nos encontramos en un completo laberinto. Entonces, utilizamos la ocasión para castigarnos por ser tan torpes y estúpidas de no
poder encontrar la solución —y la espiral hacia abajo continúa—. En
esos momentos, estamos en medio de nuestra enfermedad adictiva. Estamos actuando influenciadas por ella. Estamos experimentando una
pérdida de energía, una pérdida de poder, una sensación de muerte
espiritual.

¡Alto! Es hora de esperar y hacer caso a nuestra «guía interna».
Siempre está ahí. Solo que la hemos cubierto con la concentración
compacta de la masturbación mental.

26 septiembre

ENMIENDAS / MATERNIDAD-PATERNIDAD / CONTROL /
INTROVERSIÓN

> Yo trataba a mis hijas/os como proyectos, organizando y orques-
> tando sus vidas eficientemente, a menudo a expensas de sus propios
> sentimientos.
>
> ELLEN SUE STERN

Cuando empezamos a mirar los efectos de intentar controlarlo todo y de «organizar y orquestar eficientemente» nuestras vidas y las vidas de las personas que nos rodean, nos damos cuenta, lo mismo que las personas alcohólicas, de que nuestra enfermedad ha perjudicado a las personas que más queremos. Ellas son víctimas de nuestra enfermedad, lo mismo que la familia de los alcohólicos y los drogadictos son víctimas de estas personas.

Empezamos a ver que en nuestra manera confusa y enfermiza de pensar, lo que pensábamos que era bueno para nuestros hijos/as y las personas a las que queremos, era realmente una manera encerrada en nosotras mismas de intentar mantener el control.

Ver lo que hemos hecho es el primer paso para la recuperación. Tenemos que admitir lo que, tal vez sin saberlo, hemos hecho a los demás, y empezar a hacer las enmiendas pertinentes allí donde sea posible, sin herir a nadie.

Cuando miro hacia atrás a mi cautividad en el trabajo, no siempre estoy orgullosa de lo que he hecho. Espero, sin embargo, tener otra oportunidad con las personas a las que quiero.

27 septiembre
HONRARSE UNA MISMA / PÁNICO / OPCIONES / APOYO

> Se supone que el lugar donde trabajo es un lugar que cura a la
> gente, pero en realidad es un sitio que daña a la gente que trabaja
> allí.
>
> ROSIE

Cada vez oímos hablar más de los edificios perjudiciales para la salud y de los efectos que tienen en nuestras vidas. Sin embargo, a medida que muchas de nosotras empezamos a recuperarnos y a cuidarnos, descubrimos que nuestros lugares de trabajo no solo no apoyan nuestra búsqueda de volvernos más sanas, sino que además interfieren de manera activa en esta búsqueda.

Descubrimos que estamos asustadas y abrumadas. ¿Tendremos que dejar nuestros trabajos para estar sanas? ¿Tendremos que abandonar nuestro camino de salud para mantener nuestros empleos? Ninguna de las dos opciones parece muy atractiva.

Afortunadamente, hoy no tenemos que tomar ninguna de estas dos opciones. *Tenemos*, sin embargo, que encontrar apoyo en nuestro camino de salud. Ojalá que encontremos posibilidades de apoyo dentro y fuera de nuestro trabajo. El apoyo es fundamental para llegar a nuestra plenitud.

Miraré a mi alrededor y me abriré a las fuentes todavía no descubiertas de apoyo allí donde estén disponibles.

28 septiembre
INDISPENSABLE

Pero mi familia me necesita.

AMA DE CASA ANÓNIMA

No hay nada más seguro que ser necesitada... O ¿hay algo?

No hay nada más agotador que ser necesitada. Con mucha frecuencia nos hemos hecho indispensables en casa y en el trabajo para sentirnos seguras y solicitadas. En el fondo nos parecía inconcebible que pudiéramos ser amadas por lo que somos. Incluso si lo fuéramos, ¿podríamos correr el riesgo de dejar que el amor nos llegara?

Desde luego que nuestros/as hijos/as nos necesitan, pero normalmente menos de lo que desearíamos. Desgraciadamente, intentar hacernos indispensables no lo hacemos solo en casa, ni se limita a las mujeres que trabajan en su hogar. Muchas veces equiparamos ser indispensables con estar seguras. De hecho, confundimos las dos cosas.

Cuando intento hacerme indispensable, sé que necesito mirar dentro para ver lo que siento.

29 septiembre
OCUPACIONES / AMISTAD

¡Qué nueva idea! Vino aquella amiga a visitarme y me sentí vaciada... sin que yo hiciera nada.

MARY

Las adictas a estar siempre ocupadas no podemos imaginar la posibilidad de no tener que *hacer* algo. Cuando una amiga viene a visitarnos, nos da la oportunidad de complacernos en nuestra enfermedad, corriendo de un lado para otro, haciendo preparativos y arreglando las cosas para que se sienta bienvenida y pase un rato agradable.

Estamos tan ocupadas *antes* de que llegue que estamos agotadas *en el momento* en que llega. O estamos tan ocupadas haciéndole sentirse a gusto que no nos sentamos tranquilamente a estar con ella.

En alguna parte de nuestro pequeño ser es inconcebible el que dicha amiga pueda cuidar de sí misma y lo único que quiera es estar con *nosotras*.

Hoy tengo la oportunidad de estar abierta a la posibilidad de que alguien llegue y quiera simplemente estar conmigo.

30 septiembre
Miedo / Trabajo

Es bueno trabajar. Trabaja con amor y piensa en hacerlo a gusto. Es fácil e interesante. Es un privilegio. No hay nada duro en ello, excepto tu vanidad ansiosa y tu miedo al fracaso.

Brenda Ueland

Nuestro trabajo y la capacidad de hacerlo son dones que poseemos. Hacer nuestro trabajo es algo sencillo. Simplemente lo hacemos. Nuestro trabajo no es difícil, complicado, ni constituye una condena. A veces hacemos todo esto. Cuando somos capaces de concentrarnos en nuestro trabajo y lo hacemos paso a paso, normalmente queda bien hecho. Cuando nos abrumamos viendo todo lo que nos queda por delante y no lo descomponemos en pequeñas partes, empezamos a sentirnos inconvenientes e incapaces de completar la tarea. Entonces aplazamos las decisiones a medida que nuestra ansiedad y nuestros miedos se introducen en nuestro mecanismo de acción.

Cuando realizo mi trabajo paso a paso, se me hace fácil. Afortunadamente, de todas maneras, solo puedo ir paso a paso.

1 octubre
CONCIENCIA DEL PROCESO / COMPROMISO

Creer en algo que todavía no ha sido probado y respaldarlo con
nuestras propias vidas: esta es la única manera en que podemos dejar
el futuro abierto.

LILLIAN SMITH

Había una vez una mujer que decía que experimentaba la idea de
vivir en proceso lo mismo que saltar a un precipicio. Poco después
de haber hecho esta afirmación contó un sueño en el que ella llegaba
al borde del precipicio y tomaba conciencia de algo terrible que se acer-
caba por detrás. En el sueño sentía que solamente tenía una opción po-
sitiva: saltar al vacío; y saltó aterrorizada. De repente, se dio cuenta de
que la invadía una maravillosa sensación de flotar. Abrió los ojos y vio que
sus faldas se habían convertido en un paracaídas: estaba a salvo y flotaba
cómodamente.

Dejar el futuro abierto puede ser uno de los compromisos más importantes que hacemos con nuestras vidas. Creer en algo todavía no
probado podría ser creer en nosotras mismas.

**Nunca sabemos lo que nos servirá de paracaídas. Cuando una
deja el futuro abierto, sirve el saber que existen en nuestras vidas
paracaídas que no hemos fabricado.**

2 octubre
DEVENIR / HACERSE VIEJA

> No nos hacemos mejores o peores al envejecer, sino que somos
> más nosotras mismas.
>
> MARY LAMBERTON BECKER

Una vez encontré a una mujer de unos sesenta años que compartía
la maravillosa revelación que había supuesto para ella el que su pelo se
hubiera vuelto blanco. «Puedo poner mis ideas totalmente en orden
como quiero», decía, «y no me viene toda esa extraña energía sexual
de los hombres como cuando era más joven».

Otra mujer de unos cincuenta años me hacía la confidencia de que
uno de los secretos mejor guardados de esta cultura era lo que ella lla-
maba el «entusiasmo posmenopáusico». «Yo pensaba que era una persona muy activa antes de la menopausia», murmuraba con un aire de
conspiración, «y míreme ahora».

Estas son mujeres que obviamente habían escogido permitir que el
proceso de envejecer facilitara el convertirse más plenamente en ellas
mismas.

**A medida que disminuyen las demandas de falsificarnos, po-
demos concentrarnos más fácilmente en ser la persona que siempre
hemos querido ser.**

3 octubre
SENTIRSE LOCA

En otro tiempo estabais aquí libres. ¡No dejéis que os domes-
tiquen!

ISADORA DUNCAN

Nos sentimos tan sobrepasadas a veces por nuestros sentimientos
que solo queremos gritar. Las mujeres (¡y también los hombres!) gritamos. Gritamos a nuestros/as hijos/as, a nuestros/as amigos/as, y
a nuestros/as empleados/as. Con frecuencia, tanto nosotras como
ellos/as, atribuimos esta conducta al «periodo» y lo describimos como un
comportamiento hormonal. Pero en lo más profundo nos sentimos
avergonzadas, culpabilizadas, enloquecidas y negativas respecto a estas
emociones.

A veces, gritar es normal y necesario. Necesitamos gritar. Es parte
de nuestro proceso y la respuesta normal a vivir en una sociedad que
ejerce una gran presión y que es adictiva. Sin embargo, *no* tenemos por
qué gritar a los demás. Podemos tener nuestros refugios para dar rienda
suelta a nuestros sentimientos: un buen llanto o un buen grito. Esta liberación es normal para el organismo humano. ¡Y creíamos que éramos
las únicas que lo necesitábamos!

Cuando suelto mis sentimientos sobre los demás, me siento mal.
Cuando les doy rienda suelta en un lugar seguro, me siento bien.

4 octubre

LIBERTAD

> La hermandad de las mujeres y la amistad entre nosotras se basa
> en esencia en la libertad.
>
> MARY DALY

Para que las mujeres seamos realmente amigas, tenemos que dejar de lado la competitividad sospechosa entre nosotras con la que nos han educado. Tenemos que ir más allá de ver en las demás mujeres competidoras que buscan las «golosinas» (los hombres y la atención y validación masculinas). Tenemos que estar abiertas a la posibilidad de que *por el hecho* de ser mujeres tenemos intereses comunes y experiencias que han de ser compartidas. Para hacer esto, tenemos que estar dispuestas a trascender nuestra educación y nuestro entrenamiento de separatividad, y así podemos saltar el abismo y volvernos libres de ser nosotras mismas en nuestro trato respectivo.

Una vez que hemos dado el salto, encontramos una riqueza y profundidad en nuestras amistades femeninas que simplemente no pueden producirse con los hombres. Nos encontramos diciéndonos una y otra vez: «Lo sé, lo sé». Es al «afirmar nuestra liberación» del viejo lavado de cerebro cuando vamos hacia la amistad y la hermandad entre mujeres.

Aunque se me ha dicho lo contrario, necesito amigas mujeres.

5 octubre
VACÍO

Cuando una es una extraña para sí, también es una extraña para los demás.

ANNE WILSON SCHAEF

Siempre que nos detenemos suficientemente, tomamos conciencia de un sentimiento interno de vacío. Este sentimiento es tan terrorífico que inmediatamente nos buscamos ocupaciones e intentamos bloquearlo. Nos encaminamos al frigorífico en un intento de enterrar el sentimiento de vacío con comida. Probamos a ahogarlo con bebidas. Nos ponemos muy activas en nuevos proyectos y miramos la televisión.

Si supiéramos qué necesitamos para expulsar este sentimiento, lo haríamos. Somos mujeres competentes y podemos manejar casi cualquier situación *cuando sabemos de qué se trata*. Pero, en este caso, todo lo que experimentamos es la ausencia de algo. Tenemos un vago recuerdo de que una vez supimos qué era, y ahora ya no lo recordamos.

Tal vez lo que eche en falta es a mí misma y mi conexión con mi Poder Superior.

6 octubre
Estar obsesionada

> ¿Por qué las mujeres que hacemos demasiadas tareas domésticas tendríamos que descuidarlas para escribir?
>
> Brenda Ueland

Esta cita es el comienzo de un capítulo del libro de Brenda Ueland *Si quieres escribir*. Resume el tema de la obsesión respecto a nuestro trabajo, al que dedica todo un capítulo.

¿Por qué ocurre que lo primero que abandonamos es a nosotras mismas y las cosas que más nos importan, como nuestra creatividad, nuestra salud, nuestros/as hijos/as y nuestros amores? ¡Qué triste es el hecho de que descuidemos nuestros tesoros por actividades de mucho menos valor!

Bueno, esta es la demencia de la adicción, ¿verdad? Tiramos nuestras perlas a los cerdos y quitamos los colores a los azulejos de la cocina a fuerza de fregarlos.

Aclaremos ahora cuáles son las necesidades que pueden ser descuidadas.

7 octubre
ESTAR PRESENTE AL MOMENTO

Los milagros son alegrías inesperadas, coincidencias sorpresivas, experiencias inexplicables, bellezas asombrosas… Realmente, cualquier cosa que me suceda a lo largo del día, pero cuyo valor soy capaz de reconocer en este momento.

JUDITH M. KNOWLTON

Los milagros están constantemente ocurriendo a nuestro alrededor. Los momentos de gracia abundan en la vida cotidiana.

No se trata de que esos milagros no se produzcan. Se trata de que con frecuencia *nosotras* estamos ausentes. Estamos sobre una montaña de diamantes, pero buscamos la mina de oro en la próxima colina.

A medida que nos recobramos a nosotras mismas, empezamos a darnos cuenta de las sincronías extraordinarias de las cosas ordinarias. Dejamos de *pensar* en estar presentes y empezamos a estarlo.

Gracias a Dios, he caminado en círculos lo suficiente como para que las suelas de mis zapatos sean tan finas, que ahora los diamantes sobre los que camino pueden atraer mi atención.

8 octubre
Ser indispensable / Control

> Hace unos pocos años, si alguien me hubiera llamado «mujer indispensable», le habría dado las gracias considerándolo un cumplido. Hoy, no sería así, porque sé un poco más.
>
> Ellen Sue Stern

Como mujeres que cuidamos de los demás y que trabajamos en exceso, hemos creído con frecuencia que somos indispensables. Incluso nos hemos hecho indispensables y nos hemos sentido así exhaustas pero seguras. Creíamos que la empresa, nuestros/as hijos/as, nuestros maridos y nuestras/os amigas/os no podían seguir adelante sin nosotras y sin que tuviéramos siempre un lugar en sus vidas. Nuestros corazoncitos brillaban si alguien decía: «¡Qué haría yo sin ti!».

¡Por fortuna, es posible enseñar nuevos trucos a un perro viejo! Muchas de nosotras hemos visto que nuestra creencia de ser indispensables no solo era destructiva para nosotras, sino que además estaba destruyendo nuestras relaciones. Empezamos a notar un tono solapado de resentimiento a nuestro alrededor. La gente siempre acaba estando resentida con las personas de las que dependen y con las que intentan controlar sus vidas.

¡Estoy muy aliviada de descubrir que ser indispensable me estaba matando a mí y mis relaciones! ¡Ahora tengo otras opciones!

9 octubre
DESESPERACIÓN

Supongo que un hueco solo puede existir a partir de las cosas que lo encierran.

ZELDA FITZGERALD

Un hueco no es simple vacío. Es la ausencia de algo, y si no está encerrado por las paredes que lo contienen, no sería posible.

Nos es familiar el sentimiento de vacío. Ha habido muchas ocasiones en las que no nos quedaba ni una sola gota de energía dentro. Estos periodos constituyen la «noche oscura del alma». Haremos cualquier cosa para evitar sentirlos; incluso nos volvemos adictas a cualquier cosa que pueda ayudarnos a evitarlos.

Hemos sido atrapadas por las mismas vidas que hemos construido. Nuestras maravillas arquitectónicas se han convertido en horrores pre-construidos. Nuestras paredes son de fabricación propia y solo nosotras podemos derribarlas.

Recuerda simplemente: cuando se abre un hueco, una gran gama de interesantes posibilidades se precipita en él.

10 octubre
CONFUSIÓN

Sus medias notas se esparcieron sin ritmo.

NTOZAKE SHANGE

Sabemos que nuestras vidas tienen el potencial de ser una única melodía, pero muchas veces sentimos cómo se parecen a «medias notas esparcidas sin ritmo». ¿Cuándo se hizo amarga la melodía de nuestra vida? ¿Fue cuando empezamos a programar más actividades de las que podíamos llevar a cabo? ¿Fue cuando empezamos a tener dificultades para relajarnos? ¿Fue cuando empezamos a estar resentidas con las tareas que habíamos acordado?

A veces, probablemente de manera gradual, nuestras vidas cambiaron de ser un concierto a transformarse en una crisis. Cuanto más nos deslizamos en esta enfermedad de hacer demasiado, más confusas nos volvemos.

Es reconfortante saber que esta confusión es parte de nuestra enfermedad y que la recuperación nos trae la promesa de una posibilidad de claridad.

Cuando veo que mi confusión es parte de una enfermedad fatal y progresiva, no soy tan dura conmigo misma.

11 octubre
MENTES MONÓTONAS

No quiero llegar al final de mi vida y darme cuenta de que solo
he vivido su longitud. Quiero haber vivido también su anchura.

DIANE ACKERMAN

Cuando nos concentramos excesivamente en nuestro trabajo, en
nuestras/os hijas/os, en nuestros hogares, o en nuestras relaciones, nos
volvemos mujeres unidimensionales. A través de la historia, y más recientemente con el movimiento de las mujeres, hemos tomado conciencia con dolor de que muchas veces hemos estado limitadas a las tareas
menos importantes de la sociedad.

Por desgracia, a medida que más mujeres irrumpimos en las filas
de los privilegiados (tal como los hemos considerado), descubrimos de
nuevo que tenemos la oportunidad de volvernos tontas y estrechas...,
pero de otra manera. El contenido ha cambiado, pero el proceso sigue
siendo el mismo.

Para poder recuperar nuestras almas, tenemos que reconocer que
ese «ancho» es tan importante como el «largo» en nuestro vivir de cada
día.

**La anchura añade una dimensión a la longitud. La profundi-
dad añade otra dimensión a la longitud y a la anchura. El mundo
tiene por lo menos tres dimensiones.**

12 octubre
PENSAMIENTO CONFUSO / ACTITUD CRÍTICA

Me doy cuenta de cuánta negatividad hay en el mundo y a nuestro alrededor, y qué fácil es formar parte de la negatividad, ser absorbida por ella y convertirse en parte del caos y de la confusión, si no se tiene mucho cuidado.

EILEEN CADDY

La negatividad es uno de los aspectos del pensamiento típicamente confuso de la persona adicta. La enfermedad de adicción se alimenta de estos procesos de pensamiento. En nuestras vidas de trabajo se nos recompensa por analizar, comparar, criticar y ser negativas. Es fácil ver cómo somos absorbidas por la negatividad y el enfoque de la atención sobre lo negativo. A esto se llama actitud crítica.

Es importante ver lo que está mal en una situación y lo que tiene que cambiarse. Sin embargo, cuando interviene la actitud crítica, la observación toma el tono de negatividad, y dicha negatividad es muy seductora.

Aprender a ver con claridad y a no ser absorbida por la confusión y la negatividad es uno de los desafíos de mi recuperación.

13 octubre
CONTROL

Cuando nada está seguro, todo es posible.

MARGARET DRABBLE

Estas palabras introducen el pánico en el corazón de las mujeres que hacemos demasiado. Incluso la perspectiva de admitir que nada es seguro, estimula nuestras mentes para ocuparnos haciendo listas de las cosas de nuestra vida de las que estamos seguras. Si hemos de ser sinceras, la lista es muy pequeña: la muerte es quizá la única cosa *segura*.

Una de las maravillas emocionantes de reconocer nuestra necesidad de control y de empezar a abandonarla es la ligereza del sentimiento anticipado de que todo es posible. Cuando nos damos cuenta de que no sabemos, estamos abiertas a lo que ignoramos.

Vivir con fe es como cuando nos llevaban en volandas y nos daban vueltas de pequeñas, agarradas por la parte de atrás de los pantalones. Yo estoy viviendo así de todas maneras, pero lo he negado todo el tiempo que me ha sido posible.

14 octubre
SENTIRSE SOBREPASADA

Siento como si estuviera librando una batalla sin haber declarado ninguna guerra.

DOLLY PARTON

A veces nos sentimos sobrepasadas por fuerzas externas a nosotras. Nos vemos inmersas en guerras familiares o empresariales que no creemos haber empezado y en las que sin duda no queremos participar. Pero una vez que estamos en ellas, sentimos como si tuviéramos que luchar, o al menos intentar detenerlas.

Ambas conductas alimentan tales batallas. Lo único que tenemos el poder de decidir es nuestra participación. Tenemos el poder de decidir no participar. Es sorprendente comprobar cuántas batallas se disuelven cuando nadie participa en ellas. Cuando nos sentimos sobrepasadas por la batalla, no podemos ver —u olvidamos— que tenemos el poder de la no participación.

Engancharse a guerras es normal en un lugar de adicción. Puedo elegir hacerlo o no.

15 octubre

BELLEZA

Porque la mejor manera de conocer la verdad o la belleza es intentar expresarla. ¿Y cuál es el propósito de la vida en todas partes sino descubrir la verdad y la belleza y expresarlas, por ejemplo, compartiéndolas con los demás?

BRENDA UELAND

Si el propósito de la existencia es descubrir la verdad y la belleza y compartir nuestro descubrimiento con los demás, algunas de nosotras hemos debido estar caminando por un sendero equivocado.

En nuestra necesidad de lograr cosas y de salir adelante nos hemos vuelto tacañas. Como adictas, creemos que existe una cantidad limitada de poder y de éxito, y que si damos algo, tendremos menos. Así, desarrollamos el curioso defecto de carácter de la tacañería.

Hemos empezado a pensar que si compartimos las ideas o la conciencia, los demás van a robárnoslas. Censuramos y atascamos nuestro conocimiento, y le ponemos derechos de autor, y de esta manera... salimos perdiendo.

Las grandes ideas pertenecen a todo el mundo. Solo las pequeñas han de ser escatimadas.

16 octubre
DEVENIR / CONTROL

> También sé que cuando confío en mí lo más plenamente que puedo, todas las cosas de mi vida reflejan esta confianza encajándose en su lugar adecuado, a menudo de manera milagrosa.

Hemos sido enseñadas por el sistema de control en el que trabajamos y vivimos que tenemos que luchar, controlar y batallar para triunfar. En consecuencia, muchas veces acabamos exhaustas y ensangrentadas a causa de nuestros esfuerzos.

Estamos convencidas de que ser simplemente nosotras mismas no puede ser suficiente. Pero cuando llegamos a conocer a otras mujeres que están más avanzadas en su camino de recuperación, vemos que parecen llevarlo muy bien, siendo ellas y confiando en sí mismas. Sus vidas parecen desarrollarse con armonía.

El desarrollo armónico de mi vida no es una cuestión de competencia y control. Es una cuestión de fe.

17 octubre
BELLEZA / UNIDAD / SOBRECOGIMIENTO

Puesto que eres diferente a cualquier otro ser que haya sido alguna vez creado desde el principio de los tiempos, eres incomparable.

BRENDA UELAND

Cuando leí estas palabras de Brenda Ueland, inspiré profundamente y espiré a continuación muy lentamente. Soy Incomparable. Simplemente dejándomelo saber de verdad, esto saca de mí un sentimiento de sobrecogimiento y reverencia..., reverencia hacia mí misma.

En los círculos de los Doce Pasos existe un concepto llamado «singularidad terminal». Una persona es terminalmente singular cuando cree que nadie lo ha pasado peor y que es el centro del universo. Cuando insistimos en definir el mundo desde nuestra propia perspectiva, estamos actuando desde nuestra singularidad terminal. La singularidad terminal erosiona el alma.

Cuando aceptamos y celebramos nuestra singularidad, tomamos nuestro lugar en el universo.

Hay muchas cosas llenas de belleza, y ¡yo soy una de ellas!

18 octubre
TOMA DE CONCIENCIA

No existen verdades nuevas, sino solo verdades que han sido
reconocidas por las personas que las han percibido sin darse cuenta.

MARY MCCARTHY

Nuestros mayores aprendizajes vienen a menudo cuando no somos
conscientes de que estamos aprendiendo algo. Podemos estudiar una
técnica o concentrar nuestra atención sobre un proyecto durante días,
y su verdad o su esencia puede que no salten a la vista. Entonces sucede
algo. La niebla se disipa y notamos que hemos cambiado a un nuevo
nivel de verdad incluso sin saber cómo hemos llegado allí. No fue nuestro esfuerzo ni nuestro intento el que nos condujo a este nuevo nivel.
Fue nuestra disposición a tomar conciencia de lo que ya había tenido
lugar lo que abrió una nueva puerta.

No controlamos todo el proceso de nuestro ser. A veces no tenemos
más que darnos cuenta. Eso es todo.

**El día de hoy tiene el potencial de ser un día en el que puedo
reconocer las verdades que funcionan dentro de mí.**

19 octubre

JUSTIFICACIÓN

Me sirvo de otras adicciones (comer, el sexo, beber, gastar) para recompensar mi adicción al trabajo.

BARB

«Si acabo este proyecto justo a tiempo, iremos a ese nuevo restaurante caro y pediremos a la carta lo que nos guste.»

«Cuando trabajo tan duramente, creo que merezco un trago o dos en la tarde para relajarme. Después de todo, he tenido un día muy estresante y productivo. ¡Merezco relajarme!»

«El sexo es una buena manera de relajarse. Pero se hace muy complicado si pongo cosas adicionales en él como amor, comunicación y cualidad de conexión. Esto no significa que esté utilizando a mi pareja. Las parejas también tienen sus necesidades. Servirse recíprocamente para liberar la tensión no es *realmente* utilizarse mutuamente.»

Al fin y al cabo, tengo derecho a mis adicciones. Se trata de mi vida, ¿o acaso no es así?

Sí, ¡es mi vida!

20 octubre
CONCIENCIA DEL PROCESO / CONTROL

El tiempo es un sastre especializado en arreglos y cambios.

FAITH BALDWIN

A menudo pensamos que «estamos a punto de conseguir ponerlo todo en orden», cuando la vida nos ofrece otra oportunidad de aprender. Muchas mujeres hemos aprendido a manejar nuestras vidas como manejamos nuestras casas. Hemos creído que podíamos gobernar el hogar como queríamos y que las cosas se mantendrían siempre iguales. Nos hemos sentido personalmente atacadas cuando una habitación tiene que ser pintada de nuevo, o cuando se estropea un electrodoméstico. Hemos organizado nuestras vidas basadas en una noción estática del universo. Hemos creído que, una vez establecidas las cosas, nosotras quedaríamos igualmente establecidas en nuestras casas, en el trabajo y en nuestro interior. Al intentar que nosotras y el universo permanezcamos estáticos, nos hemos preparado el camino de intensos momentos de frustración y fracaso. Nuestros intentos para controlar los procesos normales de la vida nos han cobrado su precio a nosotras y a las personas que nos rodean.

Soy un proceso. La vida es un proceso. Los cambios forman parte del proceso.

21 octubre
MIEDO

Cuando esperamos en silencio ese lujo final de la ausencia de miedo, el peso del silencio nos conmociona.

AUDRE LORDE

Nuestro silencio sobre las cuestiones que más nos interesan resuena con estruendo en nuestras cabezas y en nuestros cuerpos como el galopar de una manada de búfalos. Los cañones de nuestro ser interno resuenan con nuestras ideas y percepciones no expresadas.

Nuestro miedo confina a nuestras almas en los holocaustos diarios de una existencia silenciosa. Nuestro miedo es real, palpable. Podemos sentirlo. Tenemos que aprender a respetarlo y a movernos a través de él. No podemos negarlo, y no podemos esperar «ese lujo final de la ausencia de miedo». Quedarnos estancadas en nuestro miedo es arrastrarlo hasta ese silencio estremecedor que devora nuestra alma. Ninguna mujer debe hablar cuando no está preparada. Debemos respetarnos unas a otras en nuestro silencio. Cuando enfrentamos nuestros miedos, quizá podemos oír sus voces.

Mi miedo es real. Lo respetaré. No tengo por qué ser controlada por él.

22 octubre
ENMIENDAS

> Me he reprimido de decir la verdad y he transigido en un montón de cosas.
>
> MARION COHEN

Uno de los pasos más importantes de la recuperación de la adicción al trabajo, a cuidar de los demás, a ir siempre apresurada, y a estar siempre ocupada, es el proceso de las enmiendas. En primer lugar, tenemos que hacer una lista de las personas a las que hemos hecho daño. Después tenemos que enmendar nuestros errores siempre que no hagamos daño a nadie.

Es importante recordar que hacemos enmiendas a nuestra conducta por nosotras mismas. No lo hacemos para obtener perdón. Tampoco lo hacemos para que los demás se vuelvan como nosotras. No hacemos las enmiendas para controlar o manipular.

Hacemos enmiendas porque necesitamos hacerlas para mantener nuestra claridad o nuestra sobriedad. Hacemos enmiendas porque clarifica nuestra alma el admitir nuestros errores, el decir que lo sentimos y el volvernos hacia un poder más grande que nosotras.

Hacer enmiendas es una manera de pasar el aspirador a mi alma. Su resultado es sentirme limpia.

23 octubre
ACEPTACIÓN / VIVIR EN EL AHORA

La oportunidad de la vida es muy valiosa y se mueve muy deprisa.

ILYANI YWAHOO

¡Esto es! La vida que es realmente nuestra es la que vivimos hoy. No existe otra. Cuanto más intentamos aferrarnos a las ilusiones de lo que pensamos o de qué es o lo que *debería* de ser, menos tiempo y energía nos quedan para vivirla.

¿Cuántas veces hemos oído de gente que trabajaron mucho y muy duro para cuando llegase el día de su jubilación, y se murieron justo antes o poco después de jubilarse? ¡Qué rápido fue todo!

¡Nuestras vidas son algo muy preciado! Cada momento lleva consigo la posibilidad de un nuevo descubrimiento. Pero cuando pasa, ese momento nunca regresa.

Solo siendo consciente del presente, tendré la oportunidad de estar totalmente viva.

24 octubre
MATERNIDAD / PATERNIDAD

> Si intentamos controlar y mantener agarrados a nuestros hijos,
> los perdemos. Cuando los dejamos ir, tienen la opción de volver a
> nosotras/os con más plenitud.
>
> ANNE WILSON SCHAEF

Pocas/os de nosotras/os tienen un doctorado en maternidad/paternidad. Si lo tuviéramos, seríamos probablemente peores de lo que somos ahora. ¡Cuánta energía perdemos en intentar controlar y moldear a nuestras/os hijas/os, no por su bien, sino para que sean un mejor reflejo nuestro.

Somos incapaces de verlas/os como seres autónomos e importantes que están aquí para compartir un periodo de sus vidas con nosotras/os, para que podamos aprender mutuamente. Pensamos que las/os necesitamos para validar nuestras vidas y nuestras opciones de vida. Cuando hacemos esto, las/os utilizamos como objetos, lo cual es una falta de respeto hacia nosotras/os mismas/os.

Amar a nuestros hijos es verlos, respetarlos, compartir la vida con ellos... y, en todo caso, dejarlos partir.

25 octubre
ESPERANZAS Y SUEÑOS

La «esperanza» es un ser alado
que se posa en el alma…
y entona una canción sin palabras
que nunca, nunca, se acaba…

EMILY DICKINSON

Es agradable recordar que tenemos un ser alado en el fondo de nosotras que canta sin cesar.

Con frecuencia, creemos que hemos llegado a un lugar desprovisto de esperanza y de posibilidades, solo para encontrarnos a continuación que es la misma desesperanza la que nos permite tocar fondo, nos proporciona la ilusión de poder recuperar el control, dar un giro y pedir ayuda. Después de las cenizas de nuestra desesperación, llega el fuego de nuestra esperanza.

Estar sin esperanzas y sin sueños es un lugar de pérdida… La pérdida es nuestro derecho de nacimiento como seres humanos. La esperanza brota y canta eternamente, incluso cuando tenemos un tapón de cera en los oídos.

Reconociendo y afirmando mis sentimientos de desesperación, me abro a la posibilidad de algo diferente.

26 octubre
GUARDAR LAS APARIENCIAS

> Nuestra única preocupación debe ser vivir mientras estamos vivos/as... liberar nuestro ser interno de la muerte espiritual que se produce cuando vivimos detrás de la fachada construida para adaptarnos a las definiciones de quiénes y qué somos.
>
> ELIZABETH KÜBLER-ROSS

Intentar ser lo que los demás quieren que seamos es una forma de tortura lenta y una especie de muerte espiritual. No es posible conseguir todas nuestras definiciones externas y seguir manteniendo nuestra integridad espiritual. No podemos esperar que los demás nos digan quiénes somos y que nos proporcionen nuestra validación y nuestro sentido en la vida, y querer tener además una idea verdadera de quiénes somos. Cuando recurrimos a los demás para obtener nuestra identidad, gastamos todo nuestro tiempo y nuestra energía intentando ser las personas que ellos quieren que seamos. Además, tenemos miedo de ser descubiertas. Creemos realmente que es posible hacer que los demás vean lo que queremos que vean de nosotras, y nos agotamos en este intento.

Guardar las apariencias es una forma de ilusión de control, y sé que la ilusión de control acabará conmigo.

27 octubre
CREATIVIDAD

Es el mismo potencial creativo de los seres humanos lo que está hecho a imagen y semejanza de Dios.

MARY DALY

¡Qué manera tan maravillosa de pensar acerca de nuestra creatividad! Si no expresamos nuestra creatividad, estamos bloqueando nuestro potencial de la energía fluida de la imagen de Dios.

Para la mayoría de las mujeres que hacemos demasiado, la creatividad tiene un lugar muy al final de la lista de nuestras prioridades. No tenemos tiempo de ser creativas. Ya seremos creativas después (y después... y después). Realmente no creemos en nuestra creatividad. Solo las mujeres especiales tienen creatividad real, y estamos tan aterrorizadas de que tal vez no seamos una de esas mujeres, que ni siquiera miramos cuál pueda ser *nuestra* creatividad. Al fin y al cabo, «si no puedes hacer algo extraordinario, es mejor que no hagas nada».

Cuando pienso en mi potencial creativo como algo hecho «a imagen y semejanza de Dios» dentro de mí, me siento sobrecogida.

28 octubre
COMUNICACIÓN

> La única escucha que cuenta es la de la persona que habla, asi-
> milando y expresando ideas alternativamente.

AGNES REPPLIER

Las mujeres hemos sido históricamente personas que escuchan. Se nos ha educado para escuchar con atención, e incluso a «escuchar con el tercer oído». Las personas que cuidan de los demás tienen que escuchar y, normalmente, no decir lo que necesitan decir.

Cuando nos hemos convertido en mujeres que hacemos demasiado, descubrimos que nuestra capacidad de escucha ha disminuido. Cortamos a la gente en mitad de una frase. Suponemos que sabemos lo que una empleada va a decir y actuamos basándonos en esta presunción. Incluso nos enamoramos del sonido de nuestra propia voz.

Debemos recordar que la comunicación es más que un monólogo. La buena comunicación constituye un equilibrio entre hablar y compartir, escuchar cuidadosamente y asimilar antes de volver a hablar de nuevo.

Como mujeres, solemos limitarnos a escuchar o a hablar. De esta manera perdemos el sentido de la comunicación.

Hoy tengo la oportunidad de observar si practico los tres aspectos de la comunicación.

29 octubre
UNIDAD

> En la mente india la vida del universo no se analiza, ni se clasifica
> para hacer después una síntesis formada por las diversas partes. Por
> el contrario, para ella son igualmente importantes y variadas sus for-
> mas diversas.
>
> ALICE C. FLETCHER

Recientemente escuché a una mujer que explicaba por qué disfru-
taba pasando parte de su tiempo con una amiga anciana en una casa de
retiro para mujeres. «Todo se hace tan fácilmente», me contaba, «todas
las tareas tienen la misma categoría: lavar la ropa, hacer la comida, tiene
el mismo rango que el trabajo que hacemos en nuestros consultorios
como médicos. Todo fluye bien».

Me acordaba de lo mucho que analizamos nuestro universo, establecemos categoría de valores y cortamos nuestras vidas en pedacitos.
Este proceso no solo hace que nuestras vidas sean más difíciles, sino
que también nos aliena de la experiencia de unidad con todas las cosas,
y sin esta experiencia no sabemos a qué pertenecemos.

**Cuando desvalorizo la pertenencia de los demás al universo,
mi propia pertenencia se desdibuja.**

30 octubre
ESTAR OBSESIONADA / NECESITAR A LOS DEMÁS

> Ella, que es capaz de montar un tigre, tiene miedo de bajarse
> de él.
>
> PROVERBIO

Estar obsesionadas con nuestro trabajo se piensa a menudo que es un requisito del éxito. Pero ¿cuándo ocurrió que la cola empezó a mover al perro? ¿Cuándo fue el momento en el que dejamos de hacer nuestro trabajo y nuestro trabajo empezó a hacernos a nosotras?

Es mucho más difícil bajarse de una montaña rusa que montarse en ella. Es por esto por lo que necesitamos la compañía de las demás personas que están batallando con los mismos problemas: ellas apoyan nuestro proceso de desengancharnos de nuestro hacer obsesivo.

Solo con el apoyo de los demás y la conexión renovada con un poder más grande que nosotras podemos esperar recuperarnos y volvernos totales.

Supongo que puedo bajarme si tengo a algunas personas que sujeten al tigre.

31 octubre
ESTAR SIN PROYECTOS

¡Qué hermoso es estar sin hacer nada, y descansar a continuación!

PROVERBIO ESPAÑOL

Para muchas de nosotras, el pensamiento de estar sin hacer nada es terrorífico. No podemos imaginar que la vida sería vida si no estuviéramos sudando tinta con nuestros proyectos. No tener proyectos que nos esperan es como intentar vivir con partes de nosotras que nos faltasen. Nos hemos vuelto tan dependientes de la seguridad de nuestro próximo proyecto que ya no es *nuestro*. Estamos poseídas por él.

Las adictas al trabajo experimentamos alguna depresión cuando completamos una tarea. En lugar de relajarnos con el sentimiento natural de haber terminado, hacemos coincidir el final con el inicio de alguna otra cosa. De esta manera, lo mismo que la persona adicta a las relaciones, nunca tenemos que enfrentar la separación, ni comienzos ni finales. De hecho, nunca tenemos que enfrentarnos a nada.

Tal vez hoy podría experimentar el no hacer nada, y descansar a continuación.

1 noviembre
TRABAJO / CAUSAS

¡Cuidado con la gente apegada a las ideas! ¡Cuidado con las ideas apegadas a la gente!

BÁRBARA GRIZZUTI HARRISON

Las ideas pueden ser muy seductoras, ¡y nosotras nos dejamos seducir con mucha facilidad por ellas! Olvidamos que las ideas son solamente eso: abstracciones que han sido pensadas.

A menudo nos perdemos en las ideas y nos quedamos tan atrapadas en las mismas que no podemos distinguir entre nosotras y ellas. Cuando alcanzamos este nivel de confusión con nuestras ideas, vivimos cualquier ataque a las mismas como un ataque a nuestro ser.

El estar tan apegadas a nuestras ideas tiene como consecuencia frecuente el que se produzca un abismo entre lo que predicamos y lo que hacemos realmente. ¡Cuántas veces matamos en nombre del amor! Hablamos de cooperación e intentamos imponérsela a los demás. Tenemos una idea de gran productividad y hacemos que esta disminuya al pedir a los demás que se adhieran a ella. Empezamos teniendo una idea y la idea acaba rápidamente teniéndonos a nosotras.

No permitiré que lo que pienso destruya lo que creo.

2 noviembre
CULPABILIDAD

Yo soy aquello que tengo para dar. Es muy simple. Debo recordar que esto es suficiente.

ANNE WILSON SCHAEF

Con frecuencia, cuando hacemos un balance interno, sentimos que algo nos falta. Hemos sido una decepción para los demás. No «pudimos estar allí» cuando deberíamos haber estado, y no tuvimos toda la información que deberíamos haber tenido. De alguna manera hemos fallado, aunque a veces solo tenemos un vago sentimiento de este hecho.

Parece que el sentimiento de culpabilidad es un gen vinculado al género femenino. Parece que existe un estrecho vínculo entre sentirse culpable y ser mujer.

Cuando nos sentimos culpables, intentamos subsanar lo que hemos o no hemos hecho. Sentimos que tenemos que «hacer un postre» para enderezar las cosas. Tenemos que compensar una «transgresión», incluso aunque no sepamos cuál es exactamente la que hemos cometido. Lamentablemente, la técnica que utilizamos para arreglar las cosas suele ser adictiva y no es buena ni para nosotras ni para la persona a la que podamos haber fallado.

No puedo utilizar el regalo de una sustancia que produce dependencia para subsanar algo que creo que no he hecho o que he hecho mal.

3 noviembre
ORIENTACIÓN DE LA CRISIS

> Los médicos dicen que padezco de «depresión nerviosa». Posi-
> blemente sea así —no conozco los nombres de las enfermedades—.
> Pero lo que me cansa es la crisis producida por la pena de tantos
> años.
>
> EMILY DICKINSON

Los médicos han inventado muchos nombres eruditos —y que nos confunden— para las mujeres que trabajamos hasta que nos caemos de agotamiento. Pasamos nuestras vidas de crisis en crisis. En realidad, nos hemos hecho tan competentes en superar las crisis que nos sentimos como en casa cuando estamos en medio de una. Si hay que decir la verdad, las mujeres que hacemos demasiado creamos con frecuencia crisis cuando las cosas van demasiado lentas. Cuando las cosas están tranquilas, esperamos a que a alguien le pase algo, y nos sentimos aliviadas cuando se produce una crisis para poder resolverla. Sabemos cómo hacerlo.

Las crisis graves son muy estimulantes, *y además* son agotadoras. No quiero que las crisis sean el origen de otra etiqueta médica más. La recuperación supone otra opción.

4 noviembre
CONTROL / RECUPERACIÓN

Sabes que te estás recuperando cuando puedes ir a una reunión familiar y no tienes que enseñar, predicar o dejar literatura.

KAREN

Gran parte de nuestra enfermedad consiste en creer que no solo tenemos las respuestas correctas para nosotras, sino que también las tenemos para otras personas. Esta creencia está tan arraigada que realmente creemos que podemos hacer pensar y comportarse a la gente como queremos. Y creemos que es correcto hacerlo, puesto que sabemos qué es lo mejor.

¡Qué arrogantes nos hemos vuelto en nuestro espejismo de control! ¡Qué falta de respeto mostramos a los demás cuando intentamos controlar sus vidas y convencerlos de lo es mejor para ellos! ¡Cuánto más fácil seria trabajar *con* la gente en lugar de intentar de imponernos con la «exactitud» de nuestro «tener razón»! El control es mortal para cualquiera.

Recordaré que mi espejismo de control es simplemente eso...: un espejismo.

5 noviembre
Seguridad económica

> Parece que las recompensas de una sociedad próspera se vuelven amargas como la hiel en la boca.
>
> Natalie Shaeness

Una sociedad próspera funciona en general como un tranquilizante gigante. Persiguiendo las recompensas de la prosperidad, tenemos que desconectar completamente de nuestra conciencia, hasta tal punto que nos volvemos destructivas para nuestros cuerpos y nuestro psiquismo. Tenemos que desarrollar nuestras adicciones para cerrar nuestra conciencia a lo que *realmente* nos importa. Funcionamos a partir de un rechazo a ver y nos sentimos amenazadas por cualquier persona que ponga en cuestión nuestro rechazo.

Cuando vemos que el único objetivo de nuestro trabajo es conseguir la prosperidad, hemos perdido nuestra propia pista y de lo que tiene más significado para nosotras. Nuestro ser espiritual se ha convertido en una abstracción, si es que todavía existe.

La hiel es útil para digerir las grasas y reducir los riesgos de un ataque al corazón. Pero no sirve para nada en la boca.

6 noviembre
PLAZOS FIJOS / DILACIONES

La respuesta más corta es hacer.

PROVERBIO INGLÉS

Aunque las mujeres que hacemos demasiado trabajamos en exceso y nos damos de más, también tenemos que luchar con las dilaciones. Simplemente dejamos que se acerque el plazo límite y nos sumergimos en el abatimiento de la letargia. Sencillamente, no podemos continuar. Trabajar lentamente no es nuestro estilo. Trabajamos a sacudidas: crisis intensas de hacer, y después nada. Solo pensar en fechas límite nos deja exhaustas. Pero enfrentarnos a ellas nos estimula.

Los plazos fijos constituyen una amenaza para la continuidad de la recuperación de la adicción al trabajo. Nos proporcionan una oportunidad de volver a caer en nuestras viejas pautas de comportamiento. Recuerda: la recaída es tan peligrosa para una persona adicta al trabajo como para una persona alcohólica. Ambas tenemos una enfermedad fatal y progresiva.

Los plazos límite nos dan la oportunidad de tender la mano y pedir ayuda. Hablar con nuestro/a mentor/a es una faceta necesaria de la recuperación.

Este plazo fijo es un regalo para ayudarme a ver cuánto progreso he realizado y cómo puedo funcionar de manera diferente.

7 noviembre

VALOR

> Lo que estoy realmente diciendo es que todo el mundo necesita
> permitir que le guíe su intuición, y después tiene que estar dispuesto
> a seguir esta guía de una manera directa y sin miedo.
>
> SHAKTI GAWAIN

Una de las cosas más aterradoras del mundo es confiar en nuestra intuición y seguir esta confianza. Es difícil para nosotras creer que lo que los cuáqueros llaman nuestra «luz interior» es realmente la manera en que nos habla con más claridad nuestro poder superior.

Cuando estamos alineadas con nosotras mismas y con nuestro proceso, estamos realmente alineadas con el proceso del universo. Cuando estamos alineadas con nosotras mismas, nuestras vidas parecen transcurrir sin esfuerzo. Cuando tenemos el valor de confiar en nuestra intuición, la vida comienza a vivirse con facilidad.

Mi intuición me conecta con la voz que necesito escuchar.

8 noviembre
ACCIÓN

Realmente no hay nada más que decir, excepto por qué. Pero como el porqué es muy difícil de enfrentar, debemos refugiarnos en el cómo.

TONI MORRISON

A menudo se producen acontecimientos en nuestras vidas que simplemente carecen de sentido. A pesar de que hagamos nuestros mejores esfuerzos, los proyectos fracasan. Es importante hacer un balance de la situación, aceptar nuestra parte del fracaso, y después continuar.

Cuando nos quedamos atrapadas en el porqué, podemos quedarnos ahí por mucho tiempo. Así pues, queremos comprender, y es muy difícil admitir que algunas cosas sencillamente no tienen sentido. En los círculos de los Doce Pasos, la gente dice: «Preguntar el porqué es morir» [1].

La fe en la vida no pregunta el porqué. La fe en la vida pregunta el «cómo» y actúa.

Puede que el acontecimiento en sí no sea el problema. Tal vez el problema sea nuestra necesidad de entenderlo.

---

[1] Juego de palabras que pierde su sentido onomatopéyico al ser traducidas: *Whying is dying. (N. del T.)*

9 noviembre
REITERACIÓN / OBSTINACIÓN

> No es verdad que la vida sea una maldita cosa detrás de la
> otra... Es la misma maldita cosa una y otra vez.

EDNA ST. VINCENT MILLAY

Nuestro proceso interno nos proporciona todas las oportunidades que necesitamos para aprender. Nuestro ser interno es muy conservador: siempre continúa reciclando nuestra porquería, y reciclando y reciclando. Si no aprendemos la lección a la primera, se nos da otra oportunidad... y otra... y otra. La vida nos da todas las oportunidades de «trabajar» todo lo que tenemos que «trabajarnos».

Desgraciadamente, cada oportunidad de aprender y de reciclar llega con más y más fuerza. La intensidad de la fuerza con la que tenemos que ser golpeadas es proporcional a nuestro rechazo, nuestra obstinación y nuestro espejismo de control. La vida repetirá en ciclos la misma maldita cosa una y otra vez, hasta que aprendamos la lección.

Estoy contenta de que mi proceso se reitere dentro de mí. A veces soy una persona lenta en aprender.

10 noviembre
Dejarlo estar / Control

El verdadero secreto para dar consejos es quedar absolutamente
indiferente a si es seguido o no, una vez dado, y nunca insistir en hacer
que la gente cambie.

HANNAH WHITALL SMITH

En realidad, probablemente no deberíamos nunca aconsejar a nadie, incluso si se nos pide. Sin embargo, con frecuencia es útil dar información y *dejarla estar.* Demasiadas veces nos implicamos demasiado
en la información que damos y estamos tan seguras de estar en lo correcto, que tenemos que asegurarnos de que la otra persona la *acepte.*
De alguna manera, muy en el fondo, la aceptación de nuestra información la vinculamos a nuestro propio valor. Si no aceptan nuestros consejos y actúan de acuerdo con ellos, nos creemos que no nos quieren,
no nos valoran y un montón de cosas más.

A medida que sanamos y empezamos a soltar nuestras conductas
de adicción, descubrimos que disminuye nuestra necesidad de controlar
a los demás. Estamos aprendiendo a dar y a dejarlo estar.

**Tengo una buena información para compartir. Es más proba-
ble ser escuchada cuando la doy y la dejo estar.**

11 noviembre
OCUPACIONES / CAUSAS / TOMA DE CONCIENCIA

¿Por qué cuando la gente no tiene capacidad para ser útil en privado está tan ansiosa de servir al público?

SARA JEANETTE DUNCAN

¿Cuántas de nosotras utilizamos nuestras causas y proyectos como una fachada de adicción a nuestro estado de ocupación permanente? ¿Nos imponemos a los demás e imponemos nuestros puntos de vista como medio de no mirar por dentro?

¡Las causas parecen tan nobles y servir al público parece algo tan puro...! ¿Son la nobleza y la pureza realmente lo que somos? ¿Está relacionada nuestra necesidad de poder y de reconocimiento con nuestro sentimiento de desvalorización? Me pregunto hasta qué punto somos honestas ocultándonos detrás de nuestras causas y de nuestro servicio. Tal vez solo estemos desarrollando medios sutiles y socialmente más aceptables de practicar nuestra enfermedad. Sin embargo, tenemos otras opciones.

La toma de conciencia es la clave. Cuando sé lo que estoy haciendo, tengo la oportunidad de cambiar.

12 noviembre
CREATIVIDAD

En cuanto empecé a pintar lo que tenía en la cabeza, las personas
que me rodeaban quedaron sorprendidas.

LEONOR FINI

Nuestra creatividad, una vez liberada, no conoce tiempo ni espacio.
Es como un amante apasionado que quiere ser oído. No es de extrañar
que nos dé tanto miedo. Puede poner nuestro mundo patas arriba.

Cuando nuestra creatividad aparece es ahora. Las ideas que tenemos
en este momento son el resultado de lo que somos ahora, y de lo que
se ha estado cociendo dentro de nosotras. No seremos las mismas mujeres dentro de quince años.

Expresar ahora nuestra creatividad en cualquier forma es una manera de enriquecer nuestras vidas, convirtiéndonos en mujeres más interesantes y liberando la tensión de no crear.

Me debo a mí misma encontrar tiempo para mi yo creativo.

13 noviembre

> Si supieras cuántas veces me digo: ¡Al infierno con todo y con
> todo el mundo! He cumplido mi parte, deja que los demás hagan
> lo que les corresponda; ya es suficiente, suficiente, suficiente.
>
> GOLDA MEIR

Antes de que empezáramos a recuperar la salud, siempre éramos las primeras en hacer el esfuerzo extraordinario que había que realizar. Estábamos convencidas de que éramos indispensables y de que, si no solucionábamos nosotras la situación, nadie lo haría.

Ahora tenemos una visión diferente. Cuando llegamos a un punto en el que nos gustaría decir «al infierno con todo», sabemos que la solución no está «ahí fuera», sino «aquí dentro», y que no nos hemos descuidado a nosotras mismas. Cuando cuidamos de nosotras, dejamos cualquier actividad antes de vernos postradas de rodillas. Trabajar nuestro programa de recuperación nos ha enseñado a estar atentas a las señales de autoabandono.

Todavía no estoy ahí. Cuando presto atención a las señales que siento, cada vez me encuentro mejor.

14 noviembre
CONTROL

Yo estaba desgarrada por dos conceptos diferentes del tiempo. Sabía cuál de los dos tenía sentido, pero el otro consistía en luchar duramente para sobrevivir. [Estructura, organización estricta, exceso de orden. Lo cual no tenía absolutamente nada que ver con nada.]

ROBYN DAVIDSON

Una de las maneras en que practicamos nuestra ilusión de control y protegemos nuestra enfermedad es rodeándonos de gente como nosotras, que hacen las mismas cosas. Cuando estamos rodeadas de mujeres que también se pasan la vida corriendo, están siempre ocupadas, trabajan demasiado y cuidan de todo el mundo, nosotras parecemos normales. Nuestras «drogodependencias» parecen normales. Evitamos ponernos en situaciones en las que nuestras capacidades de control no son compartidas y valoradas, porque en dichas situaciones tal vez nos demos cuenta de que no nos gusta en absoluto controlar. La estructura, la organización estricta y el exceso de orden son la forma en que tienen que ser las cosas, o por lo menos así lo creemos. Por esto, cuando nos permitimos viajar, paramos en hoteles de cadenas conocidas a ser posible.

Nuestro espejismo de control es más astuto que un gato, y tiene más de nueve vidas.

15 noviembre
ACEPTACIÓN / CONTROL / PLEGARIA DE SERENIDAD

> Ahora creo que el punto que he alcanzado es que he aprendido
> a vivir con todo ello… con ser vieja… pase lo que pase… con todo
> lo que implica.
>
> EDELGARD

¡Qué maravilla que no solo tenemos la oportunidad de vivir nuestras vidas, sino también de aceptarlas! Hemos gastado tanto tiempo y energía luchando en vano contra cosas que no podemos cambiar y golpeándonos la cabeza contra muros reforzados de acero, que no hemos dejado de preguntarnos si era esta la colina sobre la que queríamos morir.

Parte del aprendizaje de vivir nuestras vidas es desarrollar la capacidad de aceptar lo que no puede ser cambiado y aprender a vivir de manera creativa estas situaciones. También necesitamos descubrir lo que se puede desafiar con valor, y poder evolucionar cuando es necesario. La aceptación no es resignación. La aceptación es la serenidad que abraza a la vida.

Hoy mi vida es sencillamente como es, y es mía.

16 noviembre

SENTIRSE LOCA

Volverse locas y enfrentarnos a ello son realidades interactivas. Van juntas y se apoyan mutuamente. Cuando enloquezco, creo que tengo que enfrentarme a ello, y, cuando intento enfrentarme a ello, me vuelvo loca.

KAREN M.

Cuanto más locas nos sentimos, más creemos que deberíamos ser capaces de enfrentarnos a ello. Esta es parte de la progresión de esta enfermedad: perdemos nuestra capacidad para hacer juicios sanos y claros sobre nosotras mismas y las situaciones en las que nos encontramos. Nos descubrimos intentando realizar hazañas que ninguna persona cuerda intentaría siquiera y creemos con todas nuestras fuerzas que somos capaces de llevarlas a cabo con facilidad. Efectivamente, el hecho de cargarnos cada vez con más cosas está relacionado con la realidad de estar cada vez más cerca del umbral (de la locura). Es difícil decir cuál es el huevo y cuál es la gallina —probablemente ninguno de los dos—. Son interactivos. El responsabilizarnos constantemente de más cosas nos lleva a estar cada vez más cerca del umbral, y estar más cerca del umbral nos lleva a hacer siempre más cosas.

La inercia es la fuerza que mantiene a un objeto en reposo cuando está en reposo y en movimiento cuando está en movimiento, salvo que intervenga una fuerza externa.

Tenemos un problema de inercia y necesitamos una fuerza externa. No podemos hacerlo solas.

17 noviembre
CONCIENCIA DE SÍ MISMA

> Existe un periodo de la vida en el que nos tragamos un conocimiento de nosotras mismas, y después se vuelve dulce o amargo por dentro.
>
> PEARL BAILEY

El autoconocimiento siempre es algo bueno. Nadie puede conocernos tan bien como nos conocemos nosotras mismas.

Es en nuestra propia conciencia donde reside nuestra fuerza. Y la conciencia de cada aspecto de nosotras nos permite convertirnos en lo que somos.

Con frecuencia, el rechazo de diversos aspectos nuestros nos estanca. Algunas vemos con presteza estos aspectos de nuestra personalidad que consideramos negativos, y ya estamos igualmente prestas a castigarnos por ellos. Otras vamos al otro extremo y endulzamos nuestras percepciones, responsabilizando a cualquier persona o situación fuera de nosotras de lo que hemos llegado a ser. Ninguno de los dos enfoques es útil ni ayuda a evolucionar.

Pertenecernos a nosotras mismas es probablemente la más rica mina de oro que nunca hayamos podido poseer.

18 noviembre
ACEPTACIÓN / AMBICIÓN

Añoro cumplir una tarea grande y noble, pero mi principal obligación es cumplir pequeñas tareas, como si fueran grandes y nobles.

HELEN KELLER

¡Qué palabras más sorprendentes, procediendo de una persona cuya vida fue «una tarea tan grande y noble»! En las palabras de Helen Keller sentimos una gran aceptación de su vida. Percibimos un atisbo de comprensión interna en la paradoja de que si nos limitamos a dar paso a paso y a cumplir cada tarea tal como se presenta, tal vez descubramos que hemos hecho cosas grandes y nobles. Pero si *intentamos* cumplir grandes y nobles tareas, tal vez descubramos que hemos perdido las oportunidades mágicas de hacer sencillamente lo que teníamos que hacer.

Como dice la autora Brenda Ueland: «Intenta descubrir el ser verdadero, auténtico y no teórico». Nuestro ser teórico con frecuencia interfiere en nuestro ser real.

La idea ilusoria que tengo de mí quizá no corresponda a quien soy de verdad. La idea ilusoria que tengo de mi trabajo tal vez no corresponda a lo que este es en realidad.

19 noviembre
GESTIÓN DEL TIEMPO

> Trabajo tanto sobre mi gestión del tiempo que no consigo hacer nada más.
>
> ANÓNIMO

Podemos absorbernos tanto en una nueva técnica, que la técnica misma se convierte en otro monstruo en nuestras vidas, y nos hacemos esclavos de ellas.

La gestión del tiempo puede ser una buena cosa. Puede ayudarnos a mirar cómo lo empleamos. Puede servirnos para volvernos más eficaces en hacer un trabajo y puede ayudarnos a aprender a hacer cosas viejas de nuevas maneras. Ninguna de nosotras es tan eficaz como podría serlo, y la eficacia es muy útil.

Sin embargo, cuando utilizamos una técnica para apoyar nuestra enfermedad de adicción al trabajo, esa técnica se convierte en parte del problema. Por desgracia, las personas adictas saben muy bien cómo utilizar cualquier cosa que apoye su enfermedad.

Cuando nos estamos recuperando, tenemos una mejor perspectiva para evaluar nuestra utilización de los medios que hacen que nuestras vidas sean más serenas y más saludables.

Estaré abierta a los medios que sirvan para mi recuperación, reconociendo que los Doce Pasos de Alcohólicos Anónimos son una de las mejores herramientas para este objetivo.

20 noviembre
RECONOCIMIENTO

No debes pensar, a pesar de que mi vida ha terminado con tal derrota, que «ha sido desperdiciada» o que la cambiaría por la de alguna de las personas que conozco.

ISAK DINESEN

Uno de los aspectos más importantes de nuestras vidas es que son *nuestras*. Nadie más podría vivirlas exactamente como las vivimos nosotras. Cualquier cosa que sucede en nuestra vida es una oportunidad de aprender. A menudo, esos momentos de frustración se convierten en momentos de alegría y de creatividad.

¡Qué extraordinaria experiencia es mirar hacia atrás y sentir realmente que podemos celebrar nuestras vidas! ¡Todas ellas!

Estar recuperándonos y volver a nuestro ser espiritual nos proporciona una vía de reconocimiento.

Hoy tengo la oportunidad de caminar por el sendero del reconocimiento.

21 noviembre
TIEMPO DE SOLEDAD

> Las ocupaciones normales de las mujeres en general van en contra de la vida creativa, contemplativa o de santidad.
>
> ANNE MORROW LINDBERG

No hay muchas cosas en nuestras vidas que apoyen nuestra creatividad. El trabajo en casa y fuera de casa no conduce generalmente a ningún tipo de enriquecimiento interior que necesita todo ser humano. Cuando aceptamos el sistema de la adicción al trabajo, la competitividad y el estrés de la sociedad dominante, descubrimos que cambiamos, perdiendo muchas de las cualidades que nos eran más preciadas.

Nos hemos rebelado contra el trabajo de las mujeres, hemos entrado de cabeza en el trabajo de los hombres. Ahora no solo tenemos que hacer el trabajo «femenino», sino que tenemos que hacer los dos y trabajar el doble.

Descubrimos que nuestros momentos para la creatividad, la contemplación, o incluso la santidad, son pocos y muy espaciados entre sí. Pero necesitamos esos periodos de tiempo y los merecemos.

Intentaré recordar que cuando tomo tiempo para mí misma, tengo mucho más que ofrecerme y que aportar a mi trabajo y a las personas que me rodean.

22 noviembre

TOTALIDAD

El trabajo de las mujeres está siempre dirigido hacia la totalidad.

MAY SARTON

Cuando nosotras las mujeres hacemos *nuestro* trabajo, nos movemos hacia la totalidad. El mundo necesita totalidad. El mundo necesita la manera de trabajar de las mujeres.

Durante mucho tiempo hemos dudado de nosotras mismas y hemos intentado ajustarnos cómodamente a la manera de hacer masculina. Pero, para tener la totalidad, debemos también aportar nuestra contribución. Para tener la totalidad, tenemos que conocer nuestros valores y valorar nuestros conocimientos.

Hemos «dejado de cumplir» con nuestra responsabilidad respecto a esta sociedad y a este planeta. Ya es hora de que manifestemos valientemente nuestros pensamientos, ideas y valores, y dejemos que se defiendan por sí mismos.

Cuando hago mi trabajo, mi trabajo es totalidad.

23 noviembre
Darle la vuelta

Tengo que tomar un respiro emocional, dar un paso atrás, y recordarme quién está realmente a cargo de mi vida.

Judith M. Knowlton

¿Cuántas veces queremos detenernos, darnos la vuelta y gritar enfadadas: «¿Quién es la persona que está a cargo de todo esto?»? Hemos intentado responsabilizarnos de nuestras vidas y nos hemos dado cuenta una y otra vez de que el ser que está a cargo de ellas no funciona en absoluto. Entonces... si no somos nosotras, ¿quién es?

Parece demasiado nebuloso para una mujer práctica y profesional dar un paso atrás y poner su vida en manos de algún vago poder que pudiera existir por ahí afuera. ¿No es eso una religión para personas delicadas? ¿No son las personas que quieren depender de un poder más grande que ellas, personas dependientes y que no quieren tomar la responsabilidad de ellas mismas? Tal vez. Pero cuando pensamos en términos dualísticos como estos, cuando nos aferramos al poder o lo abandonamos, perdemos el punto justo.

La vida es un proceso de cooperación con las fuerzas de nuestras vidas y de práctica de esta colaboración.

Somos responsables juntas. No como controladoras..., sino como procesos vivos.

24 noviembre
SOLEDAD

Lo mismo que el agua puede reflejar claramente el cielo y los
árboles solo mientras su superficie se mantenga serena, la mente
solo puede reflejar la verdadera imagen del Ser cuando está tranquila y completamente relajada.

INDRA DEVI

¿Cuántas veces están nuestras mentes «completamente tranquilas y relajadas»? ¿Reconocemos que ese tiempo para la soledad es tan importante para nuestro trabajo como mantenernos informadas, preparar informes o planificar? Como dice la autora Brenda Ueland, «actualmente tu alma se hace terriblemente estéril y se seca porque eres demasiado rápida, eficiente y vas siempre con tantas prisas, haciendo una cosa detrás de otra, que no tienes tiempo para que puedan llegar tus propias ideas, para evolucionar y brillar suavemente».

Nos tenemos que dar tiempo. Tenemos que dar tiempo a nuestras ideas. Si no lo hacemos, no podremos brillar suavemente ni oír la voz de nuestro proceso interno que nos habla.

La soledad no es un lujo. Es un derecho y una necesidad.

25 noviembre
PERFECCIONISMO

> No trates de ser una niña tan perfecta, querida. Haz lo mejor
> que puedas sin ansiedad ni demasiado esfuerzo.

JESSE BARNARD

Cuántas de nosotras hemos añorado palabras por parte de nuestras madres como las que Jesse Barnard escribió a su hija. Tal vez si nuestros padres no nos hubieran necesitado perfectas, *nosotras* no necesitaríamos ser perfectas. Desgraciadamente, incluso cuando los demás no nos exigen la perfección, nosotras nos la exigimos.

Olvidamos que cuando nos viene el impulso de perfección, el único estándar que tenemos que alcanzar es el de ser perfectamente nosotras mismas. Siempre que establecemos modelos externos y abstractos y nos forzamos a seguirlos, nos destruimos.

Hacer lo mejor que puedo sin ansiedad ni demasiado esfuerzo suena a una buena y relajada manera de vivir.

26 noviembre
TENDER UNA MANO

Que nuestras posibilidades puedan ser omniabarcantes. Que podamos ver unos/as en otros/as los Todos que una vez fueron Todos-Uno volver a ser Uno.

LAURA RIDING

Parte de la belleza de la recuperación de hacer demasiado es darse cuenta de que nuestras vidas están cambiando y de que parece que estamos adquiriendo una cualidad más espiritual a nuestro pesar.

Además, a medida que dejamos de trabajar hasta matarnos, descubrimos que tenemos más tiempo para tender una mano, que el solo hecho de hacerlo parece ser positivo para nosotras y que, sorprendentemente, facilita nuestra evolución y nuestra recuperación.

Evolucionamos cuando vamos más allá de querer cristalizar a los demás. Nos damos cuenta de que nuestro proceso de recuperación con los demás es una de las maneras de recordar nuestras historias, de recordar dónde no hemos sido, recordar quiénes somos y progresar en nuestra recuperación.

Cuando tendemos una mano a otra persona, tenemos la posibilidad de recordar que somos un mismo ser, que somos lo mismo.

27 noviembre
FELICIDAD

Si no has sido feliz siendo muy joven, puedes todavía ser feliz más adelante, pero es mucho más difícil; necesitas tener más suerte.

SIMONE DE BEAUVOIR

Todas nosotras llevamos influencias y experiencias de nuestra infancia a nuestra vida de personas adultas. Las familias con problemas son la norma en esta sociedad y, probablemente, ¿no consistirá toda la cuestión en que tenemos algo de la infancia que ha de ser trabajado? Tal vez la pregunta apropiada sea: ¿qué es lo que tenemos que trabajar procedente de las experiencias de nuestra infancia?

Lo sorprendente acerca de la aventura humana es que, por muy horrenda o terrible que haya sido nuestra infancia, a medida que trabajamos sobre ella, siempre podemos encontrar recuerdos de momentos de felicidad que han sido olvidados hace mucho tiempo. Y, con independencia de lo perfecta que pareciera nuestra familia en la superficie, siempre tenemos algunas experiencias dolorosas que trascender.

La verdadera felicidad no procede de una infancia perfecta. La felicidad proviene de recuperar nuestra infancia única y sacar las lecciones que nos tenía reservadas.

28 noviembre
ESTAR EN CONTACTO CON UN PODER
MÁS GRANDE QUE NOSOTRAS

Principalmente no son las ideas abstractas las que influyen en
nuestra espiritualidad, es nuestra vivencia de y con Dios.

SANDRA M. SCHNEIDERS

No podemos aproximarnos a Dios o al proceso del universo con ideas. La Teología intenta pensar en Dios, pero con frecuencia nos pide negar nuestra *vivencia* de un poder más grande que nosotras.

Cuando aprendemos a confiar en nuestras propias percepciones y experiencia, descubrimos que empezamos a tener una relación con el proceso del universo. De hecho, cuando hacemos nuestro trabajo de recuperación descubrimos que cuando vivimos de acuerdo con nuestro propio proceso, somos una con el universo. Somos el holomovimiento.

Este proceso vivo que está en nosotras es, al mismo tiempo, más grande que nosotras. Cuando somos verdaderamente nosotras mismas, somos más que nosotras mismas. No tenemos que buscar la espiritualidad. *Somos* la espiritualidad.

Mi vivencia del infinito no puede empezar con mi cabeza.

29 noviembre
Risa

Una se pierde muchas risas por no reírse de sí misma.

Sara Jeannette Duncan

¡Bien dicho! Parte del proceso de recuperación es ser capaz de ver qué divertidas somos en nuestra enfermedad. Nos tomamos demasiado en serio.

Uno de mis mejores momentos se produjo cuando fui invitada a dar una conferencia en una comida de las Quinientas Mayores Empresas. Yo acababa de hacer una acampada antes de tener que cumplir este compromiso, así que me sentía un poco cansada. Para causar una impresión correcta, me había puesto un traje convencional de mujer de negocios, con una blusa de seda, botas de tacón alto y leotardos. Después de haber pasado una temporada en plena naturaleza, no estaba muy segura de cómo adaptarme a ese disfraz. Justo antes de que llegara mi momento de hablar, fui al cuarto de baño para «orinar mis ansiedades», como decimos en los círculos clínicos. Salí de allí un poco animada y lista para empezar. Justo cuando alcanzaba la puerta del auditorio, sentí un pequeño escalofrío y me di cuenta de que mi falda había quedado pillada por los leotardos y que tenía «el trasero al aire». Tuve una oportunidad instantánea para la humildad. Por supuesto que inicié la conferencia con una apertura triunfal.

Cuando vemos lo divertidas que somos, podemos ver nuestro lado entrañable.

30 noviembre
CULPABILIDAD

Las mujeres conservamos un rincón especial de nuestro corazón para los pecados que nunca hemos cometido.

CORNELIA OTIS SKINNER

Estamos siempre tan dispuestas a responsabilizarnos de todo que constantemente nos sentimos culpables.

Si nuestro marido se siente abatido o deprimido, debe ser a causa de algo que hemos hecho. Si nuestros/as hijos/as no están teniendo éxito, debe ser por nuestra culpa. Si no se cumple un plazo, es que deberíamos haber dejado más tiempo. ¡Las mujeres estamos tan dispuestas a tomar sobre nosotras la culpabilidad del mundo...! No importa si hemos cometido alguna transgresión o no. Si esta existe, las culpables tenemos que ser nosotras. Desgraciadamente, hay mucha gente a nuestro alrededor que se siente feliz apoyando nuestras ilusiones de culpabilidad.

Nunca hemos dejado realmente de ver qué egocéntrico es asumir la responsabilidad de cada cosa que sucede, tanto si tenemos algo que ver con ella como si no. Cuando nos culpamos por todo lo que sucede a nuestro alrededor, nos hacemos el centro de todo.

Debe haber una manera más fácil de ser tenida en cuenta.

1 diciembre
SEGURIDAD ECONÓMICA

Realmente somos esclavas del coste de la vida.

CAROLINA MARÍN DE JESÚS

Todas nosotras tenemos que enfrentarnos al coste de la vida. Existir es cada vez más caro, y vivir parece a veces como si solo se hiciera por obtener riquezas.

Hemos perdido las huellas de la diferencia entre lo que queremos y lo que necesitamos. Todo se ha convertido en una necesidad. Si no tenemos lo que pensamos que necesitamos, disminuyen nuestra autoestima y nuestros sentimientos de autovaloración. Ya no podemos recordar lo que es importante.

Nosotras somos importantes. Nuestros/as hijos/as son importantes. Nuestras relaciones son importantes. El planeta es importante. Nuestras vidas son importantes.

Para que no olvidemos lo que somos, detengámonos hoy y recordemos.

2 diciembre

INTERESES / EXCESIVAMENTE MULTIPLICADA

Estoy envuelta en tantas cosas —tanto puramente prácticas
como también otras en las que están implicados mis sentimientos
y mi vida, ya sea por mi culpa o por suerte—, que sacarlas adelante
va a tomarme todas mis fuerzas.

ISAK DINESEN

A veces las mujeres que hacemos demasiado estamos confusas entre el entusiasmo saludable o pasión por nuestro trabajo y la adicción al mismo. La pasión se transforma en adicción cuando se vuelve destructiva para una misma y para los demás. La adicción al trabajo no es perseguir nuestros intereses. La adicción no nos deja tiempo para estos.

A menudo nos multiplicamos en exceso persiguiendo nuestros intereses y, como adictas, no sabemos cuándo parar. Siempre acumulamos más y más objetivos. La mujer que tiene una relación sana con sus intereses es capaz de darles el tiempo que merecen y de saborearlos.

Mi interés añade riqueza a mi vida, pero no cuando lo persigo de manera compulsiva.

3 diciembre

LIBERTAD

> Tenemos que establecer contacto con nuestra propia ridiculez
> liberadora y practicar el ser anticonvencionales inofensivas.
>
> SARAH J. MCCARTHY

Para mí, libertad significa ser quien soy. Se supone que las mujeres profesionales deben llevar el pelo corto y bien arreglado. Yo tengo el pelo largo y le dejo su caída natural. Es inofensivo... y soy yo misma. Desde luego, es liberador ser «ridícula» y anticonvencionalmente inofensiva.

Una vez tenía que dar una conferencia en la universidad para las mujeres y el personal de la facultad a la hora del almuerzo. Durante mi discurso pregunté si había un código sobre la manera de vestirse. Inmediatamente se me aseguró que los/as estudiantes podían vestirse como quisieran. Les dije que me refería a las mujeres que trabajaban allí. Todas estaban vestidas de la misma manera: traje de chaqueta, blusas y una especie de corbata. La única anticonvencional era una mujer que ¡tenía un fruncido en la falda!

Libertad es poder escoger la manera de vestirse que se acomode más a nuestra personalidad y que nos siente bien. Esta es una manera de expresar lo que somos.

4 diciembre
REGALOS

Aprende a tomar contacto con el silencio que está dentro de ti,
pues has de saber que todo en esta vida tiene un propósito. No hay
errores ni coincidencias; todos los acontecimientos son bendiciones
que se nos dan para que aprendamos de ellas.

ELIZABETH KÜBLER-ROSS

Nuestras vidas no discurren siempre tranquilamente. De hecho, muchas de nosotras hemos tenido muchos traumas y luchas. Cuando estamos en medio de un periodo problemático, es difícil verlo como un regalo. Sin embargo, desde una perspectiva amplia, cada experiencia es una oportunidad de aprendizaje.

Cuando desperdiciamos nuestra energía culpabilizando a alguien y quejándonos, estamos entregando nuestro poder a la persona a la que responsabilizamos de nuestros males. Nuestro tiempo y energía están bien empleados cuando nos detenemos y nos preguntamos: «¿Cuál es la parte que me corresponde en esta situación y qué tengo que aprender de ella?». Al hacerlo, no nos estamos culpabilizando a nosotras mismas. No estamos culpabilizando a nadie en absoluto. Nos estamos abriendo a escoger cualquier aprendizaje que se nos presente. Es en este proceso en donde nos volvemos completas.

Tal vez no me guste siempre la envoltura del regalo, pero es el regalo lo que cuenta.

5 diciembre
RESPONSABILIZARSE

> Nuestra fuerza está hecha frecuentemente de la debilidad a la que estamos condenadas si tenemos que mostrarla.
>
> MIGNON MCLAUGHLIN

¿Cómo demonios llegué a responsabilizarme? Debe de haber sido un error. No sé qué hacer con este contrato. No sé cómo educar a estos niños. Debo haberme tomado a mí misma por «ellos» para creer saber lo que estaba haciendo. En lo más íntimo, estoy más a gusto cuando alguien toma la responsabilidad definitiva. ¿Quién ha cometido este terrible error?

A menudo creemos de verdad que debe haber alguien que lo tiene todo y sabe qué hacer en toda situación. Pero ¿dónde está ese mirlo blanco? Tal vez podamos plantear las preguntas adecuadas y conseguir la información correcta, y entonces nadie sospechará de nuestra charada.

Tú eres ese mirlo, querida. ¡Adelante!

6 diciembre
VALOR / APERTURA / MIEDO

Para apreciar la apertura, tenemos que haber experimentado
el valor de vivir lo nuevo, de buscar alternativas, de plantearnos
posibilidades frescas.

SISTER MARY LUKE TOBIN

El valor y la apertura van de la mano. Nuestro valor nos ayuda a asumir el riesgo de «intentar lo nuevo». Cuando tenemos miedo, solo vemos un camino, nuestro camino. El valor abre el camino para posibilidades nuevas.

Cuando enfrentamos nuestros miedos, descubrimos que estamos dotadas con un nivel de valor que nunca hubiéramos sospechado que existiera en nosotras. Afortunadamente, no tenemos que ser heroínas para demostrar el valor. Tenemos cada día miles de oportunidades de actuar valientemente. Germinar y sacar adelante nuevas ideas exige valor. Mantener lo que sabemos en nuestro corazón que es correcto exige valor. A veces incluso es necesario el valor para echar un sueñecito.

Cada día, lo único que pido es valor.

7 diciembre
SUBIR LA ESCALERA

> El mejor consejo profesional que puede darse a los/as jóvenes
> es que descubran lo que más les gusta hacer y después que encuen-
> tren a alguien que le pague por hacerlo.
>
> KATHERINE WHILEHAEN

Lo que nos encanta hacer a menudo no tiene ninguna conexión con nuestra elección profesional. Vivimos en una cultura que nos enseña a orientarnos hacia lo que puede venderse. Hemos sido enseñadas a ignorar lo que nos entusiasma y a buscar la comodidad. Los objetos pueden comprarse y venderse, y tememos poder ser también compradas y vendidas. No pensamos que podemos permitirnos el lujo de ver qué es lo que realmente queremos hacer.

Olvidamos un factor esencial y primordial: si hacemos lo que nos entusiasma hacer, probablemente lo haremos de maravilla.

Si nos concentramos en el éxito, probablemente nos olvidaremos de vivir. Si nos concentramos en vivir y hacer lo que nos gusta, tendremos grandes posibilidades de tener éxito.

8 diciembre
COMPARTIR

Cuando los propios problemas son insolubles y nuestros mejores esfuerzos se ven frustrados, es una tabla de salvación escuchar los problemas de otra persona.

SUZANNE MASSIE

A veces llegamos a un callejón sin salida en nuestras vidas. A pesar de nuestra inteligencia, de nuestra competencia y de nuestra tenacidad, no parece que seamos capaces de ordenar nuestras vidas. Muchas veces, es en estas ocasiones cuando puede jugar un papel la sabiduría del Paso Doce del Programa de los Doce Pasos.

Al haber empezado a estar en contacto con nuestra espiritualidad y a experimentar el efecto curativo del Programa de los Doce Pasos, estamos preparadas para compartir nuestra fuerza y nuestra esperanza con los demás. Pero, cuando lo hacemos, no estamos tendiendo una mano de una manera egocéntrica y, simultáneamente, nos damos cuenta de que al hacerlo obtenemos a menudo una gran ayuda.

No me siento muy fuerte cuando llego a un callejón sin salida en mi vida. Puede ser el momento en que lo único que necesito es pedir ayuda a otra persona.

9 diciembre
Confusión / Ocupaciones

> Como adicta al trabajo, he aprendido que he aplicado el Programa de los Doce Pasos de Alcohólicos Anónimos de una manera adictiva. ¡Venga, venga! ¡Trabájate esas adicciones! ¡Aplica esos pasos! ¡Ra, ra, ra!
>
> MICHELLE

Parte de la sutileza de esta enfermedad es tomar algo que en principio es positivo para nosotras, y hacerlo de tal manera que se convierte en destructivo y perpetúa el problema.

Trabajar es positivo, pero si lo hacemos de manera compulsiva y nos castigamos y castigamos a las personas que nos rodean, se convierte en algo destructivo. El ejercicio es bueno. Pero si lo utilizamos para destruir nuestro cuerpo, evitar la intimidad y no estar en contacto con nosotras mismas, puede tener el mismo efecto que darse a la bebida.

En algún nivel más profundo de nuestras vidas, *cómo* hacemos las cosas es tan importante como *lo que* hacemos.

Cuando me destruyo o me castigo con cosas positivas, sigo destruyéndome o castigándome.

10 diciembre

SENTIRSE ATRAPADA

Las mujeres constituyen la clase esclava que mantiene a la especie, al liberar a una mitad para que puedan ocuparse de los asuntos del mundo.

SHULAMITH FIRESTONE

Queríamos volvernos mujeres profesionales, en parte porque queríamos liberarnos de ser «la clase esclava que mantiene a la especie». Pero es difícil escapar totalmente a esta trampa. Descubrimos que Cualquier trabajo puede convertirse en una trampa, tanto si somos amas de casa a tiempo completo, voluntarias, personal de apoyo o ejecutivas de alto nivel. Nuestra sociedad está establecida de tal manera que se necesita a muchas personas para sostener el trabajo de unas pocas. Pero incluso si formamos parte de esas pocas personas, no siempre somos libres.

Tenemos que reconocer que todas nosotras, con independencia de lo que hagamos, somos parte de los «asuntos del mundo», y que este nos necesita.

Aceptar lo que soy y lo que tengo que ofrecer me fortalece a mí y a la sociedad.

11 diciembre

> Debes saber que si tienes una especie de actitud «sabelo-todo» cultural, que se complace en señalar lo que no es bueno, en discriminar, razonar y comparar, estás sometida a una especie de bribón. Espero que puedas liberarte de él.
>
> BRENDA UELAND

No necesitamos que nadie nos critique. Tenemos tantas expectativas sobrehumanas de nosotras mismas, que las expectativas de los demás palidecen hasta hacerse insignificantes. Realmente creemos que deberíamos ser capaces de hacerlo todo. Verdaderamente creemos que tendríamos que estar abiertas a todo. Cuando nos «pillamos» en algo para lo que no estamos preparadas, en lugar de admitirlo, nos ponemos a la defensiva o nos sentimos culpables (o hacemos las dos cosas a la vez). Rara vez nos sucede que admitamos que no estamos preparadas. Creemos que debemos estar siempre preparadas para todo. (¡Ningún problema de control en este caso!)

Nuestras expectativas nos impiden recurrir a cualquier familiar para pedir ayuda en este asunto.

12 diciembre
RESPONSABILIDAD

Toma la vida en tus propias manos, y ¿qué sucede entonces? Una cosa terrible: que no tienes a nadie a quien poder echarle la culpa.

ERICA JONG

Las mujeres hemos sido reacias a tomar la responsabilidad de nuestras vidas porque se nos ha enseñado que la responsabilidad significa que se nos pueda pedir cuentas de lo que nos ha sucedido y, en consecuencia, poder ser criticadas. Por desgracia, al reaccionar contra esta idea de la responsabilidad hemos perdido la oportunidad de recuperar nuestras vidas y de ser dueñas de ellas y, de esta manera, nos hemos quedado sin raíces, sin lazos y sin comprensión. Necesitamos ser dueñas de nuestras vidas. Tenemos que recuperar nuestras experiencias, todas ellas, e integrarlas en nuestra existencia y en nuestras decisiones. Tenemos que reivindicar lo que somos y ser quienes somos. Esto no significa que tengamos que culpabilizarnos de nuestras experiencias. Significa que tenemos ante nosotras la opción de vivir nuestras vidas y no dejar este placer a otra persona por nosotras.

Cuando tomo la responsabilidad de mi vida, tengo la capacidad de responder de toda ella.

13 diciembre

DEVENIR

> Una no nace siendo una mujer, sino que se llega a ser una mujer.
>
> SIMONE DE BEAUVOIR

Vivimos en una sociedad que pone tanto énfasis en la juventud, la apariencia y en lo atractivo que tenemos pocos modelos de verdadera feminidad.

Sin que sepamos cómo se llega a ser mujeres, de repente se espera de nosotras que lo seamos, y que tengamos la sabiduría y la estatura moral de una mujer.

En una sociedad que sabe poco sobre lo que es un proceso, existe la presunción de que una es una niña pequeña y de repente se convierte en una mujer. En nuestra cultura sexualizada, convertirse en mujer casi siempre está ligado a nuestra sexualidad. La verdadera fertilidad es mucho más que poder tener una actividad sexual y tener bebés. La verdadera feminidad es el proceso progresivo de reunir todo lo que tenemos que aportar como personas para nosotras mismas y a los que nos rodean.

Estoy siendo una mujer. Es un proceso, no un estado.

14 diciembre

De ser una niña apocada y tímida me había convertido en una mujer de carácter resuelto, que ya no podía ser asustada por una lucha llena de dificultades.

ANNA DOSTOEVSKY

Descubrir y aceptar nuestra fuerza es un aspecto muy importante de conocernos a nosotras mismas como mujeres. Las adolescentes no conocen normalmente su propia fuerza, pero las mujeres sí la conocemos. Cuando negamos nuestra fuerza, abandonamos partes de lo que somos *nosotras*. Cuando utilizamos nuestra fuerza para tener poder sobre las demás personas, negamos lo que *ellas* son. De cualquiera de las dos maneras, salimos perdiendo.

Gran parte de nuestra fuerza proviene de conocernos y de aceptar que no somos el centro del universo. Cuando nos aceptamos, llegamos a darnos cuenta de que nuestra fuerza está directamente conectada —y es una— con un poder más grande que nosotras. Cuando llamamos a este poder, sabemos que tenemos toda la fuerza que necesitamos para cualquier cosa que suceda.

Como reza un antiguo proverbio etíope: «Cuando la araña teje los hilos bien unidos, puede atrapar a un león».

15 diciembre
AUTOCONFIANZA

> Tener clase es tener un aura de confianza que está en seguridad
> sin ser arrogante. Tener clase no tiene nada que ver con el dinero.
> Esta cualidad nunca se escapa asustada. Consiste en autodisciplina
> y autoconocimiento. Es la base de seguridad que llega cuando has
> demostrado que puedes enfrentarte a la vida.
>
> ANN LANDERS

¡Es tan relajante la autoconfianza! No hay esfuerzo o estrés cuando una tiene confianza en sí misma. Nuestra falta de autoconfianza proviene principalmente de intentar ser alguien que no somos. No es de extrañar que no nos sintamos confiadas cuando estamos viviendo una mentira. Cuando nos damos cuenta de que lo mejor que tenemos que aportar a cualquier situación es ser simplemente lo que somos, nos relajamos. Las personas que no son un poco autosuficientes, suelen demostrar una alarmante falta de confianza en sí mismas. Desconocen lo que pueden aportar. Todo lo que tenemos que hacer es saber lo que podemos ofrecer y aportarlo en cada situación.

Me gusta ser una mujer con clase. Sin demostraciones..., sin alardes... simplemente hechos.

16 diciembre
FIESTAS / FRENESÍ

Fiestas y frenesí no son necesariamente sinónimos.

ANNE WILSON SCHAEF

Vemos venir el periodo de vacaciones e inmediatamente nos sentimos agotadas y sobrepasadas. Tenemos que hacer nuestro trabajo habitual de cada día, y además ir de compras a por regalos, decorar la casa, hacer los postres extraordinarios de las fiestas, atender los compromisos sociales y parecer en buena forma. Para algunas de nosotras, las «felices fiestas» se convierten en una época para agotarnos. Como mujeres que hacemos demasiado, hemos llegado a estar aterrorizadas por el periodo de fiestas.

Este es un buen año para detenernos, hacer balance y ver qué es lo realmente importante para nosotras en esas fechas. Tal vez amemos las tradiciones. ¿Cuáles pueden continuarse y ser saludables? Quizá podamos intentar pedir ayuda y dejar de intentar de hacerlo todo solas. En esta época tenemos la oportunidad de dejarnos sentir el significado de la paz —paz por dentro y con el mundo.

Vivir sanamente el periodo de fiestas es parte de mi proceso de curación. Esta vez tengo la oportunidad. ¡Hurra!

17 diciembre
CURACIÓN

Te diré lo que he aprendido por mí misma. A mí me ayuda un
paseo de siete u ocho kilómetros. Y hay que hacerlo sola y cada día.

BRENDA UELAND

La curación requiere tiempo. Es un asunto de día a día. Algunos
acontecimientos traumáticos de nuestra vida exigen una curación física,
emocional y/o espiritual, y a veces tenemos que dejar que se curen
las esquirlas, los desconchones y las abolladuras del vivir de cada día.
Hacer el trabajo que hacemos y mantener las cosas con coherencia co-
bran su impuesto.

Cuando necesitamos esos momentos de curación, no hay nada mejor que un buen paseo. Es sorprendente cómo los movimientos rítmicos
de los pies y de las piernas están tan íntimamente ligados a limpiar las
telarañas del cerebro. Tenemos que dar un paseo *largo*, porque durante
un buen momento seguimos pensando en nuestros problemas. A medida que pasa el tiempo, estos se disipan, permitiendo que empiece la
curación, y entonces ya no estamos concentradas en nuestros pensamientos.

Cuando mis talones tocan tierra, estoy curando mis heridas.

18 diciembre

Amor

Solo podemos aprender a amar amando.

Doris Murdock

Muchas mujeres que hacemos demasiado creemos que existen trucos para el amor. Si podemos parecer suficientemente «sexys», podemos hacernos amar por los demás. O con solo cuidar de los demás y hacernos indispensables, creemos que nos querrán. No hemos aprendido a amar por el amor en sí mismo, sino que intentamos controlar el amor mediante la manipulación. Lamentablemente, estos métodos no nos enseñan mucho acerca del amor.

Amar es un riesgo. Es abandonar las expectativas y simplemente perrnitir lo que ocurra. Algunas de nosotras dudamos de nuestra capacidad de amar porque hemos sido educadas en familias con problemas y realmente nunca hemos tenido mucha experiencia de transparencia amorosa. El amor siempre comporta ataduras o demandas que tenemos que satisfacer. Así que hemos amado como hemos aprendido en nuestras familias respectivas.

Afortunadamente, somos capaces de aprender de nuevo, y el amor empieza justo dentro de nosotras. Cuando experimentamos el amor por nosotras mismas, empezamos a aprender amando.

Cuando me quiero yo, solo queda un corto paso para empezar a amar a los demás.

19 diciembre
COMUNICACIÓN

> Si tienes algo importante que decirme, por amor de Dios, empieza por el final.

> SARAH JEANETTE DUNCAN

Las mujeres siempre hemos creído que la finalidad de la comunicación es hacer un puente, conectar, clarificar y facilitar la comprensión. Muchas veces hemos desarrollado esta cualidad y hemos sido buenas comunicadoras.

Después descubrimos en nuestra vida laboral que la comunicación se utiliza de un modo completamente diferente a como lo hacíamos. La comunicación se utiliza para manipular, controlar, confundir e intimidar: para crear barreras en lugar de para construir puentes entre ellas. El éxito está íntimamente unido a esta forma confusa y que confunde de comunicación. Se nos ha dicho que tenemos que practicar el juego.

Más tarde descubrimos que las personas que admiramos suelen ser muy directas y se niegan a practicar el juego. Hemos estado tentadas de abandonar nuestras capacidades de comunicación, en un momento en el que las necesitamos tan desesperadamente.

Empezar por el final puede ser un buen comienzo. Al menos es más directo.

20 diciembre
ALEGRÍA

¡Seguramente la extraña belleza del mundo debe reposar de
alguna manera en pura alegría!

LUISSE BOGAN

Sin duda alguna, el mundo es tan maravilloso... y tan imaginativo...
¿Quién habría pensado en diseñar un árbol como ese, que cuando las
ramas se vuelven demasiado pesadas desarrolla otro tronco, de manera
que un simple árbol repitiendo este proceso muchas veces puede realmente cubrir una zona tan amplia como toda una manzana de casas?
¿Imaginas un árbol tan alto que no podamos realmente ver la cima de
su copa, un árbol que haya desarrollado al menos tres métodos de re-
producirse para no extinguirse? Ciertamente, «la extraña belleza del
mundo debe reposar de alguna manera en pura alegría». Tenemos la
oportunidad de experimentar esta alegría. Cuando nos damos cuenta,
la extraña belleza de la tierra nos rodea.

**Probablemente no nos hará daño el dar las gracias, porque el
diseño y la creación del mundo no hayan sido dejados en nuestras
manos.**

21 diciembre
INSPIRACIÓN

La inspiración llega muy lentamente y en silencio.

BRENDA UELAND

A veces olvidamos que para hacer bien nuestro trabajo, cualquiera que sea, necesitamos inspiración. Esto es así para cualquier trabajo, por insignificante que pueda parecer. La inspiración es la escucha plácida de nuestro ser interno.

Brenda Ueland dice que llega lentamente y en silencio. También puede añadirse que llega cuando quiere y no cuando se pide. Como cualquier proceso, no podemos forzarla. Tenemos que esperar a que llegue.

¡Qué triste es haber relegado la inspiración a los poetas y poetisas, a los/as artistas y a los/as escritores/as! ¡Qué triste es el hecho de que no podamos ver que criar bien a un/a niño/a necesita inspiración y que cualquier buena gestión exige inspiración! Cuando nos apartamos de la posibilidad de nuestra propia inspiración, nos relegamos a una existencia aburrida. La inspiración añade entusiasmo y pimienta a nuestras vidas, permitiendo que sean realmente vidas y no meras existencias.

Cuando espero con inspiración, no desperdicio mi tiempo.

22 diciembre
OPCIONES / MIEDO / CAMBIO

> El cambio se convierte realmente en una necesidad cuando in-
> tentamos no llevarlo a cabo.
>
> ANNE WILSON SCHAEF

Haríamos cualquier cosa por evitar el miedo y el riesgo. ¿Dónde hemos encontrado la idea de que es malo sentir miedo y de que no somos capaces de superarlo? Haremos cualquier cosa para evitar el miedo y hacer una elección. Tenemos otro bebé, o haremos más trabajo, o nos mantendremos ocupadas con un nuevo proyecto en la casa, o cualquier otra cosa.

Tenemos tanto miedo de enfrentarnos a nosotras mismas y de enfrentar las opciones que tenemos que tomar, que estamos dispuestas a hacer naufragar nuestras vidas y las vidas de las personas que nos rodean para no tener que tomar una opción

Siempre quedamos resentidas cuando otras personas toman decisiones por nosotras, *pero* no queremos responsabilizarnos de las nuestras. Si podemos, nos arreglamos para que alguien tome una decisión por nosotras, y así no tenemos que responsabilizarnos de las consecuencias.

Afirmo que quiero ser yo misma y, en algunas ocasiones, esto me da un pánico mortal... Está bien.

23 diciembre
Miedo / Control

El miedo tiene olor, lo mismo que lo tiene el amor.

Margaret Atwood

El estómago se encoge, las palmas empiezan a sudar, cada vez nos es más difícil concentrarnos, los brazos y las manos nos cosquillean, sentimos ansiedad sobre nuestra apariencia o por dar la respuesta acertada... Todas conocemos bien los síntomas del miedo.

Desgraciadamente, la vida de la mujer que hace demasiado está controlada por el miedo. ¿Y si no somos suficientemente buenas? El miedo y nuestro espejismo de control están íntimamente relacionados. Es cuando creemos que podemos controlar el resultado y las respuestas de los demás cuando nos ponemos a temblar. Nuestra preocupación es una forma de control previo.

Cuando reconozco mi miedo y lo transfiero hacia un poder que está más allá de mi control, puedo acabar mi trabajo y además queda bien hecho.

24 diciembre
CAUSAS / DUALISMO

Los principales peligros de esta vida son las personas que lo quieren cambiar todo... o nada.

LADY ASTOR

¡Qué bien expresado! Lady Astor pone su dedo en el significado del dualismo y en el horror de estar atrapadas en él. Las personas que quieren cambiarlo todo suelen volverse implacables cuando focalizan su rayo láser sobre lo que creen que es justo.

Las personas que no quieren cambiar nada se han hecho tan insensibles hacia sí mismas y hacia los demás que pasan por la vida sin mirar a su izquierda ni a su derecha. Ninguna de las dos clases de personas hacen mucho por sí mismas o por los demás. Realmente, ambos grupos actúan a partir de un mismo enfoque egocéntrico.

¿Cuál es la tercera opción? La tercera opción es estar presentes para nosotras mismas y para los demás, aceptando aquellas cosas que no podemos cambiar, cambiando las cosas que sí podemos cambiar y conociendo cuáles son las unas y cuáles son las otras.

Cuando estoy atrapada en una «causa», me convierto en el problema. Cuando no hago nada por el mundo en el que vivo, yo soy el problema.

25 diciembre

CAPACIDAD DE CONEXIÓN

Dios no conoce la distancia.

CHARLESZETTA WADDLES

¡Qué lejos parecemos estar a veces de cualquier Poder Superior! Simplemente no podemos conectar con un poder más grande que nosotras y perdemos fe en su existencia.

Es importante recordar que la distancia está dentro de *nosotras*. Somos las primeras en habernos apartado de este poder superior y de ese estado de conexión. Él no se ha alejado de nosotras.

El estar siempre corriendo de un lado para otro, nuestro estado de permanente ocupación, nuestro constante cuidar de los demás y nuestro trabajo compulsivo deja poco tiempo y energía, o ninguno en absoluto, para que pueda entrar alguien o algo. Pero cuando nos detenemos y nos damos cuenta, la conexión con este poder más grande que nosotros está siempre ahí. Nunca nos ha dejado. *Nosotras* nos hemos dejado.

La distancia es mía. El potencial de conexión también es mío.

26 diciembre

EVOLUCIÓN

Recostándose, paseando, sentándose en esta habitación, ella se
siente madurar y tomar color.

MERIDEL LE SUEUR

Tenemos tal culto a la juventud en esta sociedad, que envejecer es
una terrible experiencia para una mujer. La utilización por parte de Meridel Le Sueur de las expresiones «madurar» y «tomar color» son muy
tranquilizadoras. Puedo verme madurando y enriqueciéndome internamente a medida que envejezco, y cuando veo cómo se va espesando
mi pátina, mi proceso de evolución adquiere otro tono.

Tenemos dos perros grandes en nuestro hogar: una vieja «gran danés» de siete años (¡siete años son muchos años para un «gran danés»!)
y un alegre y juguetón «pastor alemán» de unos dos años. A pesar de
sus diferentes edades, mantienen una relación cariñosa y de mucha dedicación recíproca. A él no parece importarle que ella sea una «vieja dama»
y que tenga algunas canas. Cuando los miro, me doy cuenta de que los
seres humanos son probablemente las únicas especies que veneran la
juventud y desdeñan la madurez. Entre los animales no parece ocurrir
esto.

**Yo no podría saber lo que sé hoy día si no tuviera la edad que
tengo. Tengo la oportunidad permanente de aprender.**

27 diciembre
DILACIONES

> Cuando sigo dejando algo de lado, tal vez no se trate de una dilación o un aplazamiento, sino de una decisión que ya he tomado pero que no acabo de reconocer ni admitir.
>
> JUDITH M. KNOWLTON

Contrariamente a la creencia popular, las adictas al trabajo no son personas que estemos haciendo continuamente algo. Solemos estar tan ocupadas y tan cansadas de trabajar, que muchas veces nos hundimos en un pantano de dilaciones. Sabemos que hay cosas que tienen que ser hechas, pero cuanto más pensamos en ellas más pesadas nos sentimos. En ocasiones parece que no podemos sacar nuestro cuerpo de la cama, levantar nuestro brazo o sostener una pluma estilográfica. Simplemente no podemos forzarnos a *hacer* nada más. Por supuesto, cuando se pasa esta especie de letargia, nos hundimos en negros periodos de autoculpabilización.

En dichos periodos es importante recordar que aplazar cosas es parte de nuestra enfermedad y que somos impotentes respecto a ella. Solo cuando admitimos esta impotencia, reconocemos que nos volvemos dementes con nuestras dilaciones, vemos que un poder mayor que nosotras puede hacernos recobrar la cordura, y dirigimos nuestra voluntad y nuestra vida hacia ese poder, podemos comprobar que hemos tomado una decisión y conseguimos admitir que esa decisión es nuestra.

Ciertamente complico mi vida en algunas ocasiones. Por fortuna, existe otra manera de hacer las cosas.

28 diciembre
CLARIDAD / CAMBIOS / EVOLUCIÓN

Entonces empecé a darme cuenta de que tenía que dar otro
paso en mi evolución y crecimiento personal.

EILEEN CADDY

A veces evitamos aclararnos, porque sabemos de manera intuitiva que, cuando nos aclaramos, tenemos que hacer algunos cambios en nuestras vidas. Estamos tan acostumbradas a hacer lo que se espera de nosotras que es difícil saber qué es lo que queremos o lo que necesitamos. Podemos acceder con tanta facilidad a las demandas de los demás, especialmente si están en posiciones de autoridad, que nos sentimos confusas y con falta de claridad.

A pesar de nuestra confusión, nuestro proceso interno continúa empujándonos hacia nuestra evolución y crecimiento personal. Algo en nosotras lucha por la claridad.

El crecimiento personal y la evolución son como respirar y comer... Algo que forma parte del ser humano de manera natural e íntima.

29 diciembre
CONCIENCIA DEL PROCESO

El destino continúa haciéndose.

ANITA LOOS

Nuestras vidas no son como piedras. La vida, como las flores, continúa desarrollándose. Tenemos opciones y decisiones que tomar todo el tiempo.

Ciertamente hemos sido influenciadas por nuestro pasado y por las muchas fuerzas que nos han afectado durante nuestros años de formación. Pero tenemos la capacidad de modificar nuestro presente y nuestro futuro.

El destino es un proceso que continúa emergiendo. Lo mismo que aceptamos lo que somos, tenemos la posibilidad de convertirnos en personas diferentes. Esta es la paradoja de la vida y de estar vivas.

Cuando puedo dejar que ocurra la vida, me siento mejor. Cuando puedo participar en los acontecimientos de mi vida, me animo de nuevo.

La vida se hace viviéndola. El proceso de la vida continúa sucediendo.

30 diciembre
COMPASIÓN / AMOR

Nadie, ni siquiera los poetas, ha determinado nunca hasta qué
punto puede soportar el corazón.

ZELDA FITZGERALD

Algunas de nosotras nos hemos alienado de nuestros sentimientos
de compasión y de amor. Hemos creído que teníamos que llegar a ser
tan rudas y que teníamos que mantenernos tan ocupadas que el amor
y la compasión han llegado a convertirse en lujos que no nos podemos
permitir. ¡Seguramente podíamos mantener nuestra humanidad fir-
mando algunos cheques libres de impuestos a final de año para obras
de caridad!

Pero, en lo mas profundo de nosotras, sabemos que somos mujeres
amorosas y compasivas. Cuando nos damos tiempo, nos preocupa la
gente, y hay muchas cosas que nos gustan de nuestra vida. Nuestros corazones tienen una capacidad ilimitada de cariño y de compasión.

**Dejar que mi corazón se llene de sentimientos amorosos y com-
pasivos es mejor que cualquier combinación de vitaminas y ejercicios que pudiera imaginar.**

31 diciembre
BELLEZA

> Que pueda caminar feliz.
> Que la belleza me preceda,
> que la belleza me siga.
> Que las cosas hermosas
> me acompañen por arriba,
> por abajo y a mi alrededor.
> En la belleza está la plenitud.
>
> PLEGARIA DE LOS INDIOS NAVAJOS

Si leemos esta plegaria muy lentamente, sentimos su simplicidad inmensamente profunda. ¡Imaginémonos rodeadas de belleza! Cuando pensamos que estamos rodeadas de belleza, pensamos en alguna isla paradisíaca o en Shangrila.

Pero, cuando leemos este poema lentamente, ¡empezamos a darnos cuenta de que *estamos* rodeadas de belleza! Vemos que esta plegaria no es solo una petición; es al mismo tiempo la afirmación de un hecho.

Mi vida no tiene elementos de belleza, arriba, abajo, delante, detrás de mí. Estoy rodeada de belleza.

¡Yupiii! La belleza *está* en el ojo del observador.

Meditación alternativa 1
CREATIVIDAD / TIEMPO DE SOLEDAD

Siempre puede distraerme el amor, pero después me vuelvo
muy intransigente en lo que respecta a mi creatividad.

GILDA RADNER

Nada puede reemplazar la creatividad en nuestras vidas —ni el trabajo, ni el amor, ni los hijos/as, nada—. Podemos ser creativas en todos estos campos, pero nuestros impulsos creativos deben encontrar su propio camino de expresión.

Por muy interesante y estimulante que sea nuestro trabajo y por muy creativas que seamos en él, necesitamos momentos de reflexión silenciosa para llamar a las puertas de nuestros recovecos más profundos y ver qué es lo que está naciendo ahí. No existen sustitutos para nuestra creatividad, que normalmente es llamada cuando estamos solas.

Me gusta la manera de decirlo de Gilda Radner: «Después me vuelvo muy intransigente en lo que concierne a mi creatividad».

Meditación alternativa 2
CONFUSIÓN

Fue una inmensa traición, la más terrible de todas porque él [ella]
no podía captar qué es lo que había sido traicionado.

AYN RAND

Una de las principales características del proceso de adicción es la
confusión. Se nos ha dicho que debemos ser lógicas y racionales, y por
tanto intentamos serlo. Pero muchas de las cosas que nos suceden no
tienen ningún sentido. Nos quedamos confusas y frustradas e intentamos entenderlo haciendo todavía un mayor esfuerzo. Creemos que si
podemos entender simplemente lo que está sucediendo, nos sentiremos
mejor y entonces podremos manejar la situación.

En nuestra recuperación hemos aprendido que nada tiene sentido
cuando alguna persona o grupo está actuando de una manera adictiva.
No podemos entender qué es lo que está ocurriendo porque es algo
anormal. No es algo comprensible.

**Cuando no se puede entender algo, lo mejor es entregarlo a
un Poder Superior y continuar.**

Meditación alternativa 3
PERFECCIONISMO / DILACIONES

Sé que si lo hago justo una vez más, lo haré bien.

ANÓNIMO

Una vez más, y otra, y otra. El perfeccionismo es una tarea difícil e imposible de dominar. Además, el perfeccionismo es una manera de definir una tarea y de definirnos a nosotras mismas desde fuera, y puede no tener nada que ver con lo que realmente es la tarea en sí o con lo que nosotras somos.

De hecho, quizá nos sirvamos del perfeccionismo como una manera de mantenernos imposibilitadas de acabar cualquier cosa. Si algo tiene que ser perfecto, ¿para qué empezarlo? El perfeccionismo y las dilaciones van codo con codo y nunca llegan a nada.

Tenemos que recordar que estamos haciendo la tarea que tenemos a mano y, por eso, lo que tenemos que poner en ella es a nosotras mismas, nuestro conocimiento acumulado y nuestra creatividad. ¿Quién podría pedir algo más?

Hoy me permitiré no pedir aportar nada más que lo que poseo a la tarea que tengo entre manos.

Meditación alternativa 4
AUTENTICIDAD

> Pero no dejo que permanezca el equívoco porque… sé que lo
> que digo es verdad, ya que es verdad para mí y por eso lo digo con
> toda libertad y tienes que enfrentarte a ella.

> BRENDA UELAND

Si algo es verdad para mí, tenemos que confiar en que es verdad.
Vivimos en una sociedad construida sobre la mentira y la ambigüedad.
En algunos círculos económicos y políticos, el «buen comunicador» es
el que puede intimidar, desconcertar, confundir y *ganar*. El arte de la
comunicación transparente y honrada parece a veces haber desaparecido
con la edad de la inocencia.

Pero en algún lugar muy profundo de nuestro interior existe una
añoranza de ser auténticas, de decir lo que es verdad para nosotras y de
hablar libremente, dejando que los demás tengan que aceptarlo. Vivimos en una sociedad que se está marchitando por falta de autenticidad. Nosotras nos estamos marchitando también por falta de autenticidad. Nuestra autenticidad es esencial para nuestra recuperación.

Se nos ha enseñado a estar asustadas de nuestra autenticidad.
Pero es la clave para eliminar el rechazo y abrir la puerta a la cu-
ración.

Meditación alternativa 5
CONFIANZA

Creer en nuestro corazón que lo que somos es suficiente, es la
clave de una vida más satisfactoria y equilibrada.

ELLEN SUE STERN

¡Soy suficiente! Siempre he tenido miedo de ser demasiado o demasiado poco. ¡Qué alivio siento cuando me afianzo en la posibilidad
de ser suficiente! ¿Puede ser cierto que no soy lo que hago, lo que pro-
duzco o lo que logro? ¿Qué pasa si soy suficiente y realizo justo lo que
quiero realizar? ¿Sería verdaderamente suficiente? ¡Probablemente!

Me gustaría tener una vida «satisfactoria y equilibrada». Me gustaría
tener más tiempo y energía para mi trabajo, para mí y para las personas
a las que quiero. Cuando reconozco que *soy suficiente*, tengo lo que
quiero y lo que necesito.

**Me afianzaré en este sentimiento de ser suficiente y lo dejaré
hoy conmigo.**

Meditación alternativa 6
RELACIONES

> Las jóvenes han de ser animadas a continuar haciendo sus planes de vida [después de terminar los estudios de bachillerato]. Se ha demostrado que las jóvenes que tienen esta actitud están menos predispuestas a precipitarse a contraer un matrimonio inmaduro... Por supuesto, la mayoría se casan, pero con más madurez. Sus matrimonios no son entonces una escapatoria, sino un compromiso compartido por dos personas ante sí mismas y ante la sociedad.
>
> BETTY FRIEDAN

En la sociedad en la que vivimos sabemos poco de lo que son relaciones sanas. La mayoría de nuestros modelos de relación son de dependencia, y este tipo de relación lo mantenemos muy bien. Con demasiada frecuencia consideramos las relaciones como una dosis externa. Esperamos de ellas que nos den nuestra identidad y que nos hagan sentirnos bien en la vida. Cuando actuamos así, no aportamos nuestra persona a la relación. Somos como gelatina que pide a las/os amigas/os que nos den forma a través de la relación. Sin el molde externo de una relación, la gelatina se disuelve como si fuera agua. ¿Quién puede o quiere relacionarse con una masa líquida de gelatina?

Si quiero estar en relación, tengo que aportar algo a la misma...: mi persona.

Meditación alternativa 7
Estar dividida / Culpabilidad

Ninguna mujer debería avergonzarse de intentar devolver al
mundo una parte de su corazón a través de su trabajo.

Louise Bogan

Es difícil para las mujeres hacer nuestro propio trabajo. Se espera
de una artista que lleve la casa, la familia, haga las compras, cocine todas
las comidas, limpie y sea capaz de pasar los momentos que le «sobran»
creando en su estudio (normalmente improvisado). La vida nunca es
fácil para un artista en esta cultura. La vida es casi imposible para una
mujer artista en esta cultura.

Pero las mujeres artistas no están solas en esta lucha. Cualquier mujer que hace demasiado no puede sino ver los efectos de su adicción en
su familia. Incluso cuando creemos firmemente que nuestro trabajo
tiene prioridad, tenemos terribles accesos de culpabilidad cuando nuestros maridos y nuestros/as hijos/as tienen que pedirnos cita si quieren
vernos.

**Una mujer que trabaja constituye uno de los mejores números
de equilibrista en este circo de tres pistas que llamamos vida. Al menos no estamos solas batallando con esta cuestión.**

Meditación alternativa 8
CREATIVIDAD

Dicen que la Luna es femenina. ¿Qué me sucederá si me sumerjo
en lo femenino creativo?

MICHELLE

Me gusta la imagen de la luz de la Luna actuando como un estimulante para facilitar la emergencia de lo que ya está dentro de mí.

Si tomo un baño de luz de Luna, ¿qué imágenes milagrosas y sorprendentes pueden emerger?

Supongo que la verdadera cuestión no está en la magia de la luz de la Luna, sino en si estoy dispuesta a desacelerar mi ritmo para permitir que cualquier clase de oportunidad pueda bañarme.

Los pueblos antiguos sabían que conectar con la naturaleza liberaba energías curativas y creativas. Yo también necesito naturaleza en mi vida.

Estar en plena naturaleza puede que no sea tan fácil, pero incluso las ciudades tienen la luz de la Luna.

Meditación alternativa 9
REGALOS / CONTROL / RIGIDEZ / OBSTINACIÓN

No cometemos errores; únicamente aprendemos lecciones.

ANNE WILSON SCHAEF

Cuando observamos hasta qué punto nuestro temor a equivocarnos nos ha privado de muchas de las cosas de la vida, damos gracias por no tener que estar ya tan temerosas de cometer algún error.

La vida nos proporciona muchas oportunidades de asimilar las lecciones que necesitamos aprender. Nuestro ser interno es muy conservador y recicla nuestra experiencia hasta que asimilamos la lección que tenemos que aprender.

El coste de los honorarios que tenemos que pagar es directamente proporcional a nuestra obstinación y a nuestra rigidez. Cuanto más obstinadas y rígidas somos, más duro tenemos que ser golpeadas en la cabeza para que aprendamos. Si no aprendemos de nuestros errores la primera vez, tenemos otra oportunidad... y otra... y otra.

Agradezco las oportunidades de aprender, incluso aunque no parezcan regalos en el momento en que aparecen.

Meditación alternativa 10
CREATIVIDAD

> ¿Por qué debemos utilizar nuestro poder creativo...? Porque
> no hay nada como este para volver a la gente tan generosa, alegre,
> viva, audaz, compasiva y tan indiferente a luchar y a acumular objetos
> y dinero.
>
> BRENDA UELAND

Gran parte de nuestra frustración e irritabilidad es una reacción a nuestro desperdicio de nuestros poderes creativos. Todas nosotras tenemos zonas de creatividad, y cada una de nosotras tiene una creatividad singular que está ligada de manera especial a nuestros talentos y personalidad. Siempre que miramos a los demás y pensamos «Yo no puedo pintar así», o «Yo no tengo el talento que tiene ella», nos alejamos un paso de la posibilidad de realizar lo que nosotras tenemos.

Cuando bloqueamos nuestra creatividad, perdemos el contacto con nuestra alegría y viveza. ¿Es de extrañar que nos volvamos ariscas y que intentemos llenar la soledad de nuestro «yo» creativo con dinero y cosas inútiles?

Lo que estoy buscando en realidad es a mí misma, y yo misma soy creativa por naturaleza.

Meditación alternativa 11
TAREAS DOMÉSTICAS

Limpiar la casa mientras tus hijos están todavía creciendo es
como despejar el camino con un palo antes de que empiece a nevar.

PHYLLIS DILLER

Yo nunca entendí por qué las tareas domésticas no se añaden a una
lista de cosas inevitables como pagar los impuestos y la muerte. Por
mucho que necesitemos un descanso o por importante que sea lo que
estamos intentando acabar, las tareas domésticas siempre están llamán-
donos como un canto de sirena: «Ven a hacernos... ven a hacernos».
He pensado en inventar un pulverizador abortivo para impedir que las
tareas domésticas se reproduzcan solas mientras dormimos. Cuando
nos levantamos por la mañana, siempre parece haber más tareas domésticas que cuando nos fuimos a la cama.

Lo agradable respecto a las tareas domésticas, por supuesto, es que
nunca se van. Podemos continuar adelante haciendo nuestro trabajo
creativo o relajarnos en la bañera, que siempre estarán ahí esperando que
volvamos a ellas.

**Puesto que las tareas domésticas siempre me están esperando,
puedo muy bien continuar adelante y hacer lo quiero hacer.**

Meditación alternativa 12
ACCIÓN / CONTROL

Siempre he temido el convertirme en una pasajera de la vida.

PRINCESA MARGARITA DE DINAMARCA

Como mujeres, hemos sido educadas para esperar que alguien nos cuide. La mayoría de las mujeres profesionales valoramos nuestra independencia. Pero, en lo más profundo, con frecuencia tenemos el deseo secreto de que otra persona tome la responsabilidad de nuestras vidas. Muchas veces vacilamos entre dejar de ser pasajeras de la vida y afirmar que podemos manejar las cosas por nosotras mismas. En ocasiones, nos quedamos atrapadas entre estas dos polaridades. Creemos que debemos renunciar a continuar en la carrera o que debemos estar en la máquina locomotora del tren. No vemos la tercera opción: tomar la responsabilidad de nuestras vidas y, simultáneamente, dirigirlas hacia un poder mayor que nosotras.

Participar en nuestras vidas no significa que las controlemos. No controlar nuestras vidas no significa que seamos pasivas.

No tengo por qué escoger entre ser pasajera o ser la maquinista del tren. Puedo vivir mi propio proceso.

Meditación alternativa 13
AUTENTICIDAD / RESPETARSE A SÍ MISMA

¿Cuántas mujeres son silenciadas, cuántas «no encuentran nunca su voz», porque para llegar a su arte tendrían que gritar?

ANN CLARK

Algunas de nosotras encontramos extrañas las palabras «obligaciones para conmigo misma». Se nos ha educado para creer que tenemos que sacrificarnos para ser buenas. Entonces, algunas hemos reaccionado al culto femenino del autosacrificio y hemos decidido que teníamos que ser egoístas y centrarnos en nosotras mismas. A menudo oscilamos entre estas dos opciones. Desgraciadamente (o, por fortuna, como puede darse el caso), ninguna de las dos es satisfactoria. De cualquier manera, nos sentimos solas, perdidas e incompletas.

La tercera opción es *respetarnos*. Cuando nos respetamos y actuamos conforme a este respeto, nuestra entrega es muy transparente. Si descubrimos que no nos estamos respetando, nuestra entrega deja hilos pendientes que producen incomodidad en la persona que da y en la que recibe.

Cuando me respeto, descubro la magia de mi voz y de mis obras.

Meditación alternativa 14
GUARDAR LAS APARIENCIAS

> Descubriremos la naturaleza de nuestro talento particular cuando
> dejemos de intentar adaptarnos a nuestro propio modelo o al de los
> demás, aprendamos a ser nosotras mismas y permitamos que se abra
> nuestro canal de inspiración natural.
>
> SHAKTI GAWAIN

El mantener las apariencias es intentar controlar cómo nos ven los demás. Es una forma sutil de control y procede de nuestros sentimientos de inseguridad, miedo y vulnerabilidad. El mantenimiento de las apariencias nos tiene tan ocupadas intentando agradar y permanecer a salvo, que nos aparta totalmente de la naturaleza de nuestro «talento particular».

Guardar las apariencias se ha vuelto una manera de vivir para las mujeres profesionales actuales. Y no son las únicas que se especializan en mantener las apariencias. Cualquier mujer que no esté en contacto consigo misma cree que tiene que controlar las percepciones de los demás. En consecuencia, nunca toma realmente el riesgo de ser conocida.

Cuando intentamos manejar las cosas, estamos pretendiendo controlar. Cuando somos nosotras mismas, podemos estar auténticamente con los demás.

Meditación alternativa 15
PEDIRSE DEMASIADO

Soñar en la persona que te gustaría ser supone desperdiciar la
que eres.

ANÓNIMO

Hemos tenido tantos sueños sobre la persona que querríamos ser
que nunca hemos tenido tiempo de ser la mujer que cada una somos.
Es apasionante mirar hacia atrás a nuestra evolución y ver que existe
una íntima relación entre nuestro abandono del intento de ser alguien
y el inicio de ser quienes somos. Solíamos exigirnos demasiado. En el
pasado, hemos intentado introducirnos en el molde de una persona
que no tenía nada que ver con nuestro yo real, porque temíamos que
nuestro verdadero ser no fuera nunca suficiente.

Nuestro trabajo de los Doce Pasos nos ha ayudado a ver que exigirnos demasiado es parte de la enfermedad y que se va disipando a
medida que avanzamos en nuestra recuperación.

**Suficiente o no, yo misma soy todo lo que tengo, si incluimos
mi Poder Superior.**

Meditación alternativa 16
LIBERTAD

La libertad significa escoger tu carga.

HEPHZIBAH MENUHIN

Nadie tiene una libertad total. La libertad total es un mito terrorífico para la mayoría de las personas y una ilusión llena de sueños para otras. Mientras peleamos con nuestro terror a una libertad total o luchamos contra las limitaciones de nuestras vidas, olvidamos las libertades que ya tenemos. Tenemos la libertad de elegir nuestras cargas.

Las mujeres que no tienen hijos/as han escogido la carga del trabajo a tiempo completo *sin* la libertad que comporta relacionarse con los/as niños/as. Las mujeres que hemos escogido tener hijos/as hemos elegido la carga de criarlos/as (y, a menudo, ¡también el trabajo a tiempo completo fuera de casa!). Cualquiera que sea nuestra elección, somos nosotras las que la hemos hecho. Es nuestra. Tenemos la libertad de vivir con ella.

He escogido mis cargas. A veces, no veo la libertad en ello.

Índice

Angustia: 14 de mayo.

Apertura: 6 de diciembre.

Apoyo: 27 de septiembre.

Aprendizaje: 4 de septiembre.

Arrogancia: 23 de mayo.

Asombro: 22 de agosto.

Atención consciente: 18 de marzo.

Atrapada, sentimiento de estar: 27 de abril, 10 de diciembre.

Autenticidad: 23 de enero, 23 de febrero, 15 de abril, 1 de septiembre, Meditación alternativa 4 y 13.

Autoaceptación: 19 de junio.

Autoafirmación: 8 de marzo, 29 de junio.

Autoconciencia: 12 de junio, 17 de junio

Autoconfianza: 23 de julio, 15 de diciembre.

Autoengaño: 6 de enero.

Autoestima: 9 de marzo, 4 de julio.

Autorrespeto: 22 de abril.

Ayuda, pedir: 16 de mayo, 16 de agosto.

Balance, hacer: 14 de abril.

Belleza: 28 de abril, 11 de junio, 21 de junio, 15 de octubre, 17 de octubre, 31 de diciembre.

Cambio: 11 de enero, 11 de junio, 22 de diciembre, 28 de diciembre.

Capacidad de conexión: 5 de abril, 22 de mayo, 25 de diciembre.

Causas: 7 de junio, 1 de noviembre, 11 de noviembre, 24 de diciembre.

Claridad: 8 de febrero, 21 de septiembre, 28 de diciembre.

Cólera: 14 de marzo.

Colgarse: 23 de marzo.

Comparación: 9 de junio, 21 de junio.

Compartir: 8 de diciembre.

Compasión: 13 de enero, 30 de diciembre.

Competición: 12 de febrero.

Competitividad: 9 de junio, 6 de septiembre.

Compromiso: 1 de octubre.

Comunicación: 10 de febrero, 28 de octubre, 19 de diciembre.

Conciencia de sí: 30 de enero, 21 de abril, 12 de junio, 17 de junio, 17 de noviembre.

Confianza: 18 de mayo, 26 de julio, Meditación alternativa 5.

Conflicto: 11 de febrero, 21 de mayo.

Confusión: 22 de mayo, 15 de junio, 22 de septiembre, 23 de septiembre, 10 de octubre, 9 de diciembre, Meditación alternativa 2.

Continuar: 20 de agosto.

Contradicciones: 30 de julio.

Control: 19 de enero, 20 de enero, 16 de junio, 17 de julio, 13 de agosto, 13 de octubre, 14 de noviembre; y acción: Meditación alternativa 12; y aceptación: 15 de noviembre; y alegría: 2 de septiembre; y arrogancia: 23 de mayo; y conciencia: 5 de septiembre; y conciencia del proceso: 17 de febrero, 20 de octubre; y crisis: 5 de enero; y devenir: 16 de octubre; y dejarlo estar: 10 de noviembre; y enmiendas: 26 de septiembre; y felicidad: 25 de agosto; y miedo: 21 de enero, 23 de diciembre, Meditación alternativa 9; y recuperación: 4 de noviembre; y sentimientos: 20 de marzo; y ser indispensable: 28 de octubre; y ser prescindible: 28 de enero; y un solo día cada vez: 18 de mayo; y valor: 20 de septiembre.

Cordura: 7 de marzo.

Creatividad: 8 de junio, 15 de julio, 27 de octubre, 12 de noviembre, Meditación alternativa 8 y 10; y conciencia del proceso: 17 de febrero; y tiempo de soledad: Meditación alternativa 1.

Creencia: 14 de enero, 6 de febrero.

Crisis: 5 de enero.

Criticismo: 12 de octubre.

Crueldad: 13 de enero.

Culpabilidad: 23 de abril, 14 de mayo, 12 de julio, 18 de septiembre, 2 de noviembre, 30 de noviembre, Meditación alternativa 7.

Curación: 17 de abril, 25 de mayo, 17 de diciembre.

Curiosidad: 13 de junio.

Darnos a nosotras mismas: 31 de enero.

Deber: 10 de abril, 21 de agosto.

Decisiones: 22 de marzo.

Defensiva, estar a la: 12 de agosto.

Dejarlo estar: 25 de enero, 10 de noviembre.

Depresión: 31 de julio.

Desaliento: 27 de marzo.

Desesperación: 19 de marzo, 28 de marzo, 3 de mayo, 9 de octubre.

Desvalorización: 19 de mayo, 29 de mayo, 25 de junio.

Devenir: 16 de febrero, 17 de marzo, 30 de marzo, 2 de octubre, 16 de octubre, 13 de diciembre.

Dilaciones: 6 de noviembre, 26 de diciembre, Meditación alternativa 3.

Dispersión: 11 de abril

Dividida, estar: Meditación alternativa 7.

Dolor: 25 de febrero, 31 de marzo.

Dualismo: 24 de diciembre.

Elecciones: 12 de enero; y miedo.

Empezar de nuevo: 10 de septiembre.

Enfado: 9 de enero, 14 de marzo, 15 de mayo.

Enmiendas: 20 de febrero, 12 de marzo, 6 de julio, 26 de septiembre, 22 de octubre.

Entusiasmo: 9 de junio, 8 de agosto.

Envejecer: 2 de octubre.

Equilibrio: 16 de julio, 24 de septiembre.

Errores: 12 de marzo.

Escalera, subir la: 9 de febrero, 7 de diciembre.

Espejismos: 6 de enero.

Esperanzas y sueños: 24 de mayo, 25 de octubre.

Estar desgarradas: 14 de julio.

Estar en contacto con un poder más grande que nosotros: 28 de noviembre.

Estrés: 7 de febrero.

Evolución: 8 de julio, 7 de agosto, 25 de diciembre, 28 de diciembre.

Excusas: 3 de enero, 20 de julio.

Éxito: 9 de febrero, 4 de abril, 22 de julio, 14 de agosto.

Expectativas: 14 de febrero, 20 de junio, 14 de agosto, 11 de diciembre.

Fe: 25 de abril, 6 de junio; y poder superior: 9 de abril.

Felicidad: 2 de febrero, 31 de julio, 25 de agosto, 27 de noviembre.

Fiestas: 2 de agosto; 16 de diciembre.

Fines de semana: 12 de abril.

Fracaso: 6 de abril.

Frenesí: 1 de enero, 18 de febrero, 29 de mayo, 16 de diciembre.

Fuerza: 14 de diciembre.

Gestión del tiempo: 19 de noviembre; tiempo no estructurado: 12 de abril.

Gratitud: 9 de febrero, 24 de marzo, 14 de abril, 6 de mayo, 6 de agosto.

Guardar las apariencias: 29 de febrero, 29 de agosto, 26 de octubre, Meditación alternativa 14.

Hacerlo todo: 23 de septiembre.

Hacerse viejo: 20 de octubre.

Honrarse a sí mismo: 27 de septiembre.

Hoy: 1 de mayo.

Humildad: 24 de julio.

Humor: 4 de enero, 3 de julio, 28 de agosto.

Ilusiones: 16 de febrero.

Impotencia: 2 de enero, 29 de enero, 18 de julio.

Inautenticidad: 21 de enero.

Independencia: 16 de abril.

Indispensable: 28 de septiembre, 8 de octubre.

Inspiración: 21 de diciembre.

Integridad: 4 de abril, 29 de julio.

Intereses: 2 de diciembre.

Interrupciones: 30 de agosto.

Intimidad: 24 de enero, 10 de mayo, 20 de julio.

Introversión: 26 de septiembre.

Inventario: 20 de abril.

Juegos malabares: 19 de febrero.

Justificación: 19 de octubre.

Lágrimas: 16 de marzo.

Lamentarse: 11 de marzo.

Libertad: 16 de enero, 1 de febrero, 4 de marzo, 1 de junio, 3 de agosto, 4 de octubre, 3 de diciembre, Meditación alternativa 16.

Límites, alcanzar nuestros: 12 de septiembre.

Lucha: 23 de agosto.

Manipulación: 29 de abril.

Maravilla: 25 de julio.

Mentes monótonas: 7 de abril, 11 de octubre.

Metas: 12 de febrero, 4 de junio, 11 de julio, 10 de agosto.

Miedo: 21 de octubre; y apertura: 6 de diciembre; y cambio: 22 de diciembre; y conciencia del proceso: 21 de julio; y control: 23 de diciembre; e inautenticidad: 21 de enero; y manipulación: 29 de abril; y ser prescindible: 28 de enero; y trabajo: 30 de septiembre; y valor: 26 de marzo.

Momento, estar presente al: 8 de mayo, 20 de mayo, 9 de agosto, 19 de septiembre, 7 de octubre; vivir el: 18 de enero.

Moral personal: 13 de febrero.

Multiplicada excesivamente: 2 de diciembre.

Necesidad de alcanzar objetivos, la: 8 de enero.

Necesitar a los demás: 30 de octubre.

Negatividad: 10 de enero, 15 de junio.

Nutrirse a sí misma: 26 de febrero.

Objetivos, necesidad de alcanzarlos: 8 de enero.

Obsesionada: 16 de septiembre, 6 de octubre, 30 de octubre.

Obstáculos: 22 de enero.

Obstinación: 9 de noviembre, Meditación alternativa 9.

Ocupaciones: 25 de marzo, 11 de abril, 26 de abril, 11 de agosto, 15 de agosto; y causas: 11 de noviembre; y confusión: 9 de diciembre; y agotamiento: 9 de mayo; y amistad: 29 de septiembre; y tareas domésticas: 2 de junio; y soledad: 9 de mayo, 28 de mayo.

Ocupadas, estar, y adrenalina: 13 de abril.

Olvidar: 3 de marzo.

Opciones: y miedo: 24 de febrero, 22 de diciembre; y sentirse atrapada: 27 de abril; y desvalorización, 19 de mayo, 6 de septiembre, 27 de septiembre.

Oportunidad de elegir, y excusas: 3 de enero.

Ordenando la casa: 11 de marzo.

Orientación de la crisis: 3 de noviembre.

Paciencia: 22 de marzo.

Pánico: 27 de septiembre.

Pasión: 29 de marzo.

Paternidad/Maternidad: 13 de mayo, 26 de agosto, 26 de septiembre, 24 de octubre.

Pedir demasiado: 13 de noviembre, Meditación alternativa 15.

Pedir demasiado de una misma: 7 de septiembre.

Pensamientos confusos: 3 de abril, 25 de septiembre, 12 de octubre.

Pensar: 17 de enero.

Perdón, el: 27 de enero, 21 de marzo, 6 de julio.

Perfeccionismo: 27 de febrero, 27 de julio, 25 de noviembre, Meditación alternativa 3.

Plazos fijos: 2 de febrero, 6 de noviembre.

Plegaria: 15 de noviembre.

Poder Superior/Mayor/Más grande: 1 de marzo, 8 de marzo, 3 de septiembre, 28 de noviembre.

Poder: 29 de junio.

Precipitarse y apresurarse: 19 de abril.

Preocuparse: 17 de septiembre.

Prescindible, ser: 28 de enero.

Presente, vivir en el: 4 de mayo, 18 de junio.

Prisas: 1 de enero, 11 de abril, 19 de abril, 29 de mayo.

Proceso, conciencia del: 17 de febrero, 27 de mayo, 14 de junio, 22 de junio, 21 de julio, 1 de octubre, 20 de octubre, 29 de diciembre; en contacto con: 1 de marzo.

Promesas irrealistas: 19 de marzo.

Proyectos, estar sin: 24 de abril, 31 de octubre.

Proyectos pendientes: 10 de enero.

Realidad: 20 de abril, 28 de julio, 16 de agosto, 26 de noviembre.

Reconocimiento: 18 de abril, 20 de noviembre.

Recuperación: 30 de junio, 4 de noviembre.

Rechazo: 21 de enero, 28 de julio.

Regalos: 15 de enero, 4 de febrero, 1 de abril, 17 de septiembre, 4 de diciembre, Meditación alternativa 9.

Reiteración: 9 de noviembre.

Relaciones: 6 de marzo, 28 de agosto, Meditación alternativa 6.

Resentimiento: 3 de marzo.

Respetarse a sí misma: Meditación alternativa 13.

Responsabilidad: 24 de febrero, 14 de mayo, 12 de diciembre.

Responsabilizarse: 5 de junio, 13 de julio, 5 de diciembre.

Responsable, ser: 19 de julio.

Rigidez: 7 de enero, Meditación alternativa 9.

Risa: 28 de febrero, 29 de noviembre.

Sabiduría: 14 de junio, 9 de septiembre.

Satisfacción: 10 de junio.

Secretos: 24 de agosto.

Seguridad económica: 11 de enero; económica, 26 de enero, 5 de noviembre, 1 de diciembre.

Sentimientos: 11 de febrero, 4 de marzo, 20 de marzo, 7 de mayo, 15 de septiembre.

Sentirse loca: 15 de febrero, 2 de marzo, 3 de octubre, 16 de noviembre.

Serenidad: 10 de marzo, 11 de septiembre, 15 de noviembre.

Sobrecogimiento: 17 de agosto, 17 de octubre.

Sobrepasada, sentirse: 5 de mayo, 14 de septiembre, 14 de octubre.

Soledad: 22 de febrero, 5 de marzo, 9 de mayo, 22 de mayo, 27 de julio, 18 de agosto, 22 de agosto, 27 de agosto, 27 de noviembre.

Suelo: 28 de mayo.

Sueño: 28 de mayo.

Sueños y esperanzas: 24 de mayo, 25 de octubre.

Sufrimiento: 31 de marzo.

Tareas domésticas: 2 de junio, Meditación alternativa 2.

Tender una mano: 26 de noviembre.

Tiempo de soledad: 3 de febrero, 15 de marzo, 12 de julio, 19 de julio, 31 de agosto, 21 de noviembre.

Tiempo no estructurado: 12 de abril.

Toma de conciencia: 17 de mayo, 23 de junio, 18 de octubre, 11 de noviembre.

Totalidad: 28 de junio, 22 de noviembre.

Trabajo: 4 de agosto, 30 de septiembre, 1 de noviembre.

Tristeza: 20 de agosto.

Un día cada vez: 18 de mayo.

Unidad: 17 de marzo, 17 de octubre, 29 de octubre.

Vacaciones: 2 de agosto.

Vacío: 5 de octubre.

Valor: 26 de marzo, 2 de mayo, 24 de junio, 20 de septiembre, 7 de noviembre, 6 de diciembre.

Valores: 21 de febrero.

Verdad: 4 de agosto.

Vergüenza: 30 de mayo.

Vida espiritual: 13 de marzo.

Vivir el momento: 18 de enero.

Vivir el presente: 4 de mayo, 18 de junio.

Vivir plenamente la vida: 2 de abril, 26 de mayo, 13 de junio, 26 de junio, 2 de julio, 13 de septiembre.

Vuelta, darle la: 23 de noviembre.

Mis reflexiones

Mis reflexiones

....

....

....

....

....

....

....

....

....

....

....

....

....

....

....

....

Mis reflexiones

....

....

....

....

....

....

....

....

....

....

....

....

....

....

....

Mis reflexiones

....

....

....

....

....

....

....

....

....

....

....

....

....

....

....

....

....

Mis reflexiones

....

....

....

....

....

....

....

....

....

....

....

....

....

....

....

ANNE WILSON SCHAEF

Mis reflexiones

....
....
....
....
....
....
....
....
....
....
....
....
....
....
....
....
....

Mis reflexiones